Judith König
Annelise Truninger

Rasante Zeiten

D1670683

Judith König
Annelise Truninger

Rasante Zeiten

Eine Frau und ein Mann
erleben
unser Jahrhundert

Zytglogge

Zytglogge Verlag, Eigerweg 16
CH-3073 Gümligen

Vorwort

Wir suchten für dieses Buch zwei «durchschnittliche» Menschen mit «alltäglichen» Lebensgeschichten, eine Schweizerin und einen Schweizer. Eher zufällig fanden wir Hanni G. (80) und Walter H. (87). Beide haben unser Jahrhundert von Anfang an miterlebt, beide machten darin Geschichte. Hanni G., in der Stadt grossgeworden, heiratet und zieht aufs Land. Walter H., im Dorf aufgewachsen, zieht in die Stadt und heiratet. Heute blicken sie gern zurück. Was weit zurückliegt, ist ihnen besonders nah. Wir haben uns mit ihnen unterhalten und ihre Erinnerungen und Anschauungen vom Tonband niedergeschrieben.

Hanni G. und Walter H. sind sich nie begegnet. In ihren Erzählungen begegnen sie sich ab und zu an Knotenpunkten der Geschichte. Diese beiden Lebenswege, erzählt aus der Sicht einer Frau und aus der Sicht eines Mannes, sind Teile «der» Zeitgeschichte, in der sie sich abspielten. Sie widerspiegeln in einer Weise, die uns selbst überraschte, Einstellungen, wirtschaftliche und gesellschaftliche Verhältnisse und historische Ereignisse. Besondere Daten und Geschehnisse, die direkt oder indirekt in den Lebensgeschichten angesprochen werden, haben wir ergänzend eingeflochten und so persönliches Erleben mit gesellschaftlichem Hintergrund verbunden. Hanni G. und Walter H. geben uns Einblick in ein Jahrhundert, das voller Zuversicht angefangen hat, in ein Jahrhundert mit Fortschritten, Rückschritten und Stagnationen, in ein Jahrhundert mit Ängsten und Hoffnungen. Wir schreiben erst 1982. Die Zeit bis zur Jahrhundertwende läuft weiter. Noch ist die Geschichte nicht zu Ende.

Judith König, Annelise Truninger

«Die weltweite und allumfassende Ausstellung von 1900 ist
das grossartige Resultat, die gewaltige Bilanz eines ganzen
Jahrhunderts, des an Entdeckungen reichsten, an
Wissenschaften wundersamsten Jahrhunderts, das jemals
die ökonomische Ordnung des Universums revolutioniert
hat. Es ist die Ausstellung des grossen Jahrhunderts, das zu
Ende geht und zugleich eine neue Ära in der Geschichte der
Menschheit eröffnet.»

Vorwort des Katalogs zur Pariser Weltausstellung 1900

1900 *Bund Schweizerischer Frauenvereine · 1902 Frauenwahlrecht in Australien · Generalstreik in Genf mit Militäraufgebot · 1903 SPS-Parteitag erklärt sich gegen Militarismus · Erstes Flugzeug mit Motorantrieb · 1904 Weltbund für Frauenstimmrecht · 1905 Kaiserschnitt · 1906 Frauenstimmrecht in Finnland · 1908 Frauenstimmrecht in Dänemark · 1909 Schweizerischer Verband für Frauenstimmrecht · 1910 Freud entwickelt Psychoanalyse*

Die Lebensgeschichte des Walter H.

Wissen Sie, wo Rohrbach liegt? Bei Huttwil, zwischen Langenthal und Huttwil. Da, wo die Langeten herab kommt, also der Fluss, der so lang ist, wie der Name meint.
Da bin ich auf die Welt gekommen.

Überfall

Meine Mutter war in Bern als Köchin in Stellung. Sie hatte keine Bekanntschaft, es überfiel sie einfach einer im Zimmer, eine Art Vergewaltigung. Und die Mutter nahm gar nicht recht Kenntnis, was da ging, und war dann ganz erstaunt, als sie einen grossen Bauch bekam. Als die Frau der Familie, bei der sie in Stellung war, einmal fragte, ob sie denn schwanger sei, sagte die Mutter, sie wisse nichts. Aber die Frau meinte, doch, doch sie sei schwanger. Da ging die Mutter zum Arzt und der stellte es auch fest.

Sie hatte Geschwister, eine Schwester und zwei Brüder. Ein Bruder war in Rohrbach verdingt, verkostgeldet, bei einem einfachen Ehepaar, das eine Webstube hatte. Rohrbach war früher ein armes Dorf. Da sind viele Männer gezwungen gewesen, auswärts zu arbeiten. Sie gingen «taunen», wie man das nannte, das heisst taglöhnern. Vor allem im Sommer, und sie mussten die eigene Sense mitnehmen. Sie gingen von Hof zu Hof, halfen emden und ernten. Zuerst gingen sie in den Aargau, da dort das Getreide oder Gras früher reif war. Von dort gingen sie weiter in den Berner Jura. Sie hatten ihre Höfe, wo sie jedes Jahr hingingen. Ich erinnere mich noch, wie wir einen Brief erhalten haben aus dem Welschland, in dem angefragt wurde, ob der Pflegevater wieder kommen könne. Heute wo sie Maschinen haben, ist das natürlich nicht mehr so. Aber Rohrbach war ein ausgeprägtes Taglöhner- und Weberdorf. Und hier besuchte also meine Mutter ihren Bruder. Gerade dann meldete ich mich an. Das war am 4. Januar 1895. Das Ehepaar hatte keine eigenen Kinder. Da haben die mich behalten. Und die Armendirektion von Bern hat für mich Kostgeld bezahlt.

Geburtsanzeige

«Alle Schweizer sind vor dem Gesetze gleich. Es gibt in der Schweiz keine Untertanenverhältnisse, keine Vorrechte der Geburt, der Familien oder Personen.» (Bundesverfassung der Schweizerischen Eidgenossenschaft, Artikel 4, bestehend seit 1848.)
Die Geburt eines unehelichen Kindes durfte bis zum Inkrafttreten des neuen Kindsrechts am 1. Januar 1978 in den Zivilstandsnachrichten nicht publiziert werden. In der Stadt Bern wurde erstmals 1977 die Geburt eines unehelichen Kindes — auf Begehren der Mutter und im Hinblick auf das neue Kindsrecht — mit Erlaubnis der Aufsichtsbehörde der kantonalen Polizeidirektion veröffentlicht. Heute unterscheidet das Recht nicht mehr zwischen ehelich und unehelich, doch kann eine ledige Mutter von einer Geburtsanzeige in den Zivilstandsnachrichten Dispens verlangen.

Landkind

Wir wohnten damals in einem Haus, das einem Bauern gehörte. In dem Haus waren drei Parteien, alles Mieter. Item, die früheste Erinnerung ist, dass ich am Bach «Groppen» fing. Das sind kleine Fische, die unter die Steine schlüp-

fen. Und da war auch eine Sägerei, Sägerei Lanz, die ist weitherum bekannt. Also, ich ging noch nicht in die Schule, es muss um die Jahrhundertwende gewesen sein, da erhielten sie eine Furniermaschine. Ich ging viel hin, um zuzuschauen; es ist auch ein Wasserrad dort gewesen. Und in den Wald ging ich viel. Wir hatten Geissen; schon früh habe ich melken und grasen gelernt. Im Herbst Geissen hüten, das ist ein schwieriges Unternehmen, jedenfalls wenn sie frei sind. Ich habe sie dann halt angebunden, die laufen einem einfach davon. Sie fressen nicht wie eine Kuh, ständig, sondern nehmen nur die feinsten Kräutlein. Wir hatten zwei Acker und einen «Viertel», der Pflegevater war Burger, und das erhielten wir von der Gemeinde als Burgerland. Da setzten wir Kartoffeln und säten Roggen. Die landwirtschaftlichen Anforderungen des Kleinbauern kannte ich gut. Und so bin ich in einfachen Verhältnissen aufgewachsen.

Als Bub musste ich in der Freizeit auch «spulen», Fadenspulen für den Webstuhl meiner Pflegeeltern herstellen. Beide haben gewoben. Sie fingen am Morgen um fünf Uhr an und fuhren bis elf Uhr abends fort. Sie lösten einander am Webstuhl ab. In einer Woche hatten sie ein «Wöbli» (ein fertiger Ballen). Alle zwei Wochen trug der Pflegevater die Ballen nach Huttwil. Dort war eine Ablage der Heimarbeiter. Das ergab jeweils 30 bis 40 Franken.

Vom Weben und von der kleinen Landwirtschaft haben wir gelebt.

Heimarbeit

1909 veranstaltete der Schweizerische Arbeiterbund in Zürich den ersten Heimarbeiterschutz - Kongress. Die Schlussresolution forderte die tatkräftige Förderung der gewerkschaftlichen Organisation der Heimarbeiter. Heute sind die Heimarbeiter/innen — vorwiegend Frauen — immer noch schlecht organisiert. Neben guten Arbeitsverhältnissen gibt es Beispiele schlimmster Ausbeutung. 1979 schreibt F. Redli in seiner Dissertation «Heimarbeit in der Schweiz», dass z. B. im Kanton Uri jede/r fünfte Heimarbeiter/in Fr. 2.50 und weniger in der Stunde verdient. Die Zentralstelle für Heimarbeit (SZH) in Bern engagiert sich für eine Verbesserung der Verhältnisse. Sie ist Dienstleistungsorganisation und Geschäftsstelle des paritätischen Verbandes für Heimarbeit (SVH), in dem Bund, Kantone, Arbeitgeber- und Arbeitnehmer- sowie Frauenorganisationen vertreten sind.

Ich habe lange Zeit die Pflegemutter als Mutter angesehen. Wenn meine Mutter zu Besuch kam, hiess es, «d'Mama kommt». Der Pflegemutter sagte ich immer «Mutter». Die Mama kam mich auch regelmässig besuchen, in den Ferien, das heisst, damals kannte man ja noch keine Ferien; sie hatte einfach gelegentlich frei erhalten. Sie brachte mir immer etwas mit zum Spielen. Da

weiss ich noch, dass sie mir ein hölzernes Ross schenkte, etwa zwei Handbreit hoch, das hatte schwarze Tupfen, also das wäre ein Schwarzschägg gewesen. Das war lange mein Spielzeug. Sonst hat man auf dem Land wenig Spielzeug gebraucht. Da hatte man «Tütscheli» (Bauklötze aus Holzabfällen), man spielte mit Käfern und allem möglichen.

«Als ein Bub bin ich geboren, und ein Bube will ich sein!»

Dorfschule

1902 ging ich in die Primarschule. Kindergarten, das hat man nicht gekannt. Ich weiss noch, dass mich die Pflegemutter oft suchen musste, ich bin «herumgestromert». In der Schule sassen die Mädchen und Buben separat, aber im gleichen Zimmer. In der Primarschule waren erstes und zweites Schuljahr zusammen. Die Lehrerin stammte von Aarwangen. Jumpfer Huber hat sie geheissen. Nicht wahr, man sagte nicht «Fräulein», früher redete man die unverheirateten Frauen mit «Jumpfere» an, also Jungfrau. «Fräulein» kam erst später auf; «Fräulein» hatten ursprünglich nur die Oberen geheissen, das kam vom Burgfräulein. Auf dem Land sagten wir Jumpfere, aber das ist heute nicht mehr so.

Fräulein

«Alle weiblichen Wesen, auch wenn sie eines Mannes bar sind, sollen ‹Frau› genannt werden, weil die Bezeichnung ‹Fräulein› eines geschlechtsreifen und zu denkender Selbständigkeit herangewachsenen Wesens nicht entspricht», verlangte *1902 ein «Fräulein» Dr. iur. Raschke.*

Achtzig Jahre später ist diese Forderung noch immer umstritten. Der Regierungsrat des Kantons Basel-Stadt lehnte es 1980 ab, die Anrede ‹Fräulein› in der kantonalen Verwaltung zu streichen, wie eine Grossrätin es verlangt hatte.

Der Regierungsrat des Kantons St. Gallen hat hingegen am 8. April 1972 die Dienststellen der kantonalen Verwaltung angewiesen, «volljährige weibliche Personen mündlich und schriftlich mit ‹Frau› anzureden, sofern diese es nicht anders wünschen».

Welche Vorteile bringt die Einheitsanrede Frau?

1. Eine Stärkung der sozialen Stellung der Unverheirateten.
2. Eine Stärkung der sozialen Stellung auch der Verheirateten; denn die heutige Ehrung der Ehefrau gilt dem Mann und der Ehe, nicht der „Frau".
3. Schutz der berufstätigen Frau, die als „Fräulein" häufig Belästigungen ausgesetzt ist.
4. Milderung des Loses des unehelichen Kindes und seiner Mutter.
5. Notwendigkeit des Kampfes gegen die angeheirateten Titel „Frau Doktor", „Frau Professor" usw., so daß diese Titel fortan nur von den dazu Berechtigten geführt werden können.

Die Frau, 29.9.1923

Wir waren etwa sechzig Kinder im Zimmer und nur eine Lehrerin. Im vierten Schuljahr wurden die Klassen geteilt, da waren wir dann weniger. In Rohrbach, wo ich in die Primarschule ging, hatten wir keine Turnhalle. Wenn es nicht regnete, haben wir manchmal ein wenig draussen geturnt. Die Meitschi haben nicht mitgeturnt, sie hatten dann Handarbeit.

Gewöhnlich fing der Unterricht mit einer Religionsstunde an. Die Lehrer waren streng. Aber ich habe nicht die Empfindung, dass sie zu streng waren. Wir hatten schon Disziplin und wir haben auch Disziplin gewahrt, weil nämlich die Kinder vom Land mehr an Disziplin gewöhnt sind als die in der Stadt. Ich wüsste nicht, dass wir Schwierigkeiten gehabt hätten. Zu Hause hatte ich alle Tage zu tun, denn etwa vom zwölften Jahr an besorgte ich auch die Geissen. Der Pflegevater wurde schnell zornig, wenn ich etwas angestellt hatte; er hat schnell dreingeschlagen. Aber die Pflegemutter nahm mich dann immer in Schutz. Ich bin ja nicht ein extra Lausbub gewesen. Aber hie und da hab ich doch was Dummes gemacht.

Der Bruder der Mama, der auch in Rohrbach verkostgeldet war als Bub, war Spengler geworden. Er besuchte mich auch ab und zu. Ebenso der andere Onkel, Schneider von Beruf. Der hatte einen Fotoapparat und hat mich jeweils bei seinen Besuchen fotografiert. Das Bild, wo ich am Gartenhag stehe, ist das erste Foto, das er von mir machte. Da ging ich gerade das erste Jahr in die Primarschule. Da trage ich das halbleinene Sonntagskleid. Das war ganz steif. Die Hosen hatten keine Falten, der Stoff war fast brettig. Wenn ich jeweils am Sonntagabend nach Hause kam, musste ich es sofort wechseln. Ich durfte es nicht anbehalten, bis ich ins Bett ging. Ich trug es nur am Sonntag.

Einsichten

Einmal zeigte mir einer der Buben, der ein Jahr älter war und in die Sekundarschule ging, ein dickes Buch. Da hatte es alle möglichen Geschichten drin, das war das Deutschbuch. Nachher schaute ich seine andern Bücher an und dachte: «Das wäre auch etwas für mich». Aber den Pflegeeltern sagte ich noch nichts. Etwas später fragte der Lehrer einmal, es war in der fünften Klasse, wer in die Sekundarschule wolle, und da habe ich die Hand auch aufgestreckt. Ich hatte ja von dem Buben schon etwas gewusst und das hatte mir eingeleuchtet, diese Bücher und Zeichnungen. Ja, und Marken hatte er mir auch gezeigt, eine Schublade voll Marken hatte er gesammelt. Er hatte einen Onkel hinter dem Bach, in der Sägerei Lanz. Die hatten einen grossen Postverkehr, und er erhielt von dort immer die Marken. Ich weiss noch ganz gut, wie er die Schublade hervorzog und die war voll Marken. Das machte mir natürlich auch Eindruck. Die Pflegeltern haben den Antrag gestellt, ich wolle in die Sekundarschule. Die Armendirektion von Bern war einverstanden und zahlte dann das Schulgeld.

Dann ging ich in die Sek. Anno sieben. Die Sek war in Kleindietwil, dazu gehörten drei Kirchgemeinden, Rohrbach, Madiswil und Ursenbach. Der Schulweg war dreiviertel Stunden zu Fuss. Andere Kinder kamen noch von weiter her als ich. Sie wurden im Winter geführt, mit einem Wägelchen der Bauern. Wir Rohrbacher hätten nur knapp nach Hause gehen können zum Essen und grad wieder loslaufen müssen. Deshalb blieben wir im Winter im Schulhaus und assen dort den Bitz Brot, den wir mitgenommen hatten, und tranken eine Flasche Milch, die konnten wir auf dem Ofen wärmen.

Tagesschule

Mittagessen in der Schule ist auch heute wieder aktuell. Seit 1980 gibt es in Zürich-Altstetten eine Tagesschule mit 60 Plätzen. Die Kinder sind dort während der Blockzeiten, also von 9 bis 15 Uhr bzw. 16 Uhr, nehmen das Mittagessen in der Schule ein und werden auch bei den Hausaufgaben betreut. Es entsteht ein umfassendes Gemeinschaftsgefühl unter den Kindern und eine bessere Beziehung zwischen Lehrer und Schüler. Vorteilhaft ist auch, dass die Kinder nicht viermal am Tag dem Strassenverkehr ausgesetzt sind. Da die Hausaufgaben in der Schule gemacht werden, bleibt abends echte Freizeit für die ganze Familie. Wegen all dieser Vorteile verlangen immer mehr Eltern nach Tagesschulen. In der Schweiz sind sie bislang nur für behinderte Kinder die Norm. Doch in verschiedenen Kantonen, z.B. in Bern, Luzern, Zürich, ist man zur Zeit bestrebt, weitere Tagesschulen zu errichten. Die Beispiele machen hoffentlich für die ganze Schweiz Schule!

Brot hatte ich immer genug zu Hause; dazu hatte ich freien Zugang. Fleisch gab es nur am Samstag oder Sonntag. Natürlich viel Kartoffeln, am Morgen Rösti und am Abend Rösti und am Mittag Gemüse und Gschwellti! Immerhin ein guter Nährwert, ich war jedenfalls nicht der Kleinste. Offenbar hatte mir das gut angeschlagen, und dann Geissmilch, tuberkulosefrei.

Ja, das war schon gut. Eine Zeitlang hatten wir auch eigene Hühner. Wenn ich hörte, dass ein Huhn gakkerte, bin ich gegangen, habe das Ei genommen und es gelegentlich ausgetrunken. Als ich nach Bern ging, hat der Pflegevater das Landwirtschaftliche versteigert; er wollte keine Geissen mehr.

Sex in der Autowerbung 1908

Wagenfahrten

Ich mag mich noch ans erste Auto erinnern, als ob es gestern gewesen

wäre. Da ging ich noch nicht zur Schule, war vielleicht fünf oder sechs Jahre alt. Von uns aus sahen wir über die Langeten auf die Hauptstrasse, und plötzlich sagte der Pflegevater «Lue dert, a Wage ohni Ross!»

Ich selber habe übrigens nie autofahren gelernt.

In der Sekundarschule waren wir nur etwa fünfzehn in der Klasse, die Hälfte davon Mädchen. Dann hatten wir drei Lehrer, abwechselnd. Ich bin schlecht gewesen im Aufsatz, ich wusste nicht so viel zu schreiben. Da machte ich, dass ich grade etwas mehr als eine Seite hatte. Ich hatte keine Phantasie, bin mehr Realist. Im Kopfrechnen war ich auch etwas schwächer, war auch nicht der erste. Aber dann in den andern Fächern, da stellte ich mich schon! Wir hatten ein Singbuch und ein dickes Deutschbuch, und eines für Naturkunde und Tierabbildungen. Sonst hatten wir keine Bücher.

Lesebuch-Bilder

Die heutigen Lesebücher enthalten noch viele alte Bilder — alte Rollenbilder. Dass Frauen und Mädchen vorwiegend als Randfiguren vorkommen, zeigt 1977 eine Untersuchung der bernischen Primarschul-Lesebücher von Albisser u. a.. «Das Lesebuch übermittelt im grossen und ganzen traditionelle Leitbilder und Rollenmuster», folgert O. Bucher in seiner 1979 erschienenen Dissertation «Die Familie im Lesebuch der deutschen Schweiz»: Die Mutter besorgt den Haushalt, der Vater ist berufstätig und die Familie lebt in einer heilen Welt. Aber es gibt Ausnahmen. Im Leseband für das zweite Schul-

jahr, «Riesenbirne und Riesenkuh» (Interkantonale Lehrmittelzentrale) werden auch andere Lebensformen dargestellt: das Kind mit den Heimleiter-Eltern, das Kind mit den Eltern einer Grossfamilie, das Kind mit der Mutter ohne Vater, das Kind mit den Grosseltern.

Wir machten auch Schulreisen, da führten uns die Bauern, mit Leiterwagen, Rosse vorgespannt. Auf die Leiterwagen taten sie Bretter, da sassen wir drauf. Wir gingen in die nähere Umgebung. Einmal fuhren wir nach Interlaken. Ich weiss noch, dass einem Kameraden auf dem Schiff der Hut ins Wasser flog.

Auf die Konfirmation erhielt ich einen neuen Hut, einen richtigen Deckel. An der Konfirmation waren mein Pflegevater und meine Mutter dabei. Sie fand nicht in Rohrbach statt, sondern in der Kirche Madiswil. Auf der Hinfahrt konnten wir aufhocken bei einem, dessen Bub auch mit mir konfirmiert wurde. Und nachher kehrten wir noch im «Bären» in Madiswil ein.

Perspektiven

Einmal war eine Dreschmaschine, eine fahrbare Motordreschmaschine, zum Nachbarn gekommen. Mich hat die Dampfmaschine daran interessiert. Ich zirkelte ständig darum herum. Und dann hat mir wahrscheinlich der Mann die Maschine erklärt. Da habe ich eben gewusst, der war ein Mechaniker. Als es dann hiess, ich müsse der Armendirektion mitteilen, was ich lernen wolle, musste ich Formulare ausfüllen und einschicken. Ich wollte Mechaniker werden. Bald darauf ist eine Aufforderung gekommen, ich solle mich bei der Lehrwerkstätte in Bern melden, zur Aufnahmeprüfung. Dann habe ich der Mutter geschrieben, ich käme nach Bern.

Wir waren am Vor- und Nachmittag dran. Da mussten wir eine Zeichnung machen, die habe ich jetzt noch. Ich hatte eine Ahnung von einer Perspektive, aber doch zu wenig gut. An einem Ort machte ich ein Loch zu rund; es hätte elliptisch sein sollen. Aber ein klein wenig war es angetönt. Item, ich bin jedenfalls einer von den dreizehn gewesen, die aufgenommen worden sind. In der Sek hatten wir halt zu wenig perspektivisch gezeichnet. So weit ich mich erinnere, hatten wir vor allem ab Vorlagen gezeichnet. Ich habe einfach von Auge gesehen: «Das ist nicht ein Kreis, das ist ein wenig eine Zwetschge.»

Und danach bin ich grad wieder heimgefahren. Ich glaube, ich habe meine Mutter nicht gesehen an diesem Tag.

Viel später einmal bin ich mit meiner Frau und der Tochter in das Städtchen gegangen, in dem, wie mir gesagt worden war, der Vater damals wohnte. Da dachte ich, jetzt gehe ich schauen, ob ich den Vater finde. Ich läutete an der Tür, doch es war niemand zu Hause. Daraufhin habe ich einen Brief geschrieben. Ich schrieb, ich hätte mich ihm vorstellen wollen, ich sei sein Sohn. Aber nachher – ich weiss nicht, ob der sich noch an den Namen meiner Mutter erinnerte oder nicht – item, er schrieb mir zurück, wenn ich noch einmal etwas unternähme, würde er mich einklagen wegen Belästigung. Ich hatte ja keine Beweise und nichts. Einmal habe ich noch nachgefragt auf der Armendirektion, dort haben sie nur den Namen gewusst. Da habe ich das ad acta gelegt und keine Schritte mehr unternommen. Es wäre eigentlich die Pflicht der Behörden gewesen, den Mann ausfindig zu machen. Das verstehe ich heute noch nicht, warum niemand etwas unternahm. Es ist doch eigenartig, dass die Armendirektion mich dann übernahm, ohne den Vater zu belangen.

Belästigung

Den Geschlechtsnamen habe ich von der Mutter. Weil der Vater nicht festgestellt worden ist, musste er auch keine Alimente zahlen. Dabei konnte die Mutter doch sagen, wer es gewesen ist: Der Milchmann, der in das Haus, wo die Mutter diente, täglich die Milch brachte. Aber sie hatten keine Bekanntschaft, das war einfach ein Überfall.

Vaterschaft

Zwischen dem Kind und der Mutter entsteht mit der Geburt automatisch ein Kindsverhältnis. Zwischen dem Kind und dem Vater muss dieses Verhältnis zuerst festgestellt werden, falls die Mutter nicht verheiratet ist. So bestimmt es das Schweizerische Zivilgesetzbuch. Will sich der Vater nicht zu erkennen geben, muss die Mutter zuerst eine Klage einreichen. Dabei soll ihr, laut ZGB, die Vormundschaftsbehörde des Wohnkantons helfen. Bis zur Revision der Gesetze 1978 erhielt eine ledige Mutter automatisch einen Beistand für das Kind. Dieser war auch verpflichtet, den Vater ausfindig zu machen, damit er zu Unterhaltspflichten herangezogen werden konnte. Hatte die Mutter aber zur Zeit der Empfängnis einen unzüchtigen Lebenswandel geführt, so wurde ihre Klage von vornherein abgewiesen (Art. 315). War der Vater verheiratet, konnte das Kind nicht auf Standesfolge klagen (Art. 323).

Diese Bestimmungen, die einer unverheirateten Mutter wenig Schutz boten und sie der Willkür von Behörden aussetzten, sind heute aufgehoben. Das neue Kindsrecht, das am 1. Januar 1978 in Kraft trat, unterscheidet nicht mehr zwischen ehelichen und unehelichen Kindern. Die sogenannte «Vater-

schaftsklage» existiert aber weiterhin. Steht der Vater nicht fest oder bestreitet er seine Vaterschaft, kann die Mutter beim zuständigen Richter Klage erheben. Und zwar muss sie das vor Ablauf eines Jahres seit der Geburt tun. Das Kind selbst kann klagen bis ein Jahr nach Erreichen der Mündigkeit.

Die Rechte der unverheirateten Mutter sind weitgehend gewahrt kraft der neuen Gesetze, inwieweit sie aber verwirklicht werden, ist eine andere Sache.

* * *

1928 wies die Waisenbehörde das Ansuchen der Lenzburger Frauen ab, eine Amtsvormündin zu wählen. Grund: Eine Frau sei den Schwierigkeiten bei Vaterschaftsklagen nicht gewachsen . .
Jahrbuch der Schweizerfrauen, 1928/ 1929

Die Lebensgeschichte der Hanni G.

Ich bin nie so ein Meiteli gewesen, ein herziges Meiteli. Überall und auf allem bin ich herumgeklettert. Einmal bin ich in einen grossen Brunnen gefallen und fast ertrunken, das anderemal in ein Bächlein. So ging das.

Wie sechs Buben

Der Papa war ganz ein guter Pädagoge. Er hatte die Kinder gern und schlug nie. Er hatte sehr viel Humor und sang viel. An etwas mag ich mich noch ganz gut erinnern, an das Lied: «Lebt wohl, ihr Berge, ihr blühenden Triften . . . ihr Täler lebt wohl», und dann «Heil'ge Nacht, o giesse du . . .», «Veneta, hier liegt Veneta, die heilige Stadt». Das war auch so ein Lied, das sie früher viel in den Männerchören gesungen haben. Der Papa hatte einen sehr guten Tenor. Sie wollten ihn immer im Cäcilienchor der katholischen Kirche, sie fanden, er gehöre zu ihnen.

Wir haben zuhause auch einen Phonographen gehabt mit einem grossen Trichter. Ich bin immer den Mann suchen gegangen, der dort drin singt. Das konnte ich einfach nicht begreifen, dass der nicht drin sein soll.

Die Mama hätte mich singen lehren sollen, doch ich habe immer falsch gesungen, ganz falsch. Der Papa hat jeweils gesagt: «O je, es lernt doch nie singen, das ist unmöglich!» Die Mama hat sich aber weiter Mühe gegeben. Sie hatte nicht so viel Geduld wie der Papa. Aber der Papa brauchte auch nicht viel Geduld zu haben, denn er war nicht viel zuhause.

Als dann 1907 die Schwester kam, konzentrierte sich alles auf sie, und bei mir hätte alles von selber gehen sollen. Anitli war fünf Jahre jünger und immer krank, schwer krank. Es war ein Achtmonatekind und hatte mit zwei Jahren die Lungenentzün-

dung. Diese Schwester bekam alle
möglichen Stärkungsmittel verord-
net, zum Beispiel Lebertran. Doch
sie wollte ihn nicht nehmen. Da
bekam ich alles und gedieh dabei
prächtig.

Als ich in die erste Klasse kam, hat
der Papa einmal den Lehrer
Domeni, das war ganz ein alter Herr,
gefragt: «Wie geht es mit dem Meiteli?» Da hat er gesagt: «Ja, es geht
gut, aber sechs Buben geben mir weniger zu tun.»

Saure Kirschen

Der Papa kam 1870 in Brissago zur
Welt. Seine Mutter war eine Walserin. Sie wurde früh Witfrau. Als er
etwa zwölfjährig war, kamen sie
zurück nach Graubünden, nach
Tamins. Seine Schwester Annette ist
dort mit achtzehn gestorben. Sie ist
von einem Hund gebissen worden,
der wahrscheinlich tollwütig war, das
hat eine Blutzersetzung gegeben.
Dann blieb nur noch der Papa. Der
ging dann in Tamins in die Schule
und machte in der freien Zeit Brief-
trägerdienste.

Einmal hat der Papa mit andern
Buben bei einem Bauern Kirschen
gestohlen. Der hat sie erwischt und
geschimpft: «Ihr Schwybuebe, was
macht ihr hier auf meinem Baum!»
Da hat der Papa gesagt: «Herr F., aus
Schwybuebe gibt es Männer!» Und
viel später sind die beiden ganz zufällig im Grossen Rat nebeneinander-
gesessen, und da hat der Bauer zum
Papa gesagt: «Es stimmt – aus
Buben gibt es Männer!»

Der Papa machte dann eine kaufmännische Lehre bei einem Mann in
Chur, von dem wir später das Kolo-
nialwarengeschäft an der Lukmaniergasse übernommen haben. Der
Papa ging jeden Tag von Tamins
nach Chur zu Fuss, und am Abend
wieder zurück. Das sind zwei Stunden für einen Weg.

Der Papa und die Mama waren natürlich ganz von Anfang an auf SP-Seite.
Das ist so gekommen: Bei Chur gab
es die Anstalt Planchis. Das war
damals eine berüchtigte Anstalt,
ganz eine berüchtigte, eine Waisen-
anstalt. Viele Jahre später hat sie
dann die Heilsarmee übernommen.
Der Papa war einmal, als er dort vor-
beiging, Zeuge einer Szene, als ein
Kind wahnsinnig geschlagen worden
ist. Das hat wahrscheinlich den Aus-
schlag gegeben, dass er sich immer
eingesetzt hat für alle, die unten
durchmüssen. Damals hat er die
Mama noch nicht gekannt. Sie war
als Kind auch in Planchis.

Die Mama wurde 1874 geboren. Ihre
Eltern starben ganz früh. Es waren
Engadiner, dem Namen nach eigentlich gebürtige Walser. Ihr Vater, er
hiess Neuhäusler, war Zuckerbäcker
in Italien. Dort starb er. Die Mutter
war eine gebürtige Genua, eine Ro-
manin. Nach dem Tod der Eltern
sind die Kinder einfach so verteilt

eine Wohnung nehmen mussten, weil der Papa dort das Büro vom Arbeitersekretariat hatte. Dann gab es keinen Platz mehr für sie. Sie hatte in der Nähe ein Zimmer, ass aber gleichwohl bei uns. Sie ist ein Jahr nach dem Papa gestorben, 1918.

Die Nana war ganz eine originelle Frau. Sie war Analphabetin, ja, das war damals nichts Besonderes. Unterschrieben hat sie immer mit drei Kreuzchen.

worden, irgendwohin. Das war ein ganzes Schärli. Mama kam dann eben in die Anstalt Planchis. Nach dem Heim machte sie eine Lehre, eine Weissnäherinnenlehre. Als sie die fertig hatte, kam sie nach Cognac, nach Südfrankreich, in eine Schweizer Familie. Dorthin hat die Mama eine Gitarre mitgenommen. Ich weiss noch, dass sie Noten gehabt hat von dem Lied «Ich bin vom Gotthard der letzte Postillon». Aber die Gitarre hat sie später nicht mehr gehabt.

Ich weiss nicht genau, wo sich der Papa und die Mama kennengelernt haben. Nachdem sie geheiratet hatten, übernahmen sie in Chur das Restaurant Maloja. Dort haben wir auch gewohnt. Sie haben es ein Weilchen geführt, und die Mama hat gekocht, für Arbeiter und Angestellte. Doch es wurde ihnen zuviel.

Drei Kreuzchen

Später wohnte ja auch die Grossmutter, die Nana bei uns, Papas Mutter. Sie war bei uns, bis wir im Volkshaus

Analphabetinnen

800 Millionen Menschen über 15 Jahre können laut Unesco 1980 weder lesen noch schreiben. Zwei Drittel davon sind Frauen. Viele leben und arbeiten auf dem Land. Besonders jene Frauen, die als Witwen, Ledige, Geschiedene oder vom Ehemann Verlassene eine Familie ernähren müssen, haben ohne Bildung kaum Chancen, ihre Lage zu verbessern. Sie gehören zu den Ärmsten der Armen. Mitarbeiterinnen der Internationalen Forschungsstelle für Frauen (ICRW) in Washington fordern 1980 die Entwicklungsplaner auf, vermehrt Ausbildungs- und Arbeitsmöglichkeiten für Frauen zu schaffen.

Als eine Frau lesen lernte, trat die Frauenfrage in die Welt.
Marie von Ebner-Eschenbach
(1830–1916)

Sie war, wie gesagt, eigentlich eine Walserin, von Tenna, im Safiertal. Sie hatte auch blaue Augen, das weiss ich noch gut, der Papa übrigens auch, das hatte er von ihr. Sie war abergläubisch. Sie glaubte noch an

Geister und alles mögliche unheimliche Zeug.

Die Nana ging kurze Zeit in Tenna in die Schule. Dann kam sie nach San Bernardino in ein Hotel. Dort lernte sie ihren Mann kennen, der war im gleichen Haus Küchenchef. Sie gingen zusammen nach Brissago, er war ja aus Brissago. Er ist früh gestorben, und sie musste in die Zigarrenfabrik. Sie hat drei Kinder gehabt. Sie hat im Tessin sehr gelitten. Die Leute nannten sie «la Tedesca», die Deutsche, obwohl sie eine Walserin war. Das war etwa so, wie wenn man bei uns Leute, die italienisch reden, einfach «Tschinggen» schimpft. Sie hat mir oft erzählt, wie schwer das alles für sie war. Zum einen hat sie die Sprache nicht gekonnt, und zudem ist sie protestantisch gewesen. Damals gab es ja dort weit und breit keine Protestanten. Der Papa wurde deshalb dort unten katholisch getauft, da gab es gar keine andere Möglichkeit. Papas jüngerer Bruder ist dann an einer Kastanie erstickt, und Annette starb, wie gesagt, mit achtzehn. Der Papa war der einzige, der ihr blieb.

Verwitwete und ledige Frauen wurden bis 1912 in acht Kantonen automatisch bevormundet. Dann erklärte sie das Zivilgesetzbuch für mündig.

Der Kinderwagen

Lange Zeit habe ich im Zimmer mit der Nana schlafen müssen. Sie hat immer, wenn sie schlafen gegangen ist, den Besen umgekehrt an die Türe gestellt, damit die Hexen nicht hereinkommen. Und sie hat mir auch gesagt, ich dürfe nicht rückwärts zur Tür hinausgehen.

Hexenjagd

Etwa dreihundert Jahre dauerte die Hexenverfolgung, die im späten Mittelalter begann. Es gab Dörfer, wo nur eine einzige Frau am Leben blieb. 1489 erschien mit der Unterstützung des Papstes die Schrift «Der Hexenhammer». Sie sprach von einer weltweiten Verschwörung von vorwiegend Frauen, die sich dem Satan verschrieben hätten. Einer, der sich gegen diese Unterschiebungen stellte, war der Jesuitenpater Friedrich von Spee, Beichtvater verurteilter Frauen. 1631 verfasste er eine Schrift «für all jene, die sie nicht lesen werden». Darin entlarvte er den Hexenwahn: «. . . Ihr Lebenswandel ist ja entweder schlecht oder sündhaft oder aber gut und rechtschaffen. War er schlecht, so sagt man, das sei ein starkes Indiz, denn von einer Schlechtigkeit darf man getrost auf eine andere schliessen. War ihr Lebenswandel indessen gut, so ist auch das kein geringes Indiz: denn auf diese Weise, so sagt man, pflegen die Hexen sich zu verstekken und wollen besonders tugendhaft erscheinen . . .» Zehntausende von Frauen, aber auch Männer, fielen damals der Hexenjagd zum Opfer. 1982 schätzt Amnesty International die Zahl der politischen Gefangenen weltweit auf eine halbe Million . . .

Sie hat sich oft über mich geärgert, weil ich ihr aufräumte. Aber sie hatte einfach eine Schwyordnung, eine furchtbare Schwyordnung. Ich habe halt schon damals so einen Tick gehabt zum Aufräumen. Dann habe ich ihr jeweils so Streiche gespielt, gerade auch mit diesem Besen. Dem habe ich Kleider von ihr angezogen und ihn in ihr Bett gelegt. Und dann ist sie gekommen und hat gesagt: «Du vermaledeits Meitli!» Das hat sie mir oft gesagt. Aber ich habe dennoch immer Recht bei ihr bekommen, alles, was ich wollte, hat die Nana gemacht. Das war eine glatte Frau!

Die Nana ist immer in den Wald holzen gegangen. Früher hatte man einfach nur Holz und vielleicht Briketts zum Feuern. Und dann durfte ich auch mit. Wir sind jeweils zum Platz gegangen, wo früher der Galgen aufgestellt war. Das hat mir grossen Eindruck gemacht. Man hat dort nämlich noch die Steine gesehen, die Umrandung des Galgenplatzes. Die Nana hat ganz einen alten Kinderwagen gehabt zum Holzen, der war nicht mehr schön. Da ist einmal unser Hausmeister zu ihr gekommen und hat gesagt: «Wissen Sie, das macht sich gar nicht gut, wenn die Mutter eines Ratsherrn mit einem so alten Karren holzen geht.» Da hat die Nana gesagt: «Herr N., dieser Karren ist noch nie im Zuchthaus gewesen!»

Die Nana war sehr witzig. Als einmal jemand zu ihr sagte: «Ja, Sie sind nun auch schon eine alte Frau!» da hat sie zurückgegeben: «Das müssen Sie mir nicht sagen, das weiss ich auch. Und wenn Sie nicht alt werden wollen, so hängen Sie sich am nächsten Baum auf!»

Tante Fida

In den Kindergarten bin ich auch gegangen. Zu Tante Fida. Wir konnten damals schon mit vier Jahren hingehen. Ich habe gerade letzthin den Kindergarten sehen können. Er sieht noch genauso aus wie früher. Dort gingen wir also zu Tante Fida. Unter meinen Mitschülern war übrigens auch der Eduard Zellweger, der

nachmalige Ständerat und Botschafter. Man durfte im Kindergarten nicht zeichnen, so wie man das jetzt kann. Da hat man ganz andere Sachen gemacht. Da hat zum Beispiel die Lehrerin auf eine Schiefertafel eine Schnecke gezeichnet, und dann musste man diese Schnecke mit weissen Böhnchen auslegen. Das war eine richtige Geduldsarbeit. Wenn man sich nicht richtig konzentriert hat, sind diese Böhnchen immer wieder herausgefallen. Das Spiel haben wir immer wieder machen müssen, es war todlangweilig. Ich weiss, da haben wir einmal auch nicht richtig aufgepasst, noch einer, der hat Nägeli geheissen, und ich, wir haben zurückbleiben müssen zur Strafe.

Klassenunterschiede

In der ersten und zweiten Klasse hat Lehrer Domeni in beiden Klassen zusammen achtzig Kinder gehabt. Dieser Lehrer war schon weit über siebzig und dazu noch behindert. Die Lehrer mussten einfach Schule geben, bis sie starben, denn sie hatten ja damals noch keine Rente.

Kleinere Klassen

Am Schweizerischen Lehrertag an der Landesausstellung 1914 in Bern prangerte Nationalrat Dr. Rikli Klassengrössen von 70 bis 80 Kindern an und verlangte «kleinere Schulklassen (Normalzahl 35 Plätze), die vollständig auszurüsten sind mit allen nötigen allgemeinen Lehrmitteln».

In den siebziger Jahren gab es in verschiedenen Kantonen Vorstösse für kleinere Schulklassen mit 20 bis 25 Kindern. Aufgrund des Geburtenrück-

gangs reduzieren sich heute viele Schul-klassen von selbst. Hoffentlich nutzt man diese Chance.

Ich bin gerne in die Schule gegangen, vom ersten Tag an habe ich mich gefreut. Als ich in der zweiten Klasse war, haben wir jeweils den Erstklässlern die Tafel korrigieren müssen. Damals hatte man ja nur Schiefertafeln, keine Hefte. Wir sind schön nach dem Alphabet gesessen, Mädchen und Buben getrennt.

Die Lehrer waren alles Männer. An der Stadtschule ist eine Zeitlang ein Fräulein gewesen, aber nur aushilfsweise. Die ist nie richtig angestellt worden und hat auch weniger Lohn gekriegt als die Lehrer, die genau dieselbe Ausbildung hatten. Sie stellten überhaupt keine Lehrerinnen an im deutschen Kantonsteil. Nirgends. Einzig in den italienischen und romanischen Gemeinden hatten sie Lehrerinnen bis zu den oberen Klassen. Das ist typisch, das ging noch lange so. In der Frauenschule war mit mir in der Klasse eine dreissigjährige Lehrerin, die hat immer noch auf eine Stelle gewartet. Das war 1922. Die Lehrerinnen haben nur Stellvertretungen bekommen.

Gleichgestellt

Seit dem 1. Mai 1979 verdienen nun auch die Primarlehrerinnen im Kanton Neuenburg gleichviel wie ihre männlichen Kollegen. Das Bundesgericht hat 1977 die staatsrechtliche Beschwerde einer Neuenburger Lehrerin wegen Verletzung des Grundsatzes «Gleicher Lohn für gleiche Arbeit» gutgeheissen. Laut Lohnstatistik werden 1982 in allen Schweizer Kantonen Lehrerinnen und Lehrer gleich entlöhnt.

Regeln für englische Lehrerinnen aus dem Jahr 1915

— *Während der Dauer Ihres Lehrvertrages dürfen Sie nicht heiraten.*
— *Sie dürfen sich nicht in der Gesellschaft eines Mannes aufhalten.*
— *Zwischen acht Uhr abends und sechs Uhr morgens müssen Sie zuhause sein, es sei denn, Sie nehmen an einer Schulveranstaltung teil.*
— *Sie müssen zwei Unterröcke tragen.*

Der Bestseller

Damals hat man viel mehr draussen spielen können als heute. Es gab noch keinen Autoverkehr.

Totales Autoverbot galt im Kanton Graubünden bis 1925. Dann wurde es — an der zehnten kantonalen Abstimmung seit 1900 — mit knappem Mehr aufgehoben.

Hanni G. schrieb 1918 in einem Schulaufsatz:
«Seit dem Kriege wurde dem Auto in unserem Verkehr mehr Beachtung geschenkt. Man hat eingesehen, dass das Auto für Krankentransporte, für Feuerwehrdienst und dergleichen zu begrüssen wäre. Dass aber das Auto in den Strassen der Kleinstadt und der Dörfer zu Vergnügungszwecken gebraucht wird, wäre zu verwerfen.»

Wir haben viele Ballspiele gemacht. Und dann haben wir das Wochenspiel gespielt, mit den Tageseinteilungen, das «Sperzspiel», wo man einen Stein von einem Feld ins andere schieben muss. Ich weiss nur, dass ich immer wieder die Schuhspitzen kaputt gehabt habe, so dass die Schuhe zum Schuhmacher mussten. Ich habe einen Haufen Schuhe kaputtgemacht beim Herumspringen, weil ich eben ein wildes Kind war, ein halber Bub.

Spielsachen und Bücher haben wir auch gehabt. Der Lehrerverein hat damals «Die Guten Schriften» herausgegeben, die haben wir zum Lesen gehabt. Dann gab es auch eine Schulbibliothek. Ich weiss noch gut, dass ich mir immer wieder eines geholt habe, den Winnetou von Karl May. Der war schon so grusig, schmutzig und dreckig, dass der Papa einmal zu Herrn Buchli, dem Bibliothekar gegangen ist und gesagt hat, er solle doch dieses Exemplar auswechseln, es sei nun schon unappetitlich.

Eine gute Hausfrau

Die Mama schaute gut zur Familie. Sie hat natürlich auch genäht, denn sie war Weissnäherin. Sie musste verdienen helfen, denn der Papa hatte zum Beispiel als Arbeitersekretär nur hundertfünfzig Franken im Monat.

Wir sind eigentlich immer recht gekleidet dahergekommen. Ich kann mich erinnern, dass wir beide, Anitli und ich, Trikot-Matrosenkleidchen gehabt haben aus Mollis, Kanton Glarus.

Die Mama hat sehr einfach gekocht. Vor dem Ersten Weltkrieg hatte man bei uns in Graubünden sehr viel Teigwaren und viel Polenta. Dann hat man von gekochten Kartoffeln und Mehl den sogenannten Maluns gemacht, im Fett gebacken. Das war eine nahrhafte Kost. Dazu hat man Apfelmus oder gekochte Apfelschnitzli oder gedörrte Zwetschgen

gegessen. Wir haben immer genug zu essen gehabt. Ich habe auch im Haushalt helfen müssen, ziemlich viel in der Küche, abwaschen und abtrocknen. Man hatte noch rohe Tannenmöbel, Tische und Stühle, die musste ich jeden Samstag mit Sand scheuern. Es gab ja noch kein Vim und nichts. Damals kamen immer Hausierer vorbei, und die haben ganz feinen Sand verkauft. Man hat es zum Scheuern nass machen müssen, und dann einfach mit einem nassen Lappen nachgeputzt. Jeden Samstag musste ich das machen. Wenn ich denke, dass ich meine Stühle da draussen schon lange nicht mehr geputzt habe...

Inestäche, umeschlo, durezie und abeloo.

Ein Autodidakt

Sie gaben das Restaurant Maloja auf, als ich etwa drei Jahre alt war. Dann, 1905, nahm der Papa die Stelle als Buchhalter am städtischen Krankenhaus an. Als er nachher in die Politik einstieg und in die Behörden gewählt wurde, konnte er nicht mehr städtischer Angestellter sein. Er ist als SP-Vertreter in den Grossen Stadtrat gewählt worden und in alle möglichen Kommissionen. Da wurde er Buchhalter in einer Giesserei. In dieser Giesserei brach ein Streik aus und der Papa verlor seine Stelle, weil er in der SP war und von seiner Einstellung her diesen Streik auch gutgeheissen hat. Das war, bevor wir den Laden übernommen haben, so um 1907. Ich kann nicht sagen, ob der Papa auch in der Gewerkschaft war. Die Mama war nicht in der SP, das hat man damals als Frau noch gar nicht gekonnt. Es gab damals, soviel ich weiss, noch keine sozialistischen Frauengruppen.

Die Arbeiterinnenbewegung

Um 1885 hielt Gertrud Guillaume-von Schack, eine Führerin der deutschen sozialistischen Frauenbewegung, in der Schweiz Vorträge. Sie trug damit zur Gründung der ersten schweizerischen Arbeiterinnenvereine bei. Diese Vereine unterhielten kleine Fonds für Agitationsarbeit, Streikunterstützung und Nothilfe an Mitglieder. Sie machten Bildungsarbeit und setzten sich für kantonale Arbeiterinnenschutzgesetze ein. 1890 schlossen sich die Vereine von Basel, Bern, St. Gallen, Winterthur und Zürich — knapp 300 Mitglieder — zu einem Verband zusammen. An der Gründung war die deutsche Sozialistin Clara Zetkin beteiligt.
1898 wurden die Arbeiterinnenvereine durch Marie Villinger im Bundeskomitee des Schweizerischen Gewerkschaftsbundes vertreten. 1905 erreichte der Arbeiterinnenverband die Anstellung einer Gewerkschaftssekretärin für die Agitation unter der weiblichen Arbeiterschaft. Sie ermöglichte die Gründung eines eigenen Organs, der «Vorkämpferin».

1908 wurde der Verband gezwungen, aus dem Gewerkschaftsbund auszutreten, da diesem nur noch Berufs- und Industrieverbände angehören sollten.
1910 erklärte sich der Arbeiterinnenverband als politische Organisation, und 1912 wurde der Beitritt seiner Sektionen zur Sozialdemokratischen Partei obligatorisch. 1918 ging der Verband völlig in der Partei auf. Seine Mitglieder schlossen sich den lokalen Organisationen an und bildeten Frauengruppen.
Nach: Christine Ragaz, Die Frau in der schweizerischen Gewerkschaftsbewegung, 1933.

Sozialistische Frauen

1907 findet die erste internationale Tagung sozialistischer Frauen statt. Sie verabschiedet eine Resolution Clara Zetkins, in der es heisst: «Die sozialistischen Parteien aller Länder sind verpflichtet, für die Einführung des allgemeinen Frauenwahlrechts energisch zu kämpfen.» 1910, auf dem zweiten Internationalen Frauenkongress in Kopenhagen, werden diese Forderungen noch einmal nachdrücklich erhoben und die Einrichtung eines Internationalen Frauentages beschlossen. Seit 1911 finden diese Frauentage regelmässig am 8. März statt.

Der Papa war Autodidakt. Er hat zum Beispiel das Zivilgesetzbuch und das Obligationenrecht studiert und Rechtsauskünfte gegeben für Leute, die einfach nicht zum Anwalt gehen konnten, weil sie zuwenig Geld hatten. Er hat auch sehr gut Italienisch gekonnt, Deutsch sowieso und etwas Romanisch. Das hat er von der Mama gelernt. Wir haben manchmal drei Sprachen geprochen in der Familie, Romanisch, Italienisch und Deutsch.

Zivilgesetzbuch

Die «Reform der weiblichen Rechtssituation im künftigen schweizerischen Zivilgesetzbuch» war ein Thema am ersten gesamtschweizerischen Frauenkongress 1896 in Genf. 1908 waren die Arbeiten am ZGB abgeschlossen und die Frauen enttäuscht und resigniert. Nur wenige Wünsche waren berücksichtigt worden, z. B. die Abschaffung des Sohnvorteils im Erbrecht und die Einführung des gesetzlichen Sonderguts. Artikel, die schon damals beanstandet wurden, sind heute noch gültig:

- Die Ehefrau erhält den Familiennamen und das Bürgerrecht des Ehemannes. Sie unterstützt den Mann und führt den Haushalt.
- Der Ehemann ist Vertreter der Gemeinschaft.
- Um einen Beruf oder ein Gewerbe auszuüben, braucht die Ehefrau die Bewilligung des Mannes.
- Der Wohnsitz der Ehefrau wird durch den Ehemann bestimmt.

ADAM
Komm, folge mir, ich leite dich.

EVA
O du, für den ich ward,
mein Schirm, mein Schild, mein All!
Dein Will' ist mir Gesetz.
So hat's der Herr bestimmt,
und dir gehorchen
bringt mir Freude, Glück und Ruhm.

Joseph Haydn, Die Schöpfung

1911–1920

1911 Amundsen erreicht den Südpol · 1914 Kriegsausbruch · Wirtschaftskrise · 1916 allgemeine Relativitätstheorie von Einstein · 1917 SPS-Parteitag lehnt Militärkredite und Landesverteidigung ab · Oktoberrevolution mit Lenin und Trotzky · 1918 Kriegsende · Weltweite Grippe-Epidemie · Landesgeneralstreik · 1919 Völkerbund · Internationale Arbeitsorganisation (IAO) · Erste Atomspaltung durch Rutherford

Walter H.

Lehrzeit

Als ich dann in die Lehre kam nach Bern, war die Mutter auch in Bern, da wohnte ich bei ihr. Das war 1911. Wir hatten eine Dreizimmerwohnung. Ein Zimmer hatte sie ausgemietet. Im Winter sahen wir auf den Schlittschuhplatz beim Viktoriaplatz, da wo später die Bernischen Kraftwerke gebaut wurden.

Die Lehrwerkstätten waren damals etwas Besonderes. Das war auch Vorbereitung auf das Technikum. Wir hatten viel Theorie, viel mehr als andere Lehrlinge. Das gefiel mir schon sehr.

Auf dem Foto hier sieht man «mein Lehrjahr», alle Mechaniker. Da tragen wir das Werktagskleid. Am Anfang trug ich keine Krawatte. Nachher sagte mir ein Kollege, ich sollte eine Krawatte anziehen. Da trug ich auch eine am Werktag.

In der Lehrwerkstätte mussten wir zuerst einmal ein halbes Jahr lang feilen, eine gerade Fläche. Das war ein Kunststück. Im zweiten Halbjahr kam ich an eine Bohrmaschine, da musste ich Winkel aus Stahlblech herausbohren und dann feilen. Feilen, feilen, den ganzen Tag lang feilen. Wenn man Gelegenheit hatte, haben wir halt ein bisschen geplaudert. Abwechslung waren auch die Besorgungen, die man für die Werkstatt machen musste.

Vereinsleben

Als ich im ersten Lehrjahr war, hatte meine Mutter Verbindung mit dem Pfarrer Schädelin, der war später am Münster. Dem hat sie einmal geklagt, ich wolle am Abend ständig fort. Es gab eine Sozialistische Jugendgruppe. Da ging ich hin, es passte mir nicht so extra, aber ich ging, um irgendwo mitzumachen. Meine Mutter erzählte dem Pfarrer Schädelin, sie sähe das nicht gern. Da hat mich dieser einmal eingeladen, an die Herrengasse, in die Wohnung, und hat mit mir geredet. Dann gab er mir eine Adresse vom Präsidenten der Philadelphia und machte mir ein Empfehlungsschreiben. Die Phila, das war eine Vereinigung auf christlicher Basis für junge Männer. Hier hatte ich recht viel Abwechslung, wir haben fast jeden Sonntag einen Ausflug gemacht, so lernte ich die Gegend kennen. Ich erinnere mich noch, wie wir einmal nach Laupen marschiert sind. Dann gab es auch etwa Vorträge, und wir hatten eine eigene Bibliothek.

Bis ich die Lehre fertig hatte, machte ich da mit. Zu den Jungsozialisten ging ich nicht mehr, weil ich die Phila vielseitiger fand.

Zu der Zeit begriff ich noch nicht so viel von der Arbeiterbewegung. Später traf ich einen Parteigenossen, der viel älter war. Er war Bibliothekar in der Philadelphia; der förderte mich ein wenig und zeigte mir interessante Bücher hauptsächlich über Naturkunde.

In den Lehrwerkstätten hatten wir auch eine Bibliothek, und dort habe ich viele technische Sachen gelesen. Es gab ein Jahrbuch, «Universum» hiess es, das las ich regelmässig, da waren immer die neuesten technischen Errungenschaften drin.

Mein Lieblingsbuch hiess «In Nacht und Eis», von Nansen. Und dann las ich auch einen grossen Franzosen, der über soziale Probleme schrieb, Emile Zola hiess er.

Aushebung

Im September 1914 musste ich in die Kaserne Bern einrücken — zur Aushebung. Daran erinnere ich mich noch, wie wenn es gestern ge-

wesen wäre. Als wir die Uniform, die Hosen, das «Käppi» anprobieren mussten, bis es einigermassen sass. Das ist mir eindrücklich geblieben. Danach machte ich die Rekrutenschule in Brugg, bei den Sappeuren.

Gewehrgriffe, Marschieren und Taktschrittklopfen, das mussten wir natürlich auch üben, aber das sass bald einmal. Dafür haben wir geschaufelt und gepickelt. Da bauten wir Schanzen, Schützengräben. Zuletzt machten wir einen gefechtmässigen Ausflug zur Habsburg.

Ich weiss noch, dass die Rekrutenschule am 5. Dezember 1914 fertig war. Danach musste ich gleich einrücken zur Sapp. Komp. I/3. Wir kamen in den Jura, ins Guldental. In eine Baracke, eine halbe Stunde hinter Ramiswil. Da mussten wir die Schelten-Strasse bauen von Mümliswil nach Develier.

Protestversammlung gegen die Militärdiktatur.

Die Arbeiterunion Bern hatte letzte Woche eine Protestversammlung gegen die Unterdrückung der Preßfreiheit seitens der Militärbehörden einberufen. Der große Volkshaussaal war gedrängt voll von Zuhörern. Genosse Redaktor Robs aus Zürich schilderte das Treiben der Militärgewaltigen seit Beginn der Mobilisation. Eine Reihe von Militärgerichtsurteilen gegen Soldaten und untere Chargierte bildeten die Illustration für das blinde Wüten der Militaristen. Verbote an die Zeitungen, unliebsame Vorkommnisse aus dem Militär zu publizieren, ergingen oft. Ein Flugblatt wurde verboten, und die Verhaftung der Verteiler angeordnet, bevor jenes Flugblatt überhaupt geschrieben war. Als zweiter Redner sprach Genosse Nationalrat Charles Naine. Hat eine herrschende Klasse je einmal, fagt der Welt steht, die Armee, die Heere für die Erweiterung der Freiheiten des Volkes gebraucht? fragt er. Nie ist dies der Fall gewesen. Immer sind die Armeen gegen die Freiheiten der Völker verwendet worden, konstatiert der Redner. Die Freiheit war noch nie ein Geschenk,

Bündner Volkswacht, 15.12.1915

Damals war ich positiv eingestellt zur Armee. Da war Krieg. Wir hörten den Kanonendonner, als wir in Delsberg stationiert waren; sogar die Erde vermochte zu vibrieren. Man hat nie gewusst, ob es Übergriffe gibt.

Die Lehrwerkstätte habe ich also vorzeitig verlassen, weil ich in den Dienst musste. Ich habe ein halbes Jahr verloren, die Lehre wäre bis April gegangen. Aber die Prüfung konnte ich trotzdem machen, nach dem Dienst.

Einmal erhielt ich auch die Gefreitenschnur. Wegen was wohl? Ich wurde ausgezogen, einen Gift-Gas-Kurs zu machen. Es kam extra ein Ausbildungsoffizier, ein Hauptmann, der uns in die Taktik einführte. Da stellte ich mich offenbar nicht schlecht. Er stellte mir ein gutes Zeugnis aus, ich sei fleissig gewesen und interessiert. Und am nächsten Hauptverlesen gab es einen Gefreiten! Mit dem beliess ich es. Ich war nicht geeignet, bei den Sappeuren Vorgesetzter zu sein, da sind Bauleute besser.

Meine erste Stelle hatte ich in Bern bei einem Kleinmechaniker. Der machte Spezialitäten in Apparaten. Ich blieb nur ein paar Monate. Dann wollte ich weg von Bern und etwas Neues sehen. In der Zeitung sah ich eine Stelle ausgeschrieben in Schwarzenburg. Dort hatte einer eine Werkstatt, mit nur zwei Arbeitern. Wir stellten Drehbänke her, für die Franzosen. Dort blieb ich, bis ich wieder einrücken musste.

Frauenliga

Eine Million Frauen aus dreizehn Ländern unterzeichneten 1915 eine Petition an Präsident Wilson, mit der sie ihn aufforderten, zwischen den kriegführenden Ländern zu vermitteln. Die Amerikanerin und spätere Friedensnobelpreisträgerin Jane Addams, die Ungarin Rosika Schwimmer und die Engländerin Emmeline Pethick-Lawrence gründeten am 10. Januar 1915 eine Friedensorganisation der Frauen, die Women's Peace Party. Sie legten ein ausführliches Friedensprogramm vor, das 1918 für Präsident Wilson wegweisend wurde.

Vom 28. April bis 1. Mai 1915 fand in Den Haag ein internationaler Frauenkongress statt. Die Teilnehmerinnen gründeten das «Internationale Frauenkomitee für einen dauernden Frieden», das 1919 in Zürich zur «Internationalen Frauenliga für Frieden und Freiheit» umbenannt wurde. 1126 Delegierte aus zwölf Ländern protestierten in Den Haag gegen den Krieg und suchten nach Friedensmöglichkeiten. Abgeordneten-Komitees besuchten anschliessend Staatsmänner in vierzehn europäischen Ländern, um sie zu einer Friedensinitiative zu bewegen. Die Presse reagierte mit Hohn und Spott.

Stimmbürger

Ich weiss noch, wie ich das erste Mal abstimmen durfte. Das war in Schwarzenburg. Ich erhielt die Stimmkarte und Erläuterungen dazu. Im Stimmlokal studierte ich lange die Vorlagen. Dann legte ich den Stimmzettel in die Urne. Ich weiss nicht mehr, wie ich abgestimmt habe, aber auf jeden Fall nahm ich doch dazu Stellung.

Dass keine Frauen abstimmen durften, das sah ich als selbstverständlich an. Als später das Frauenstimmrecht zur Sprache kam, ging ich aber immer Ja stimmen. Das sah ich dann auch als selbstverständlich an. Von den Pflegeeltern erinnere ich mich noch, dass jeweils der Vater sagte, er müsste stimmen gehen. In Rohrbach kam noch der Polizist und brachte die Stimmkarte. Das war dann auch eine gewisse Aufforderung, zum Stimmen zu gehen.

Frauenstimmrecht (I)

Viele hatten zu wenig Geduld, sie starben vorher.

1872 verlangt das Ehepaar von May-von Rüed die Aufnahme des Frauenstimmrechts in die Bundesverfassung. (99 Jahre später ist es so weit.)
1918 reichen die Nationalräte Greulich und Göttisheim je eine Motion zur Verankerung des Frauenstimmrechts in der Bundesverfassung ein. Sie werden 1919 durch eine Petition von 158 Frauenverbänden unterstützt.
1928 verlangt Nationalrat Jenni die Einführung des Frauenstimmrechts aufgrund des Verfassungsartikels 4: «Alle Schweizer sind vor dem Gesetz gleich.» Doch der Bundesrat verwirft dieses Ansinnen: «. . . Wenn man nun behauptet, dass der Begriff auch die Schweizer Frauen in sich schliessen

sollte, so überschreitet man die Grenzen der zulässigen Interpretation und begeht damit einen Akt, der dem Sinne der Verfassung widerspricht . . .» Der Nationalrat weist die Petition Jenni ab und verlangt vom Bundesrat die Behandlung der Motionen Greulich und Göttisheim.
1929 beantragt eine Petition mit 170'397 Unterschriften von Frauen und 78'840 Unterschriften von Männern die Einführung des Frauenstimmrechts.
1938 macht der Schweizerische Verband für Frauenstimmrecht eine Eingabe an die Bundesversammlung. Der Nationalrat beauftragt den Bundesrat, «. . . über die Frage des Frauenstimmrechts Bericht und Antrag einzubringen, gestützt auf die Motionen Greulich und Göttisheim . . .».
(Fortsetzung S. 162).

Grenzbesetzung

Im Herbst musste ich wieder in den Dienst. Wir kamen ins Tessin, einen Monat oder zwei. Wir hatten einen

Maschinengewehrstand oberhalb Magadino zu bauen, von wo wir den ganzen Seehafen bestreichen konnten. Einmal musste ich strafweise Sandsäcke tragen, den Berg hinauf, aber ich weiss nicht mehr warum, wahrscheinlich wegen einer Kleinigkeit. Sold hatten wir 90 Rappen im Tag. Der Stundenlohn eines gelernten Arbeiters war damals etwa 60 Rappen. Urlaub gab es kaum. Gewöhnlich mussten wir drei, vier Monate im Dienst sein.

Italienisch habe ich da nicht gelernt. Aber ein Kollege, der konnte italienisch und hat einmal, als wir am Abend noch einen Spaziergang machten, eine Tochter auf der Strasse angesprochen. Sie hat uns dann eingeladen, zu sich nach Hause, zu ihren Eltern. Da bekam ich das erste Mal echte Polenta.

Ich selber war ziemlich scheu. Ich habe mal ein Mädchen auf der Strasse angehauen, aber die wies mich ab. Darauf habe ich es nicht mehr probiert. Erst viel später.

Damals fing der Gaskrieg an. 1917/18 übten wir das auch. Wir hatten ja Gasmasken. Einmal weiss ich noch, waren wir in Läufelfingen, dem kleinen Dorf am Hauenstein. Ein Ehepaar war dort auf dem Feld, etwa einen Kilometer von uns weg. Nach einer Weile sahen wir, wie diese dauernd das Taschentuch hervornahmen und schnupfen mussten. Tränengas ist schwerer als Luft; es streicht dem Boden nach. Und nachher hängt es noch lange in den Kleidern.

Gaskrieg

Die Massentötungen durch Gas begannen im Ersten Weltkrieg. 91'000 Soldaten starben an Gift, 1,3 Millionen erlitten Gasvergiftungen. Nach dem Krieg bemühte sich die Wissenschaft um die Entwicklung noch wirksamerer Gase.

Schwer vergiftet wurden zahlreiche amerikanische Soldaten bei einem Gasmanöver, das 1924 zu Ehren eines amerikanischen Chemikerkongresses stattfand. Die Chemikerin Dr. Gertrud Woker aus Bern und die Schwedin Dr. Naima Sahlbom waren von dieser Vorführung zutiefst betroffen und gründeten eine Kommission zur Aufklärung über neue Kriegsmethoden. Zahllose Wissenschafter unterstützten ihre Bemühungen, die Öffentlichkeit zu informieren. Je mehr die Leute jedoch aufhorchten, desto mehr verkauften die Militaristen den Gaskrieg als harmlos.

1925 unterschrieben 42 Nationen die «Genfer Protokolle», die die Produktion und Lagerung chemischer Waffen erlauben, aber den Einsatz verbieten. Die USA ratifizierten den Vertrag erst 1975, nachdem sie 40'000 Tonnen Entlaubungsmittel über Vietnam versprüht hatten.

1936 entwickelte ein deutscher Chemiker das erste Nervengas. Die Nervengaslager in Deutschland fielen Anfang 1945 den Alliierten unversehrt in die Hände. Sowjetische, französische, britische und amerikanische Wissenschafter konzentrierten sich nun auf die Entwicklung noch giftigerer Kampfstoffe. Unter der Maske der Friedenssicherung geht heute in Ost und West der «Gaskrieg» weiter.

● **Milliarden für Giftgas.** Die USA werden in den nächsten fünf Jahren für die Entwicklung moderner chemischer Kampfstoffe zwischen sechs und sieben Milliarden Dollar aufwenden.

Tagwacht, 13.7.1981

Mit knapper Mehrheit ermächtigt am 14. Mai 1982 der amerikanische Senat Präsident Reagan, zum erstenmal seit 13 Jahren wieder chemische Waffen produzieren zu lassen.

Gewerkschafter

Nachdem ich das Schwarzenburgerland kennengelernt hatte, wollte ich etwas anderes sehen. Ich habe überlegt und dann fragte ich die Fabrik Mikron an in Madretsch, bei Biel. Das ist eine bekannte Maschinenfabrik von einem grossen Konzern. Die machten Drehbänke für Feinmechanik. Die Mikronbänke waren sehr bekannt für höchste Präzision. Ich hatte einen strengen Vorarbeiter, einen «Juflicheib», er hat nicht nur die Arbeiter kontrolliert, er arbeitete selbst wie verrückt. Und den Maschinen gab er jeweils noch den letzten Schliff. Da habe ich auch etwas gelernt.

Erst 1916 in Biel hörte ich eingehender von der Gewerkschaft. Da hielt mich einer an, in den SMUV zu kommen. Bald wurde ich Vertrauensmann. Ich erinnere mich noch, wie ich mich in dieser Funktion einmal beim Direktor beschwerte, weil ein Anschlag der Gewerkschaft am Brett heruntergerissen worden war. Ich merkte, dass er gar nicht begeistert war von der Gewerkschaft, aber ich setzte mich durch, und die Mitteilung wurde wieder aufgehängt.

Schweizerischer Metall- und Uhrenarbeiterverband (SMUV)

Den Kampf um bessere Arbeitsbedingungen nahmen Arbeiter der metallverarbeitenden Branchen der Schweiz schon im 19. Jahrhundert auf. Die Genfer Bijouteriearbeiter schlossen sich 1838 als erste zusammen. Die frühen Gewerkschaften waren vorwiegend nach Berufsgruppen organisiert. Sie alle unterstützten 1877 das eidgenössische Fabrikgesetz, das u. a. die tägliche Höchstarbeitszeit in den Fabriken auf elf Stunden festsetzte.

Der Schweizerische Metall- und Uhrenarbeiterverband (SMUV) entstand 1915 aus dem Metallarbeiterverband (1888) und dem Uhrenarbeiterverband (1892). Er ist heute der grösste der 15 Mitgliederverbände des Schweizerischen Gewerkschaftsbundes (1980: 132'281 Mitglieder von insgesamt 459'852).

Bekannt wurde der SMUV durch das «Friedensabkommen», das er 1937 mit dem Arbeitgeberverband Schweizerischer Metall- und Maschinenindustrieller abschloss und immer wieder erneuerte. Kampfmassnahmen wie Streiks oder Aussperrungen sind dadurch unzulässig. Die Meinung zur «absoluten Friedenspflicht» in Gesamtarbeitsverträgen ist allerdings in Gewerkschaftskreisen sehr geteilt. Diese Pflicht ist übrigens nicht zu verwechseln mit einem gesetzlichen Streikverbot. Das gibt es in der Schweiz nur für Beamte.

Fabrikdienst

Den General Wille habe ich auch einmal gesehen, im Bundeshaus, bei einem Defilée, als ich auch mitmarschierte. Aber ich weiss nicht mehr genau, welches Jahr.

Militariſtiſche Affenkomödie.

Anfangs Juni rückte die Kompagnie 3 des Bataillons 90 in Bern zum Wachtdienſt ein. Der Kompagnie-
kommandant, Hauptmann Gottlieb Bühler, Sohn des
Oberſten und Nationalrats Bühler in Frutigen, ließ,
laut „Tagwacht", eines ſchönen Morgens im Wachtlokal
folgenden Befehl anſchlagen:

Füſ.-Kom. III. 90.
Einzelausbildung.

Die Haltung iſt im allgemeinen ſehr ſchlecht. Ich
verlange, daß bis auf weiteres nur die Achtungſtellung
ohne Gewehr, ſowie der korrekte Gruß und das ſolda-
tiſche Melden geübt werden. Bei der Achtungſtellung
ſind die Schultern energiſch zurückzureißen. Der Mann
hat auf die Zähne zu beißen, die Geſichtsmuskeln zu
verzerren und die Augen leicht nach aufwärts zu richten. Der Mann ſoll in der Achtungſtellung wie ein ſprung-
bereiter Tiger daſtehen.

Bündner Volkswacht, 29.7.1916

*Mehr Härte und weniger Psychologie
will Korpskommandant Roger Mabillard als Ausbildungschef der Armee
1982 durchsetzen.*

Den Drill im Ersten Weltkrieg habe
ich kaum erlebt. Aber es muss recht
stur gewesen sein. Wir mussten
wenig Gewehrübungen machen, ich
war ja bei den Sappeuren, wir bauten
Mauern und Schützengräben. Ich als
Mechaniker musste zum Teil Maschinen und Werkzeuge flicken. In
Glovelier war ein Depot der Loko-
motiven. In diese Werkstatt war ich
auch eine Zeitlang abdetachiert. Der
Werkmeister pröbelte an einer auto-
matischen Pistole. Ich sollte ihm
helfen. Dadurch war ich weitgehend
vom «Schlauch» befreit. Wenn wir
schaufelten und pickelten, war ich
der Handlanger, weil die Maurer und
Zimmermänner das Sagen hatten.
In der Grippezeit 1917/18 war ich
nicht im Dienst, da arbeitete ich in
der Waffenfabrik als Mechaniker.
Diese Arbeitstage wurden als Dienst
eingeschrieben.
In der Waffenfabrik arbeiteten
damals keine Frauen. Aber anderswo sind die Frauen vermehrt in die
Fabriken gegangen. Da hat man so
richtig gesehen, was Frauen leisten
können, weil sie zum Teil die gleiche
Arbeit wie Männer machten. Ich
dachte mir nicht so viel damals, denn
Frauenarbeit war ja bekannt in den
Spinnereien und Tuchfabriken.

Frauen kommt!

Achtunddreissig.
Zu viele soldaten
zu wenig hände
Frauen kommt!
dreht für uns die granaten

Achtundvierzig.
Zu viele gräber
zu wenig hände
Frauen kommt!
macht den trümmern ein ende

Achtundsechzig.
Zu wenig hände
zu viele maschinen
Frauen kommt!
ihr dürft jetzt mitverdienen

Achtundsiebzig.
Zu viele maschinen
zu viele hände
Frauen geht!
euer traum ist zu ende

K. H. Niewert

Frauenarbeit

*Rasch wussten die schweizerischen
Metall-, Maschinen-, Uhren- und chemischen Industrien auf Kriegslieferun-
gen umzustellen. Die Luxusindustrie
konnte ihr Absatzgebiet erweitern.
1916 hatten Metall- und Maschinenbe-
triebe, Baugewerbe und Landwirtschaft Arbeit in Hülle und Fülle. Der
Arbeitermangel veränderte den weibli-*

chen Arbeitsmarkt. *Tausende von Frauen wurden zusätzlich als Ersatz für die im Feld oder im Grenzdienst stehenden Männer in der Industrie beschäftigt. Das Kriegsende im November 1918 mit der völligen Desorganisation der Wirtschaft beeinflusste auch die Schweiz. Die Kriegsindustrie fand ein jähes Ende, und viele Schweizer Fabriken mussten Arbeiter entlassen oder mit halber Arbeitszeit beschäftigen. 1919 war ein Tiefstand des Beschäftigungsgrades erreicht. Ab Herbst 1920 waren auch die Frauen von der Arbeitslosigkeit in hohem Grade betroffen.*

1939 sprangen die Frauen wiederum in die Lücken, die durch die einrückenden Männer entstanden waren. Plötzlich mussten sie Leistungen erbringen, zu denen man ihnen früher die Fähigkeiten abgesprochen hatte.

An die Grippe erinnere ich mich noch, als plötzlich neben mir in der Waffenfabrik einer umfiel. Ich weiss nicht, ob er starb. Ich dachte da nur, die Grippe sei offenbar gefährlich, aber mir machte es nichts. Damals gab es ja keinen Lohnausgleich bei Krankheitsfall, da arbeiteten die Männer eben, auch wenn sie krank waren. Wir hatten seit 1917 die Lebensmittelrationierung. Ich erinnere mich noch an die Marken; meine Mutter und ich besassen immer genug. Was wir nicht brauchten, gaben wir weiter. Vom Schwarzhandel merkte ich nichts.

In dieser Zeit gab es mehrere Theaterstücke, die das Thema des Streiks und die Situation des Arbeiters behandelten. Ab und zu ging ich ins Stadttheater. Vom Arbeiterbildungsausschuss wurden in den Gewerkschaften verbilligte Billette an die Arbeiter abgegeben. Ich erinnere mich noch an die ersten Grossfilme, die führten sie im Stadttheater vor. Die grosse Leinwand machte Eindruck.

Arbeiterbildung

Die zentrale Förderung der Arbeiterbildung begann 1912 mit der Gründung eines Schweizerischen Arbeiterbildungsausschusses durch SPS und SGB. Der Ausschuss förderte die Gründung von Bildungsausschüssen in grösseren Orten. 1913 gab es in zwölf Städten lokale Bildungsausschüsse. Sie befassten sich mit Volkswirtschaft, Sozialismus, Philosophie, Naturwissenschaften, Schul-, Frauen- und Jugendfragen und der Bekämpfung des Alkoholismus. Der Ausbruch des Weltkriegs unterbrach die Bildungsarbeit, doch 1921 wurden rund hundert Bildungsausschüsse gezählt. 1922 erhielt die zentrale Bildungsorganisation den Namen «Schweizerische Arbeiterbildungszentrale» (SABZ). Ab 1932 dehnte sich ihre Arbeit stark aus. Heute veranstaltet sie u. a. Kurse für Funktionäre, Vertrauensleute, Jugendliche und — Gewerkschafterinnen. Was für den Anfang des Jahrhunderts galt, gilt auch heute: Selbst in Gewerkschaftskreisen gibt es Unterschiede zwischen Frauen- und Männeranliegen.

Streikposten

Im Generalstreik haben wir von der Waffenfabrik auch gestreikt. Da stand ich Streikposten.

Die Kavallerie von Freiburg war aufgeboten worden, weil man dachte, die Berner würden nicht gegen Berner antreten. Zwischen den Welschen und uns bestand früher schon eine Spannung. Ich stand Posten bei der Giesserei Von Roll. Ich erinnere mich noch, dass ein Offizier kam, um mit uns zu reden.

Er meinte: «Ihr werdet nicht durchkommen». Die hatten Angst, wir wollten revolutionieren. Genau mag ich mich nicht mehr ans Gespräch erinnern. Wenn man jung ist, macht man einfach mit und macht sich keine so schweren Gedanken.

Die Forderungen weiss ich nicht mehr ganz genau, jedenfalls der Acht-Stunden-Tag, die Alters- und Invalidenversicherung. Heute sind das Selbstverständlichkeiten.

Dann kam ja der Proporz, eine von unseren Forderungen, und wir brachten bei der nächsten Wahl im Jahr drauf gleich sieben Nationalräte mehr hinein für Bern.

Auch das Frauenstimmrecht war ein Verlangen der Partei, aber es berührte mich nicht besonders, ich fand es selbstverständlich.

Von den Suffragetten hatte ich gelesen, der Name Pankhurst ist mir geblieben, die von England. Die machten sich schon vor dem Krieg bemerkbar, so um 1912. Ich weiss nicht mehr, welche Stellung ich damals eingenommen habe, ich dachte wahrscheinlich, das seien verrückte Weiber. In den Zeitungen lasen wir darüber.

Politische Aeberficht.

* 3 ü r i ch, Mitte März 1912.

Eine bizarre Begleiterscheinung zu dem grossen Streikdrama bilden die wüsten Ausschreitungen der Londoner Stimmrechtsweiber, die wie Gassenbuben Scheiben einwerfen mit dem ausgesprochenen Zweck, auf diesem nicht mehr ungewöhnlichen Wege die öffentliche Aufmerksamkeit auf ihre politischen Forderungen zu lenken. Auch hier wieder: Welche Umkehrung aller bisherigen Begriffe und Anschauungen! Was „ladylike" heisst, das stellte in Wort und Benehmen sich von Dingen die englische Dame der „Gesellschaft" dar; nun aber kann man in England Goethes Rat nicht mehr befolgen und bei „edeln Frauen" anfragen, um zu wissen, was sich ziemt.

Die Schweiz, schweizerische illustrierte Rundschau, 1912

Streikforderungen
11. November 1918

1. *Sofortige Neuwahl des Nationalrats auf der Grundlage des Proporzes (realisiert 1919)*
2. *Aktives und passives Frauenwahlrecht (auf Bundesebene 1971)*
3. *Einführung der allgemeinen Arbeitspflicht*
4. *Einführung der 48-Stunden-Woche in allen öffentlichen und privaten Unternehmungen (realisiert 1919)*
5. *Reorganisation der Armee im Sinne eines Volksheeres*
6. *Sicherung der Lebensmittelversorgung im Einvernehmen mit den landwirtschaftlichen Produzenten*
7. *Alters- und Invalidenversicherung (1925 in Verfassung verankert, 1947 Bundesgesetz über die AHV angenommen)*
8. *Staatsmonopole für Import und Export*
9. *Tilgung aller Staatsschulden durch die Besitzenden*

Die Mutter klagte nie über die Arbeit, ich weiss nur, dass sie mir erzählte, sie sei einmal aus einer Stelle durchgebrannt. Aber sonst scheint sie gute Stellen gehabt zu haben. Sie hatte nicht viel Bekannte, ja sie kannte schon Leute, aber nicht so, dass sie mit ihnen verkehrt hätte. Sie ist sehr an der Verwandtschaft gehangen und hat regelmässig ihre Brüder besucht. Als ich auf die Welt kam, war sie neunundzwanzig, sie starb 1944, also gerade am Ende des Kriegs. Sie ist 78 Jahre alt geworden.

Parteigenosse

Ich erinnere mich noch gut an Robert Grimm. Als ich in Madretsch arbeitete, sah ich ihn das erste Mal. Es hiess in der «Tagwacht», er komme nach Nidau, um zu reden, und ich dachte, den willst du mal hören. Da hat er mich sehr begeistert. Ich habe nie mehr einen andern so gut reden hören. Jahre später machte unsere Partei einmal mit Grimm ab, er solle uns erzählen, was gegangen sei. Ich bin mit andern Genossen nach Kehrsatz gefahren und dann nach Zimmerwald marschiert. Da hielt er uns in einem Restaurant einen Vortrag über die Zimmerwalder Konferenz.

Zimmerwald-Konferenz

Als «Touristen» getarnt trafen sich vom 5. bis zum 8. September 1915 im Berner Bauerndorf Zimmerwald 42 Vertreter sozialistischer Oppositionsgruppen aus fast allen europäischen Ländern. Ziel der Konferenz war die Schaffung einer internationalen Friedensorganisation. Die Teilnehmer waren ausschliesslich klassenkämpferische Linkssozialisten, darunter auch

Angelica Balabanoff und Lenin. Obschon es zeitweise zu heftigen Auseinandersetzungen kam, gelang es Robert Grimm, alle Anwesenden zur Unterzeichnung eines Manifests zu bewegen. Es rief das Weltproletariat zum Kampf für die Freiheit, die Völkerverbrüderung und den Sozialismus auf. Die Gruppe um Lenin, die «Zimmerwalder Linke», bezeichnete einige Wochen später das Manifest als ungenügend. Die Konferenz in Kiental vom 24. bis 30. April 1916 sollte die Meinungsverschiedenheiten klären. Noch einmal gelang es Grimm, die Konferenz auf gemeinsame Forderungen zu einigen. Der Aufruf «an die Völker, die man zugrunde richtet und tötet», rief unter anderem die sozialistischen Parlamentarier aller Länder auf, die Ablehnung der Kriegskredite zu verlangen.

Nach: Paul Schmid-Ammann, Die Wahrheit über den Generalstreik von 1918, 1968

Ich bin kurz nach dem Generalstreik in die Partei eingetreten, als ich in der Waffenfabrik arbeitete. Die Kollegen von der Gewerkschaft haben gesagt: «Du musst doch da auch mitmachen, es geht doch auch ums Politische, nicht nur ums Materielle.» Das hat mir eingeleuchtet. Einige in der Partei wollten auch einen Umsturz machen wie in Russland, als Lenin 1917 an die Macht kam. Anfangs waren wir noch begeistert, dass dort Arbeiter an die Macht kamen. Jetzt denke ich nicht mehr so. Das ist gefährlich, dieses Einparteiensystem in Russland, es führt zur Diktatur. Es ist besser, wenn man sich, wie in der Schweiz, zu einigen versuchen muss.

Hanni G.

Balabanoff und Bebel

Einmal ist sogar die Balabanoff zu uns nachhause gekommen. «Das war eine Russin», hat nachher der Papa zu mir gesagt, als ich nach der grossgewachsenen Frau fragte. Die Kommunistin Angelica Balabanoff hat später dem Mussolini Deutschunterricht gegeben, der vor dem Ersten Weltkrieg als Emigrant in die Schweiz kam. Sie war im November 1912 auch am Friedenskongress in Basel. Alle wichtigen Frauen der zweiten Internationale waren dort, auch die Clara Zetkin und die Rosa Luxemburg. Sie haben versucht, den Krieg aufzuhalten.

Friedenskongress

Eine machtvolle Kundgebung für den Frieden war in Basel der ausserordentliche Kongress der Sozialistischen Internationale vom 24. bis 26. November 1912. Zahlreiche Persönlichkeiten der internationalen Arbeiterbewegung beschworen die Einigkeit der sozialistischen Arbeiterklasse im Kampf gegen die Rüstungspolitik der Grossmächte und für die Sache des Friedens. Im Namen der sozialistischen Frauen aller Länder hielt Clara Zetkin eine Rede: «. . . Erst wenn auch die grosse Mehrheit der Frauen aus tiefer Überzeugung hinter die Losung tritt: Krieg dem Kriege, erst dann kann den Völkern der Friede gesichert werden, aber an dem Tage, wo die Mehrheit der Frauen hinter diese Losung tritt, muss sie auch unwiderstehlich sein.»

Etwa in dieser Zeit war der August Bebel, der Vorsitzende der deutschen Sozialdemokratie, in Passugg.

Er war zuckerkrank und ist in der Nacht vom 13. August 1913 gestorben. Der Papa und andere Bündner Genossen haben den Sarg zur Beerdigung begleitet. Ich habe den Entwurf der Beileidskarte aufbewahrt, die der Papa im Namen der Partei geschrieben hat.

«*Die Zahl der Talente und Genies unter den Männern ist weit grösser, als bisher sich offenbaren konnte. Genauso verhält es sich mit den Fähigkeiten des weiblichen Geschlechts, das seit Jahrtausenden noch weit mehr als das männliche geistig unterdrückt, gehemmt und verkrüppelt wurde. Wir haben keinen Massstab, wonach wir genau beurteilen könnten, welche Fülle von geistigen Kräften und Fähigkeiten sich bei Männern und Frauen entwickeln, sobald diese sich unter naturgemässen Bedingungen zu entfalten vermögen. (...)*»
August Bebel, Die Frau und der Sozialismus, 1883

Vaterlandslieder

1911 bin ich in die dritte Klasse gekommen. Der Lehrer der dritten und vierten Klasse war ein Romane,

ein begeisterter Männerchörler und Major. Er hatte ganz eine straffe Disziplin und konnte sehr gut singen. Einmal habe ich beim Notenlesen nicht nachgeschaut, und da ist er gekommen, hat mich an den Haaren gezogen und mir einen romanischen Fluch nachgeschickt. Aber bei dem habe ich Freude bekommen am Singen und auch an der Poesie.

In der fünften und sechsten Klasse war ein Lehrer aus einem Walser-Dorf, der Herr Zinsli, der war sehr vaterländisch. Immer sollte man Vaterlandslieder singen. Und manchmal habe ich ein bisschen gestreikt und nicht mitgesungen, ich mochte dieses übertriebene Vaterländische nicht. Aber ich habe eben gut singen können, deswegen hat ihn dieses Streiken geärgert, und er ist gekommen und hat gesagt: «Johanna, hast du denn gar keine Liebe zum Vaterland?»

Arbeitersekretär

Von 1910 bis 1913 haben wir an der Lukmaniergasse das Kolonialwaren-lädeli «Provini» geführt. Das war ein kleines Geschäft mit italienischen Spezialitäten und mit Käse. Als Erster in der Stadt hat der Papa auch alkoholfreien Wein verkauft, der kam damals von einem Rebbauer aus Yverdon. Der Mann, bei dem der Papa in der kaufmännischen Lehre war, hat ihm diesen Laden fast angedreht. Der Papa hatte ja kein Geld, er nahm bei der Bank ein Darlehen auf und musste Bürgen haben. Als er später gestorben ist, haben zwei der Bürgen die Bürgschaft auf sich genommen. Der Dritte schrieb mir einen Brief, als ich mit siebzehn den ersten Telegrafistinnenlohn bekam. Ich musste ihm jeden Monat 25 Franken auf die Bank einzahlen, jahrelang. Dabei habe ich oft nur um die 150 Franken verdient.

1913 machte das Konsum in der Nähe von uns einen Laden auf. Die Konkurrenz wurde viel zu gross, und wir mussten das Geschäft liquidieren.

Sozialdemokratische Partei Chur
(Grütliverein)

Versammlung

Dienstag, 7. Dezember, abends 8¼ Uhr im Grütlilokal.
Bericht unserer Kantonsratsfraktion über die letzte Grossrats-Sitzung.
451
Alle Parteigenossen sind eingeladen.   Der Vorstand.

Grütliverein

Mitbegründer des politisch-geselligen Grütlivereins war 1838 in Genf der Pestalozzi-Mitarbeiter Johannes Niederer. Seine Devise «Durch Bildung zur Freiheit» wiederholte 1846 Albert Galeer, der geistige Vater des Grütliver-

eins, in seiner Schrift «Der moralische Volksbund und die freie Schweizer Männerschule oder der Grütliverein». Der Verein stellte sozialpolitische Forderungen, gründete Genossenschaften und unterstützte häufig sozialistische Politiker. In seinen politischen Zielsetzungen blieb er jedoch diffus. 1873 beteiligte sich der Grütliverein an der Gründung des Schweizerischen Arbeiterbundes, ohne ihm jedoch beizutreten. 1901 bis 1915 bildete er einen föderativen Zusammenschluss mit der Sozialdemokratischen Partei, und 1925 löste er sich auf.

Der Papa wurde Arbeitersekretär. Er war Grütlianer und hatte sich schon vorher in der freien Zeit ganz der Partei gewidmet. 1906 hatten sich die bündnerischen Grütli- und Arbeitervereine zur sozialdemokratischen Kantonalpartei Graubünden zusammengeschlossen, und 1910 errichteten Partei und Gewerkschaften ein kantonales Arbeitersekretariat in Chur. Als Arbeitersekretär und Grossrat hat der Papa auch Vorträge gehalten, etwa zu Fragen wie «Unentgeltliche Geburtshilfe» oder «Wie schützt der Staat die Mutter und ihr Kind?» In der Stickerei Neubach an der Tittwiesenstrasse zum Beispiel waren die Arbeitsbedingungen für Wöchnerinnen sehr schlimm, wie wohl überall.

Mutterschaftsschutz

Mutterschutzgesetze sind über hundert Jahre alt. 1877 verbietet das Eidgenössische Fabrikgesetz die Arbeit einer Mutter während insgesamt acht Wochen vor und nach der Geburt. 1904 verlangt der Bund Schweizeri-

scher Frauenvereine zusammen mit Arbeiterinnenvereinen die Zahlung von Lohnersatz für Fabrikarbeiterinnen bei Niederkunft. *1911 tritt das KUVG/ Kranken- und Unfallversicherungsgesetz in Kraft und stellt Schwangerschaft einer versicherten Krankheit gleich. Der Beitritt zu einer Krankenkasse ist in der Schweiz noch heute nicht obligatorisch. Alle Frauen bezahlen zudem 10 Prozent mehr Prämien als Männer.*

1945 reicht die Katholisch-konservative Volkspartei eine Initiative ein für den Schutz der Familie, die auch mutterschutzrechtliche Massnahmen vorsieht. Die Folge ist der heutige Verfassungsartikel 34quinquies, damaliger Gegenvorschlag des Bundesrats. Darin heisst es u. a.: «Der Bund wird auf dem Weg der Gesetzgebung die Mutterschaftsversicherung einrichten.»

POURQUOI UNE ASSURANCE MATERNITE ?

Die Ofra, Organisation für die Sache der Frauen, reicht am 21. Januar 1980 eine Initiative ein, unterstützt von andern Frauenvereinen sowie von den Gewerkschaften, der SP und der PdA, «für einen wirksamen Schutz der Mutterschaft». Sie verlangt die Einführung eines 16wöchigen Mutterschaftsur-

laubs, eines neunmonatigen Elternurlaubs und eines umfassenden Kündigungsschutzes. Die Finanzierung soll nach dem Modell der AHV sowie durch Beiträge von Bund und Kantonen erfolgen. Gegenwärtig ist das KUVG in Beratung und soll zum Teil im Sinne der Initiative revidiert werden: Zu den heutigen Leistungen der Krankenkassen soll neu hinzukommen ein Beitrag an die Kosten der Hauspflege; alle mit der Mutterschaft verbundenen Kosten soll die öffentliche Hand übernehmen. Nicht berücksichtigt ist der Elternurlaub. Die Initiative wurde deshalb auch nicht zurückgezogen und muss spätestens 1983 im Parlament behandelt werden.

Das Schnupftabakkässeli

Im Sommer zwischen dem vierten und fünften Schuljahr musste ich bei Papas Kusine, der Tante Urschel in Tamins, sieben Wochen lang schaffen wie eine Magd. Zu Hause haben sie nicht gewusst, dass ich so habe arbeiten müssen. Als sie mich einmal besuchten, hatte ich sieben Kilo abgenommen.

Kinderarbeit

Brutal zusammengeschlagen wurden 1908 in Chicago Frauen, die gegen die Auswüchse der Kinderarbeit demonstrierten. 1981 schätzt die UNO-Menschenrechtskommission die Zahl der zur Arbeit gezwungenen Kinder weltweit auf 145 Millionen. Zum Teil unter unmenschlichen Bedingungen arbeiten sie in Fabriken, Bergwerken und landwirtschaftlichen Betrieben. Mädchen, die iranische Teppiche knüpfen, sitzen zum Beispiel oft Tag für Tag auf nackten, kalten Böden. Die Folgeer-

scheinungen sind schwere Haltungs-
schäden, Lähmungen und Unfrucht-
barkeit.

Die Urschel hat für die englischen
Feriengäste im Hotel «Adler» in
Reichenau gewaschen, und ich habe
die Wäsche hinunterbringen müssen. Dann haben sie mir jeweils ein
Trinkgeld gegeben. Wenn ich nachhause gekommen bin, hat die Urschel gefragt «Hanneli, hast du
etwas bekommen?», und dann habe
ich gesagt «ja, ich habe einen
Zehner», ein Zehner war damals
viel. Und dann sagte sie «das tun wir
jetzt gerade ins Schnupftabakkäs-
seli». Mit dem Geld hat sie dann
Schnupftabak gekauft. Und wie die
geschnupft hat! Am Sonntag kriegte
ich dann manchmal einen Zehner,
und dann bin ich in die Bäckerei
saure Zückerli kaufen gegangen, die
haben ausgesehen wie Speckstück-
chen, die fand ich herrlich. In
Tamins habe ich plätten gelernt,
Hemden, für den Vater der Tante. Er

war Waldarbeiter. Mit einem Pfrie-
men musste ich Blümchen in die gestärkte Hemdbrust drücken.
Es war ganz ein sorgfältiger Haushalt, aber die Tante musste sparen.
Im Sommer hatte sie alle Zimmer an
Arbeiter ausgemietet, und geschlafen haben wir beide auf dem offenen
Estrich.
Wenn es regnete, durfte ich zum Bärbeli Kumfermand. Das war alles so
traurig, denn seine Mutter war sehr
vergrämt und das Bärbeli bleichsüch-
tig. Es ist dann an Tuberkulose gestorben. Der Vater sass im Sennhof
wegen Homosexualität mit Jugendli-
chen, er war Lehrer. Ich weiss nicht,
wie diese Frau hat leben können, sie
hat immer viel gestrickt. Es hat mich
verwundert, dass mich die Tante zu
einem Kind gehen liess, dessen
Vater im Zuchthaus war. Früher war
das ja noch . . . eigentlich ist es ja
heute nicht viel anders!

Aufklärungszeit

Über Sex hat man damals in Schule
und Kirche nichts gehört. Zuhause
haben die Mütter die Mädchen aufgeklärt. Als mich die Mama auf-
klärte, war ich etwa im fünften Schuljahr. Jetzt menstruieren ja viele Mädchen früher als damals, zum Teil
schon mit elf Jahren. Im allgemeinen
ging das Aufklären einfach so unter
der Hand. Eines hat zuhause etwas
aufgeschnappt und es als wichtige
Neuigkeit den andern mitgeteilt.
Dann hat es in der Schule ein grosses
Getuschel gegeben. Ich weiss noch
gut, wir hatten eine in der Klasse, die
Emma, die war sehr gut aufgeklärt.
Sie hat uns jeweils berichtet, was es
alles so gibt, und wenn ich zuhause
etwas erzählt habe, hat es geheissen:
«Also, mit der gehst du nicht
mehr!»

Sexismus

meint die Dikriminierung eines Menschen aufgrund seines Geschlechts. Auch in seelsorgerlichen Aufklärungsschriften ist Sexismus noch heute anzutreffen. So steht zum Beispiel in «Liebe, Ehe, Sexualität» von Erich Lubahn im Verlag Goldene Worte: «. . . Gott hat den Mann im Blick auf die Ehe zur Aktivität bestimmt. Der Frau hat er die Freiheit geschenkt, warten zu können. Frauen sollten sich in dieser Beziehung einen gewissen Stolz bewahren . . . Wenn eine Frau um den Mann direkt wirbt, so ist das zumindest geschmacklos. Auch wird oftmals daraus geschlossen, dass man es mit einem ‹Mädchen mit Vergangenheit› zu tun habe. In der Regel wünscht sich der Mann als Ehegefährtin aber ein Mädchen ohne jede Vergangenheit, ein Mädchen, das ihm allein gehört . . .»

Der Barbier im Löwenkäfig

Der Papa hat den einen oder den anderen Parteigenossen auf dem Strich gehabt, vor allem dann, wenn sie dogmatisch waren. Da gab es zum Beispiel einen Preissig, einen extremen Linken, der ist Coiffeur gewesen. Ich war damals elf und habe es am Rande mitgekriegt. Der Preissig ging nämlich beim Zirkus Knie in den Löwenkäfig hinein, um einen Mann zu rasieren. Dafür hat er 500 Franken bekommen. Das ist damals Stadtgespräch gewesen, Chur war gar ein kleines Städtchen, 14'000 Einwohner. Die Rechten haben gesagt: «Uh, wenn sie ihn nur gefressen hätten, dann hätten wir einen weniger von diesen Roten!»

Gegen-Wille

Noch vor dem Ersten Weltkrieg kam es einmal im Militär zur Meuterei. Es war oben auf dem Flüelapass. Bei schrecklichem Wetter, es muss im Spätherbst gewesen sein, standen die Soldaten eines Bataillons, ich glaube es war Bat. 93, stundenlang draussen im Schneesturm, während die Offiziere im warmen Restaurant getrunken haben. Der spätere General Wille war auch dabei. Da ist auf einmal das ganze Bataillon abmarschiert, Richtung Davos. Sie haben natürlich nichts machen können, man kann nicht gut ein ganzes Bataillon bestrafen, erst recht nicht, wenn diese Meuterei berechtigt ist.

Dem General Wille haben sie nicht vergessen, dass er damals bei den Offizieren war. Als er einmal während dem Ersten Weltkrieg nach Graubünden gekommen ist, ist er sehr kühl empfangen worden. Das hat mir der Lehrer Loringett erzählt, der war auf dem Flüelapass dabei.

Wie reimt sich das?

Als eines der schwersten Vergehen wurde es dem Korrespondenten des „St. Galler Tagbl.", Korporal Ammann, angerechnet, daß er in seinem Artikel behauptet hatte, die Offiziere verbrächten oft die Nacht in heiterer Gesellschaft und ließen andern Tags den Katzenjammer an der Mannschaft aus. Nun trifft es sich, daß gerade aus St. Gallen das folgende der „Volksstimme" berichtet wird:

„Im Grand Café Unionsplatz scheint es den Herren Offizieren der schweizerischen Armee gestattet zu sein, ab und zu bis um 6 Uhr in der Frühe zu zechen und den Armeebefehl des Herrn General Wille in die Tat umzusetzen. Für das Herz und Gemüt ist auch vorgesorgt, indem einige Tänzerinnen zur Abendunterhaltung beitragen. Wenn sich diese Soldatenerzieher an ihrer Gesundheit schädigen, ist das ihre eigene Sache; aber verständlich klingen die Soldatenklagen, daß nach durchlebter Nacht die Herren Offiziere mißlaunig sind und ihren Kater an den Wehrmännern auslassen."

Bündner Volkswacht, 4.12.1915

Der Krieg

Wenn ich an den 1. August 1914 denke, fällt mir zuerst Felsberg ein. Dort ist ein Haus heruntergebrannt, weil Kinder mit Streichhölzern gespielt haben. Am Tag, als der Krieg ausbrach, sind dort vier Kinder verbrannt. Die Heilsarmee, ein Offiziersehepaar Rupflin, hat dann in Felsberg ein Kinderheim gegründet, und dort habe ich später ab und zu ausgeholfen.

An diesem 1. August gab es in Chur auf dem Platz vor der Kaserne eine Feldpredigt, ausgerechnet der Pfarrer Martig musste sie halten, der Antimilitarist. Die andern Pfarrer waren alle schon eingerückt als Feldprediger. Wir haben ganz nahe bei der Kaserne gewohnt und sind auch hingegangen, die halbe Stadt ist zusammengelaufen. Und dann hat man auch gesungen «Trittst im Morgenrot daher». Ich hasse dieses Lied direkt, weil es damals gesungen worden ist. Man hat nicht etwa die damalige Nationalhymne gesungen «Rufst du mein Vaterland», sondern «Trittst im Morgenrot daher», ich weiss nicht, warum.

Am gleichen Tag habe ich von meinen Eltern ein kleines weisses Kaninchen geschenkt bekommen.

Friedenskundgebungen

In Bern tagte vom 26. bis 28. März 1915 die «Internationale Frauenkonferenz gegen den Krieg». Genossinnen aus Deutschland (Zetkin), Russland (Krupskaya), Frankreich, England, Polen, Italien, den Niederlanden und der Schweiz verabschiedeten ein Manifest mit dem Aufruf: «Der Sozialismus allein ist der künftige Menschheitsfriede. Nieder mit dem Kapitalismus, der dem Reichtum und der Macht der Besitzenden Hekatomben von Menschen opfert! Nieder mit dem Kriege! Durch zum Sozialismus!»

Eine grosse Friedensdemonstration fand am 28. Mai 1915 in Berlin vor dem Reichstag statt. Die meisten Teilnehmer waren Frauen. Viele Demonstranten wurden verhaftet, so auch Wilhelm Pieck, Karl Liebknecht und Rosa Luxemburg und die schwerkranke Clara Zetkin.

Suppe mit Spatz

Im Ersten Weltkrieg war der Papa Vize-Platzkommandant für den Hilfsdienst der Stadt Chur. Da hatte er diese Suppenküchen unter sich. Die gaben an verschiedenen Stellen der Stadt der Zivilbevölkerung Suppe ab, ganz billig, sehr gute Militärsuppe mit Spatz (Rindfleisch oder Kuhfleisch) und Gemüse. Ich durfte jeweils davon versuchen, und das dünkte mich herrlich. Damals gab es ja den Lohnersatz während der Militärdienstzeit noch nicht. Die Familien, die nicht gut gestellt waren, hatten sehr schwere Zeiten, wenn der Vater im Militärdienst war. Der landwirtschaftlichen Bevölkerung ging es etwas besser, die konnte sich selbst versorgen. Aber die andern – da mussten die Frauen etwas verdienen, damit sie überhaupt mit den Kindern durchkamen.

Hungerzeiten

«Die Unternehmer und die reichen Dienstherrschaften warfen in den ersten Augusttagen 1914 die Arbeiter und die Angestellten brutal aufs Pfla-

*ster oder kürzten die Löhne. Der Vertragsbruch wurde zur Moral der Patrioten. Vor den Lebensmittelgeschäften sammelten sich die Begüterten und kauften Waren auf, so dass die Preise sprunghaft in die Höhe gingen . . .»
(Robert Grimm am 9. März 1916 im Nationalrat).*

*Die Organisationen der Arbeiterschaft bildeten 1914 eine «Zentrale Notstandskommission», um der wirtschaftlichen Not zu steuern. Ihre Forderungen wurden jedoch vom Bundesrat nicht oder nur ungenügend berücksichtigt. Die bei Kriegsausbruch abgebauten Arbeiterlöhne wurden nie den Preisen angepasst. In Zürich zum Beispiel war 1917/18 ein Viertel der Bevölkerung auf Notstandsunterstützung angewiesen. Die Zahl der Notstandsberechtigten im ganzen Land betrug im Juni 1918 692'000 Personen, vor allem Bewohner von Industriegemeinden. In den Monaten Juni/Juli des gleichen Jahres kam es zu örtlichen Streiks. Aufgerufen durch die sozialdemokratischen Frauen demonstrierten in Zürich am 10. Juni rund 2000 Frauen vor dem Rathaus, wo der Kantonsrat tagte. Sie trugen Tafeln mit Inschriften «Wir hungern», «Unsere Kinder hungern».
Nach: Paul Schmid-Ammann, Die Wahrheit über den Generalstreik von 1918, 1968*

An der Handelsschule

Ich bin immer gerne in die Schule gegangen. Der Unterricht war eigentlich recht interessant. Zuerst mussten wir die deutsche Schrift schreiben lernen, erst in der fünften Klasse haben wir die lateinischen Buchstaben gelernt. Nach sechs Jahren Primarschule ging ich in die erste Sekundarklasse, und mit vierzehn kam ich an die Töchterhandelsschule, der

Papa wollte es so. Ich habe es als einen möglichen Weg gesehen, aber nicht gewusst, was ich nachher machen will. Der Papa hat Wert darauf gelegt, dass ich in gute Schulen komme, das wollte er unbedingt. Es ist möglich, dass ich nach der Handelsschule auch noch hätte studieren können, wenn er länger gelebt hätte. Er hat viel für die Schulen getan, er war schliesslich ja viele Jahre im Schulrat der Stadt Chur und hat geholfen, das Schulwesen zu fördern.

Als dann der Papa gestorben war, habe ich gewusst, dass ich von Glück reden konnte, wenn ich die Handels fertigmachen durfte. Ich war 1917 mit der ersten Klasse gerade fertig und konnte noch zwei Jahre die Handels weitermachen. Und mit siebzehn habe ich gedacht: «Jetzt heisst es so schnell wie möglich Geld verdienen.»

Zuerst machte ich für die Holzfirma Kieni einfache Büroarbeiten, und dann entschloss ich mich für die Aufnahmeprüfungen beim Telegraf. Von den achtzehn, die zugelassen wurden, machte ich die beste Prüfung.

Aus einem Aufsatz von Hanni G.:

Wir leben im zwanzigsten Jahrhundert, geben viel auf unsere Bildung und unser Wissen und dennoch bedienen wir uns immer noch der Waffen gegen andere Menschen.

Was soll aus deiner Tochter werden?

1. Im Elternhaus.

Bist du, lieber Leser, wie der Erzvater Jakob mit zwölf Söhnen gesegnet, so wird es dir dennoch leichter sein, einem jeden davon einen Beruf auszuwählen, als wenn eine holde Fee dir auch nur halb so viele Töchter in die Wiege gelegt hat. Denn dem Knaben stehen hundert Wege offen, aber wie wenige dem Mädchen. Wie oft muß ich von den Eltern meiner Unterweisungskinder die Frage vernehmen, die fast wie eine Klage klingt: Was soll aus meiner Tochter werden?

o. V., ca. 1915

* * *

Verlag von Velhagen & Klasing in Bielefeld und Leipzig.

Der Beruf der Kriegswitwe. Von Anna Behnisch-Kappstein. Mit einem Geleitwort von Rudolf Eucken. Preis 1 Mark 30 Pfennig.

Das kleine Buch will den vielen jungen Kriegswitwen Wegweiser in ein neues Leben und Berater bei der Wahl eines Lebensberufes sein.

Durch alle Buchhandlungen zu beziehen.

Menschen im Volkshaus

Als der Papa 1913 Arbeitersekretär wurde, zogen wir ins alkoholfreie Rhätische Volkshaus, das frühere Hotel «Steinbock», an der Plessur. Auf unserem Stockwerk habe ich jeden Samstag den langen Gang, es war Tannenboden, fegen müssen. Dabei bin ich mit vielen Leuten ins Gespräch gekommen.

Da war zum Beispiel die deutsche Frau Varley-Liebe. Das war eine ganz unerhörte Geigerin. Sie hat aber in England diesen Varley geheiratet und noch eine Krankenschwesterausbildung gemacht, weil er leidend war. Sie hat ihn gepflegt, ist dann nach seinem Tod nach Chur gekommen und hat wieder Geigenstunden und Konzerte gegeben.

Zukunftsmusik

Der berühmte Klaviervirtuose L. bildet sich als Krankenpfleger aus, um seiner leidenden Frau beizustehen.

Es war eine grosse, alte Dame, ring-behangen, Morphinistin, eine arme Seele. Sie hat mir immer leid getan. Aber sie war wahnsinnig begabt. Ich habe oft für sie Kommissionen machen müssen. Der Apotheker Lohr, ein Deutscher, seine Tochter war Turnlehrerin, die «Loreley», der hat jeweils zu mir gesagt: «Aber du weisst doch, dass ich dir kein Morphium geben kann ohne Rezept, und das weiss Frau Varley genausogut wie ich.» Dann hat sie zu mir gesagt: «Aber du musst ihn darum bitten, weisst du, Hanneli, das ist für mich wie Brot!», und ich bin wieder losgezogen. Manchmal hat er mir dann gegeben.

Frau Varley hat dreimal die letzte Ölung gehabt, bevor sie starb. Sie war so ein zähes Frauenzimmer.

Deutscher Hilfsverein Chur.

An unsere Landsleute und sonstigen Gönner richten wir hiermit die freundliche Bitte, uns durch Geld- oder sonstige Gaben unterstützen zu wollen, damit wir auch dieses Jahr unsern bedürftigen deutschen Familien und alleinstehenden Personen eine Weihnachtsfreude bereiten können. Der lange andauernde Krieg, die Arbeitslosigkeit und Teuerung im Gefolge hat, legt uns, die wir im neutralen Lande nicht die ganze Strenge des Krieges empfinden müssen, ganz besonders die Pflicht auf, in erhöhtem Maße helfend einzugreifen.

Jede, auch die kleinste Gabe, wird mit Dank angenommen. Wir bitten um gefl. Abgabe bis am 22. Dezember bei den Herren Schreinermeister Klahn, Plessurstraße 38, oder Flaschnermeister Leppig, Welschdörfli 143.

463   Der Vorstand.

Bündner Volkswacht, 15.12.1915

Direkt neben meinem Zimmer haben zwei Fräulein gewohnt, eines hiess von Osten. Das waren auch so arme Teufel. Sie wurden vom Deutschen Hilfsverein unterstützt. Das Fräulein von Osten hat keine richtigen Schuhbändel mehr gehabt, die musste Schnüre, richtige Schnüre in die Schuhe einziehen. Das hat mich sehr beeindruckt. Wir sind doch auch nicht reich gewesen, aber Schuhbändel haben wir immer richtige gehabt.

Grosse Erbitterung

herrscht bei den hier untergebrachten deutschen kriegs-gefangenen Soldaten. Die Klage ist allgemein darüber, daß sie von ihren eigenen deutschen Unteroffizieren tujoniert und chikaniert werden. Man hört nicht selten: „Halten Sie Ihr Maul, sonst werde ich Sie sofort bestrafen lassen!" 2c. In solcher flegelhaften Behandlung haben sich die Unteroffiziere H. und L. bis jetzt am meisten hervorgetan.

Wir sind der Meinung, daß zwischen den Unteroffizieren und Soldaten, besonders wenn sie beide in Kriegsgefangenschaft geraten, ein kameradschaftliches Verhältnis herrschen sollte. Sie haben sonst schon genug mitgemacht, da sollten sie sich in Kriegsgefangenschaft nicht noch einander das Leben sauer machen. Sie sind ja übrigens zur Erholung hier und nicht, um den preußischen Drill und die damit verbundenen Schnödigkeiten aus dem Berliner Kasernenhof nach Chur zu übertragen.
—k—

Bündner Volkswacht, 29.7.1916

Im Krieg sind ja sehr viele Deutsche bei uns gewesen in Chur, in Graubünden überhaupt, vor allem Kriegsverletzte zur Erholung. Da gab es auch eine Familie Lölefink von Braunschweig, die hatten einen Sohn, der war ganz voller Narben vom Krieg. Die haben auf der gleichen Etage gewohnt wie wir, wir hatten eine Eckwohnung mit Balkon und anschliessend waren Fremdenzimmer. Dann ist man einfach so ins Gespräch gekommen. Das war halt früher ganz anders, in Chur sowieso. Man war viel aufgeschlossener als zum Beispiel wir jetzt in B., man hat viel mehr Kontakt gehabt untereinander. Das war ein interessantes Haus, das Volkshaus.

Schwer verdient

Während der Handelsschule habe ich ab und zu etwas verdienen müssen. Wir hatten nur knapp Geld. Im Volkshaus war das Heim für stellensuchende junge Mädchen vom Gemeinnützigen Frauenverein. Da habe ich manchmal Bürodienst gemacht.

Einmal habe ich fürs Mädchenheim zwei Klafter Holz vom Hof in den vierten Stock auf den Estrich tragen müssen, in einer grossen Hutte. Unten im Hof machte ein Italiener irgendeine Maurerarbeit. Der hat gesehen, wie ich Mühe hatte, die schwere Hutte aufzunehmen, ist jedesmal herbeigekommen und hat mir geholfen, sie auf den Rücken zu heben, das vergesse ich nie.

Mit dem Geld, das ich fürs Holztragen bekommen habe, habe ich meine erste Zahnplombe verdient.

Kriegshetze

Das ist wahnsinnig gewesen, im Ersten Weltkrieg war ja die deutsche Schweiz ganz nach Deutschland orientiert.

Es gab wirklich einen Graben zwischen Deutsch und Welsch in der Schweiz.

In der Schule haben wir das auch gemerkt. Unser Deutschlehrer an der Handels hat gewaltig über die Franzosen herziehen können. Der hat uns direkt beeinflussen wollen. «Diese Humanité», hat er gelästert, «dabei haben die Franzosen die Jungfrau von Orléans auf dem Scheiterhaufen verbrannt.» Die ganze Zeit hat er gehetzt und gespöttelt, und dadurch habe ich gerade eine Wut bekommen, auf ihn direkt und auf die Deutschen indirekt. Dabei haben wir doch im Volkshaus Kontakt gehabt mit sehr netten Deutschen.

Zwei Pfarrer

Ich habe beim SP-Pfarrer Martig Religionsunterricht gehabt. Der hat schon damals nie von «den Katholiken» geredet, sondern hat immer «unsere katholischen Brüder» gesagt. Das hat sich mir eingeprägt.

Die Weltkirchenkonferenz für praktisches Christentum in Stockholm leitete 1925 die ökumenische Bewegung ein. Sie erbrachte im Lauf der Zeit wichtige Vorstösse zur Gleichberechtigung von Mann und Frau. 1948 schuf die Weltkirchenkonferenz in Amsterdam eine Kommission zum Studium der Rolle der Frau in der Kirche, die Weltkirchenkonferenz von Uppsala plädierte 1968 für eine echte Partnerschaft zwischen Mann und Frau, und schliesslich räumte die Vollversammlung des Ökumenischen Rates 1975 in Nairobi Fragen zur Stellung der Frau breiten Raum ein. – Wie weit ist der Weg von der Weltkirche zur Dorfkirche?

Der Pfarrer Martig hatte ganz eine reiche Davoserin zur Frau. Der Papa fand es ein bisschen widersprüchlich, dass der Pfarrer so oft gegen den Mammon wetterte und selber genug davon hatte. Und er hat einmal zu ihm gesagt: «Warum hast du überhaupt so eine reiche Frau geheiratet?» «Ja schau», hat der andere dann gesagt, «das ist halt Schicksal».

Vortrag. (Einges.) Wir machen nochmals auf den Freitag abend von Genosse Pfarrer M a r t i g gehaltenen Vortrag über M a s s e n a r m u t aufmerksam. Dazu sind nicht nur die älteren Genossen, sondern auch die Mitglieder unserer Jugendorganisation herzlich willkommen. Es ist überhaupt jedermann freundlich eingeladen.

Bündner Volkswacht, 4.12.1915

Pfarrer Martig war Stadtpfarrer. Er hat viel getan für die Arbeiterschaft. Aus Solidarität war er auch bei der Sozialdemokratischen Partei.
Pfarrer Martig leitete in Chur die religiöse Bewegung von Ragaz. Den Leonhard Ragaz habe ich nur einmal gehört, das war 1921 an einem Kurs der bernischen Volkshochschule in Feldis. Er hat dort auf dem Stätzerhorn einen kulturhistorischen Vortrag über Graubünden gehalten. Damals war er schon Professor in Zürich. Um die Jahrhundertwende war er Pfarrer der Martinskirche in Chur und gab auch den Anstoss zur Gründung des Volkshauses. Ragaz war der Meinung, die Kirche müsse sich in sozialen und politischen Fragen engagieren. Ganz eindeutig war er gegen eine militärische Landesverteidigung, für ihn zählte nur die geistige. Ragaz gab später seine Professur auf und zog ins Zürcher Industriequartier. Dort hat er sich nur noch mit Arbeiterbildung und -fürsorge beschäftigt. Er meinte es ernst.
Ich habe später bei der religiössozialen Bewegung mitgemacht.

Leonhard Ragaz (1865-1945)

Der Bauernsohn aus Tamins kam als Stadtpfarrer nach Chur. Hier fanden seine zeitkritischen Predigten grossen Zustrom. Als Pfarrer am Basler Münster wurde die «Revolution Christi» sein grosses Thema. Er glaubte, dass das Reich Gottes nicht die religiöse Verbrämung der Welt, sondern ihre Revolutionierung bedeute. In Basel gründete Ragaz mit Kutter und andern Freunden die religiös-soziale Bewegung. Ihr Organ wurde die Zeitschrift «Neue Wege». Sie feierte 1981 ihr 75jähriges Bestehen.
Ragaz wurde 1908 Professor in Zürich und bald der verhassteste Mann des Bürgertums. Denn er stellte sich 1912 auf die Seite der streikenden Arbeiter, empört über den grundlosen Einsatz von Militär. Durch den Ersten Weltkrieg wurde er ein entschiedener Kriegsgegner. Seine kritische Haltung zu Deutschland trug ihm in der Schweiz viel Feindschaft ein. Ragaz setzte sich mit aller Kraft für den Völkerbund und die allgemeine Abrüstung ein. Er war überzeugt, dass «der Kampf gegen den Krieg» im Mittelpunkt stehen müsse.

Clara Ragaz (1874-1957)

Die geborene Churerin gründete mit Gertrud Woker und drei anderen Frauen 1915 das Schweizerische Frauenkomitee für den dauernden Frieden. Von 1919 bis 1946 leitete sie den schweizerischen Zweig der internationalen Frauenliga.
«Die schwerste Last, die heute auf der Menschheit liegt, ist die Hoffnungslosigkeit, die scheinbare Ausweglosigkeit aus Jammer, Not und Chaos. Und das grösste Geschenk, das wir dem Einzelnen und den Völkern machen können, wäre, ihnen Mut zu machen, Wege zu suchen zu einem gemeinsamen Aufbau der Beziehungen von Mensch zu Mensch, vom Mann zur Frau, von Rasse zu Rasse, von Klasse zu Klasse, von Volk zu Volk auf der Grundlage

der Menschlichkeit, der Gerechtigkeit, des Rechtes und der Freiheit, die allein auch die Grundlagen für einen echten Frieden sind.»
Clara Ragaz, 1948

Warum haben wir Frauen versagt? Weil wir zu wenig wir selbst waren; weil wir zu abhängig vom Manne sind. Weil wir noch der Meinung sind, die Welt, wie sie die Männer für uns und für sich eingerichtet haben, sei die einzige zu Recht bestehende; ihre Vorschriften, ihre Satzungen, ihre Anschauungen, ihre Ideale müßten ungeprüft auch unsere Vorschriften, Satzungen, Anschauungen, Ideale sein.   Cl. Ragaz.

Die Frau, 1.11.1924

Jungtemplerin

In der Zeit, als der Papa noch lebte, bin ich in der Jugendgruppe der Guttempler gewesen. Pfarrer Martig war in der Guttemplerloge «Calanda». Schon Leonhard Ragaz hat gegen den Alkohol gekämpft. Das Trinken war damals für viele Familien ein ganz grosses Problem, es gab viel Elend, ich habe es selbst erlebt.

Hinter dem Volkshaus war das Welschdörfli, da stand ein Wirtshaus

neben dem andern, und jede Nacht hörte man die Betrunkenen auf der Strasse. Eine Zeitlang war ich Protokollführerin, dann bin ich Jungtemplerin geworden, das war so etwas wie Präsidentin. Einmal hatten wir eine öffentliche Sitzung. Ich hatte ein Ding umgehängt wie eine Stola, rot mit gold, und der Sekretär und der Kassier hatten blau mit gold. Und ich habe begrüssen müssen und etwas mitteilen über unsere Arbeit. Ich war damals dreizehn. Der Papa ist auch gekommen und sein Parteigenosse, der Lehrer Barandun. Auch von der abstinenten Kantonsschülervereinigung «Curia» sind sie dagewesen, die haben gehofft, bei uns neue Mitglieder zu finden. Und danach habe ich dann erfahren, dass der Lieni Caflisch, sein Vater war Verwalter des Irrenhauses, gesagt haben soll: «Potz, die hat aber ein Mundwerk!»

Der Lehrer Barandun hat mich bei dieser Jungtemplerveranstaltung kennengelernt und gemeint, ich könnte doch ein Musikinstrument lernen. Zuerst hat er mir eine Zither geliehen, und ich habe ein paar Zitherstunden bei ihm gehabt, aber das hat mir nicht so zugesagt. Nachher hat er mir eine Gitarre verschafft, und ich habe gelernt, Gitarre zu spielen.

Wandervogel

Lehrer Barandun war ein Rätoromane von Feldis und redete nur gebrochen deutsch. Einmal hat er gesagt: «Du könntest eigentlich in die Wandervogelgruppe kommen», und hat mich so dazu gebracht, dort einzutreten. Wir hatten eine Mädchengruppe, die Buben hatten eine Bubengruppe, und da gab es dann gemeinsame Wanderungen. Der

Kanton hat uns draussen in den Weinbergen ein altes Wingerthäuschen überlassen, dort haben wir uns versammelt. Einmal musste ich zum Standesbuchhalter gehen, den nannte man nur den «hinkenden Heiland». Ich habe ihn fragen müssen, ob wir das Häuschen weiterhin mieten könnten. Er war sehr misstrauisch, voller wilder Phantasien und fragte: «Was macht ihr denn dort, was macht ihr denn überhaupt?» Dann habe ich ihn informiert. Wir haben gesungen, diskutiert, vorgelesen, Tee gekocht, Theater gespielt. Manchmal haben wir mit der Bubengruppe gemeinsame Fahrten gemacht, einmal eine achttägige Wanderung ins Engadin, alles zu Fuss, mit einem vollgepackten Rucksack. Manchmal sind wir bis zehn Stunden im Tag gewandert. Oft haben wir einfach auf dem Stroh übernachtet.

Der Papa hat bei seinem Tode nichts zurückgelassen, nur ein kleines Säckchen Goldstückli, das war unsere kleine Notreserve. Als wir 1918 mit dem Wandervogel auf diese grosse Fahrt gingen, habe ich mit einem Goldstückli zahlen dürfen.

gehen. Das war schrecklich für die Leute, die haben das nicht begreifen können. Aber eben, sie haben nicht so viel zu sagen gewagt, weil beim Wandervogel meistens Kinder aus gutbürgerlichen Familien gewesen sind, Mittelschüler und Studenten. Das war ganz anders, als später die Jungsozialisten so ausgezogen sind, da hat man ganz anders geurteilt.

Fahrten-Lieder

HANS TRÜB

Schmiert die Guillotine

Wir haben im Wandervogel auch politisch diskutiert und sind auflüpfig gewesen. Natürlich waren wir auch gegen den Krieg. In Zizers war das Johannisstift, ein Altersheim für katholische Geistliche. Dort war der König Ludwig III. von Bayern im Exil. Wenn wir jeweils dort vorbeigezogen sind, haben wir gesungen: «Hoch soll sie leben die Republik, schmiert die Guillotine mit des Pfaffen Fett!» Mit einer Inbrunst haben wir das gesungen. Es hat noch mehr

Der Wandervogel, das war eine furchtbare Revolution, als da die Jungen mit der Pfanne auf dem Buckel einfach am Sonntag wandern gegangen sind, statt in die Predigt zu

Strophen gehabt, das Lied. Man stelle sich vor, solche Lieder haben wir gesungen; wenn sie heute in Zürich so etwas singen auf der Strasse, findet man das unerhört...

Jugendbewegung

«Was ist und was will die eigentliche, die autonome Jugendbewegung?» wird 1920 im Jahrbuch der Schweizerfrau gefragt. Die abschliessende Antwort lautet: «Sie trägt ursprünglich den Stempel des Revolutionären, des Protestes und des Kampfes ... Alles in allem: Der Protest des Herzens, des in erster Linie ‹Jungseins› und ‹Menschseins› gegen jedweden Versuch, als Mittel gebraucht zu werden für die Zwecke einer Kultur, die nur auf Nützlichkeit, Brauchbarkeit und Gewinn abzielt.»

Ein Grütlianer stirbt

Im Juni 1917 ist der Papa gestorben. Das war gerade die Zeit, als sich die Partei in Graubünden zu spalten begann — wegen der russischen Revolution. Ein Teil, zu dem vor allem die Grütlivereine gehörten, war gegen radikale Lösungen. Diese Genossen setzten sich für Sozial- und Bildungsarbeit ein und vertraten die Genossenschaftsidee. Die anderen, die radikalen Sozialisten, unter ihnen Parteipräsident Hitz-Bay, waren für den Klassenkampf, für die Diktatur des Proletariats.

Sie kamen zum Papa, als er schon schwer krank war, Hitz-Bay, der Mann der Malerin Hanni Bay, und andere Parteigenossen, und haben ihn gefragt, wie er sich entscheide, zu welcher Seite er sich zähle. Und er hat gesagt, er hätte sich schon entschieden, er wolle Grütlianer bleiben. Wenig später ist er gestorben. Er war erst siebenundvierzig Jahre alt.

Er starb wegen einer falschen Diagnose. Unser Hausarzt hatte gesagt, er sei nervlich überlastet, überarbeitet, er solle aussetzen und sich erholen. Und dann hat der Papa das gemacht und dazu noch Kneipp-Kuren. Jeden Morgen ist er im taufrischen Gras barfuss umhergegangen, und nachher ist herausgekommen, dass er nierenkrank war. Ganz plötzlich hat er Nierenentzündung gehabt und dann Nierenschrumpfung. Am 30. Juni ist er im Stadtspital gestorben, nach dreimonatiger Krankheit, ich habe an diesem Tag gerade das erste Zeugnis gekriegt von der Handels. Er war so ein guter Mensch. Die alte Nana hat noch gelebt, aber sie war zu schwach, um an die Beerdigung zu kommen. Sie ist oben im Volkshaus auf dem Balkon gestanden und hat traurig gesagt: «Jetzt ist der Letzte auch gegangen.» Sie hat dann nur noch ein Jahr gelebt. Aus Elend, weil sie nun so allein zurückgeblieben ist, hat sie zu trinken begonnen.

Nach dem Tod des Papas hat die Mama genäht, um die Familie zu erhalten. Wir haben von der Stadt auch eine winzige Witwen- und Waisenunterstützung bekommen. Natürlich haben wir bescheiden gelebt. Die Mama hatte auch zwei Lehrtöchter, früher war es so, dass die Lehrtöchter der Meisterin ein Lehrgeld bezahlen mussten. Auf diese Weise schlugen wir uns gerade so durch.

Die Grippe

Als wir 1918 von der grossen Fahrt zurückkamen, brach die Grippe aus. Unser Obmädchen im Wandervogel, Anni, ist heimgekommen und gestorben. Auf dem Totenbett hat sie mir ihre Gitarre vermacht.

Das Volkshaus wurde das reinste Lazarett, da lag sozusagen alles im Bett. Wir bekamen an der Handelsschule Grippeferien, und ich bin helfen gegangen im Notspital, das in der Frauenschule eingerichtet worden war. Weil ich noch nicht achtzehn war, habe ich nur in der Küche helfen dürfen. Jedesmal, wenn ich jetzt zuhause Lauch koche, kommt mir wieder der Lauch in den Sinn, den wir dort zubereitet haben. Wir haben grosse Kessel Fleischsuppe gekocht für die Rekonvaleszenten und Lindenblütentee für die Fieberkranken.

Zuhause sind die Mama und das Anitli im Bett gewesen, und Frau Varley-Liebe und die Malerin Hanni Bay haben sie gepflegt, die sind im Volkshaus von einem Kranken zum andern gegangen.

Als ich einmal vom Notspital nach Hause kam, hat mich die Frau Varley-Liebe angeschaut und gesagt «Hanneli, du hast Fieber», und hat mich ins Bett geschickt, ich aber habe gesagt «zuerst will ich noch einmal richtig essen», und habe etwa fünf Brotschnitten gegessen und Kaffee dazu getrunken wie in meinem Leben nie. Nachher habe ich ganz hohes Fieber gehabt, so dass sie gedacht haben, ich komme überhaupt nicht mehr davon. Ich weiss noch, dass ich immer Hunger gehabt habe und die Mama zum Doktor gesagt hat: «Das Mädchen hat Hunger, gebt ihm etwas zu essen!» Und dann hat es geheissen: «Das darf nicht essen, das darf nicht essen!» Hanni Bay und Frau Varley-Liebe, die haben mich gepflegt. Es ist gerade, als ob ich es heute noch fühlte, sie haben mich in ganz nasse Leintücher eingewickelt, das hat man damals gegen hohes Fieber gemacht, man hatte ja sonst ausser Tee und Diät wenig andere Mittel. Item, ich habe es dann überstanden.

Rund 20 Millionen Tote forderte die weltweite Grippeepidemie von 1918 bis 1920.

Bajonette vor der Tür

Wenn ich während der Grippe im Halbschlaf gelegen habe, konnte ich draussen auf dem Trottoir immer Militärpatrouillen auf- und abgehen hören. Die haben das Volkshaus überwacht, weil hier das Arbeitersekretariat war. Das ist eine furchtbare Stimmung gewesen, während dem Generalstreik. Jene, die damals das Militär aufgeboten haben, die waren ja damit zum grossen Teil auch schuld an der Grippeepidemie, weil sich die Grippe unter den Soldaten besonders rasch verbreiten konnte. Am ersten Tag, als ich nach der Grippe hinausgehen durfte, bin ich die ganze lange Loëstrasse entlanggegangen, bis gegen das Waldhaus, die Irrenanstalt. Und immer habe ich sie in den Ohren gehabt, diese Schritte der Wachsoldaten. Wenn man das Volkshaus verlassen hat, hat man sich ausweisen müssen, wer man ist und warum man dort drin ist. Es war eine ganz schlimme Zeit. Der Arbeitersekretär, Herr Ottinger, ist jemand ganz Friedliches gewesen, ein sehr netter Mann. Er hatte eine Frau und zwei Töchter. Der ist als «grosse Gefahr» inhaftiert worden. In der Zeit, als er im Gefängnis war, sind seine Frau und eine Tochter an der Grippe gestorben. Er hat nicht einmal die Erlaubnis bekommen, an die Beerdigung zu gehen, so furchtbar ist das damals gewesen.

Mit einem Telegramm an den Bundesrat unterstützte der Schweizerische Verband für Frauenstimmrecht am 12. November 1918 die zweite Streikforderung der Sozialdemokratischen Partei: Aktives und passives Frauenwahlrecht.

Heraus zum Protest-Streik!

Arbeiter!

In einem Augenblick, da unsere Bewegung in einem Ruhestadium sich befand, hat der Bundesrat die Arbeiterschaft mit einem Massenaufgebot von Truppen überrascht. Die in den Städten aufgefahrenen Maschinengewehre, die um die Bevölkerungszentren gelagerten Bataillone beweisen, gegen wen die kopflose und unverantwortlich beschlossene Mobilisation sich richtet. Die Provokation wird in der herbsten, für Tausende von Familien Elend und Enthebung zeugende Zeit zum eigentlichen Verbrechen.

24stündiger Protest-Streik

Am morgigen Samstag soll in allen grösseren Städten des Landes die Arbeit ruhen.

Hoch die Solidarität! Nieder mit der Reaktion!

Bern, den 7. November 1918.

Das Oltener Aktionskomitee.

Arbeiter!

In einem Augenblick, da unsere Bewegung in einem Ruhestadium sich befand, hat der Bundesrat die Arbeiterschaft mit einem Massenaufgebot von Truppen überrascht. Trotz der Grippe, die im Interesse der Volksgesundheit eine restlose Demobilisation heischte, sind Zehntausende von Schweizer Soldaten aufgeboten worden.

Das Aufgebot richtet sich nicht gegen den äusseren Feind. Keine Grenzen sind bedroht, nicht die geringste Gefahr kriegerischer Verwicklungen besteht. Die in den Städten aufgefahrenen Maschinengewehre, die um die Bevölkerungszentren gelagerten Bataillone beweisen, gegen wen die kopflos und unverantwortlich beschlossene Mobilisation sich richtet — gegen die wider Hunger und Not, wider Spekulation und Wucher kämpfende Arbeiterschaft...

1921 *Abrüstungskonferenz in Washington · Zweiter Schweizeri-*
scher Frauenkongress (erster 1896) · 1922 Höhepunkt der schwei-
zerischen Nachkriegsarbeitslosigkeit · 1924 Beginn der «Rationali-
sierungsarbeitslosigkeit» in Europa · 1926 SPS-Programm zur Be-
kämpfung des Militarismus · 1927 Beginn der Tonfilmzeit · 1928
Penicillin entdeckt · Erste Schweizerische Ausstellung für Frauenar-
beit · 1929 Börsenkrach in New York · Weltwirtschaftskrise

Walter H.

25jährig

Arbeiterkommission

Der Streik hatte für mich keine persönlichen Folgen, ich ging einfach wieder arbeiten in die Waffenfabrik. 1920 habe ich dann gewechselt. Da bin ich in die SAIA gegangen, die Société Anonyme d'Interrupteurs Automatiques. Wir haben Umschaltuhren gemacht. Ich war zuletzt bei der Endkontrolle für die Apparate.
Da haben mich die Arbeiter gleich zum Präsidenten der Arbeiterkommission gemacht. Wir waren gut organisiert. Wenn ein frischer Mann kam, ging ich nach zwei, drei Tagen zu ihm und machte ihn an, er solle der Gewerkschaft beitreten. Nur einer weigerte sich mal. Er blieb aber nicht lang.

Frauen-Arbeit

1928 war die SAFFA in Bern, die Schweizerische Ausstellung für Frauenarbeit. Die ging ich anschauen. Da hörte ich noch eine Ansprache einer bekannten Frau, wie hiess sie nur, sie war in der Frauenbewegung tätig. Ach ja, Rosa Neuenschwander. Sie hatte ein Büro nahe beim Polizeiposten, sie war Berufsberaterin, und Frauenrechtlerin.
Die Ausstellung fand ich schön, da sah man, was die Frauen schaffen konnten. Ich erinnere mich noch an den Sportplatz vor der Ausstellungshalle, so ein Sagmehlplatz, da trat als Sensation ein Japaner gegen einen Berner Schwinger an. Der Japaner war ein Jiu-Jiutsu-Lehrer. Der war klein, seine Technik nützte ihm nichts. Der Berner, ein Schrank von einem Mann, hob ihn einfach auf und warf ihn auf den Boden.
An die Frauendemonstration erinnere ich mich ebenfalls. Als sie mit der Schnecke kamen. Da ging ich auch zuhören auf dem Bundesplatz.

SAFFA

Die erste Schweizerische Ausstellung für Frauenarbeit, die SAFFA, fand 1928 in Bern statt. Im Eröffnungsfestzug schritt auch der «Schweizerische Verband für Frauenstimmrecht» und führte auf einem Wagen eine riesengrosse Schnecke mit, um auf den langsamen «Fortschritt» des Anliegens hin-

zuweisen. *Der Ausstellungserfolg war überwältigend: Statt der erwarteten 60'000 Besucher wurden es 800'000.*

SAFFA
I. SCHWEIZERISCHE AUSSTELLUNG FÜR
FRAUEN-ARBEIT IN BERN
26. AUGUST BIS 30. SEPTEMBER 1928

13
AUSSTELLUNGSGRUPPEN

FRAUENARBEIT
VON EINST UND JETZT

Eine Gruppe:
Hilfsmittel für die Arbeit der Frau im Haushalt und Beruf

Tagungen

Frauenarbeitsfilme

Wissenschaftliche, literarische und musikpädagogische Vorträge

Kantonstage/Festliche Anlässe

EINTRITT FR. 2.–   DAUERKARTE FR. 8.–

Mit 350'000 Franken aus dem Reingewinn von insgesamt 550'000 Franken wurde die Bürgschaftsgenossenschaft SAFFA gegründet. Zweck: wirtschaftliche und berufliche Förderung von Frauen, Schaffung von finanziellen Beratungsstellen. Die SAFFA 1928 zeigte nicht nur einen Querschnitt durch das Schaffen der Frauen in der Schweiz, sie enthielt auch eine Bibliothek mit über 2500 Werken von Schweizerinnen. Der moralische Gewinn aus der SAFFA war noch grösser als der materielle. Das Gefühl der Solidarität gab mancher Frau Auftrieb.
Die zweite SAFFA fand 1958 statt. Ihr fehlten der Schwung und Pioniergeist der ersten. Das Organisationskomitee war sogar «ängstlich darum bemüht,

keine frauenrechtlerischen Tendenzen zu verraten» (Woodtli). Die Bürgschaftsgenossenschaft SAFFA mit Sitz in Bern aber existiert noch heute. Sie gewährt Frauen, die ein Geschäft eröffnen wollen, Unterstützung, zahlt Stipendien vorwiegend für den zweiten Bildungsweg aus und erteilt kostenlose Beratung in Versicherungs- und Steuerfragen.

Bei uns in der Fabrik war eine verheiratete Frau, die stanzte den ganzen Tag, und zwar im Akkord. Sie verdiente mehr als ein gelernter Mechaniker, aber die Arbeit war streng. Meine Frau lernte ich in der gleichen Fabrik kennen, sie «spulte», aber nicht etwa Fäden, sondern Drähte, die dünnen Kupferdrähte, die man für elektrische Maschinen braucht. Das ist eine anstrengende Arbeit und braucht alle Aufmerksamkeit. Meine Frau stammte aus einem Weiler bei Worb. Ihr Vater war ein Deutscher, Schneider von Beruf. Sie hatten drei Kinder, zwei Söhne und ein Meitschi. Dieser Vater folgte einem Aufruf nach Deutschland in den Ersten Krieg. Die Mutter musste schmal durch. Die Fürsorge übernahm zuerst nichts, ein deutscher Verein unterstützte sie dann. Der Vater kam nicht mehr zurück, er blieb draussen. Beide Brüder meiner Frau gingen im Zweiten Weltkrieg auch nach Deutschland. Einer eröffnete später in Bern ein Coiffeurgeschäft. Meine Frau musste gleich von der Schule in die Fabrik und half auch eine Zeitlang ihrem Bruder als Coiffeuse.

Ehestand
Ich hatte ein paar Jahre lang eine Bekanntschaft, die löste sich auf. Ich

war nämlich nicht so für die Kirche. Wir diskutierten einmal, dass die Pfarrer nicht extra gut zu den Arbeitern seien. Das gefiel ihr nicht, dass ich negativ zur Kirche war und diese kritisierte. Da ging es auseinander. Wir heirateten 1930. Ich war 35, meine Braut 34. Zu unserer Hochzeit ging ich bei Guggisberg nachfragen für eine Kutsche. Auf dem Zivilstandsamt fehlte der Beamte, da mussten wir zwanzig Minuten warten, bis er gefälligst kam. Der Pfarrer musste dann auch eine halbe Stunde warten. Nach der Zeremonie fuhren wir mit der Kutsche in die Wirtschaft «Krone» nach Muri. Wir hatten ein einfaches Mittagessen, nur gerade meine Frau und ich und die beiden Mütter.

Dann machten wir noch ein kleines Rundreisli über Gümligen nach Hause. Die zwei Mütter hatten Freude. Wir wohnten dann in der Wohnung meiner Mutter, sie selbst zog aus und wohnte in einem Zimmer gleich daneben. Sie kochte selber, gelegentlich assen wir gemeinsam.

Meine Frau versuchte Heimarbeit zu machen, sie hatte eine Dubied-Strickmaschine gekauft. Wir steckten einmal Zettel in die Briefkästen und zeigten an, dass wir strickten. Etwas ging, aber nicht viel. Damals versuchten das viele Frauen. Die Konkurrenz war gross, und kaum Geld da.

Meine Frau hatte gerne aufgehört in der Fabrik, weil sie eben dachte, sie könne zu Hause etwas hinzuverdienen. Wenigstens konnten wir die Maschine noch verkaufen. Wir hatten auch einen Pflanzplätz im Burgernziel beim Egghölzli. Damals waren in der Nähe auch ein Teich und eine Kiesgrube, mit Fröschen. Heute stehen dort Wohnblöcke.

Als die Frau noch in der Fabrik arbeitete, war sie auch in der Gewerkschaft.

Wir hatten nie eine Geheimniskrämerei, die Frau wusste immer, was ich verdiente. Ich glaube, ich hatte

1.40 in der Stunde. Das war damals ein recht hoher Stundenlohn. Mein erster Lohn hat nur 60 Rappen pro Stunde betragen. Item, ich brachte der Frau etwa 250 Franken im Monat nach Hause. Wir zahlten knapp 90 Franken Mietzins.

Gewerkschafterinnen

1919 zählte der Schweizerische Gewerkschaftsbund fast einen Fünftel Frauen (19,6 Prozent von 43'906 Mitgliedern). 1930 waren es noch 9,9 Prozent! Heute ist der prozentuale Anteil wieder etwas höher. 1980 beträgt er mit 54'935 Mitgliedern 12 Prozent. Viel zu sagen hatten die Gewerkschafterinnen jedoch nie. Die Gewerkschaftssekretärinnen des SGB in diesem Jahrhundert sind rasch gezählt: Von 1905 bis 1909 war es Margarete Faas-Hardegger und von 1909 bis 1924 Marie Hüni. Dann kam eine grosse Pause bis − 1981, bis zur Wahl von Ruth Dreyfuss. Kartellsekretärin gibt es eine einzige, in Winterthur. Auch die Kartellvorstände verzichten im allgemeinen auf Frauen. 1982 wurde erstmals in Graubünden eine Frau Präsidentin eines kantonalen Gewerkschaftskartells. Auf Verbandesebene sieht es nicht besser aus. Nur in wenigen Verbänden sind Frauen im Zentralvorstand. Selbst Verbände mit grossem Frauenanteil haben ausschliesslich männliche Sekretäre. Eine Ausnahme bildet 1982 der SMUV mit einer Sekretärin im Welschland. «Mitbestimmung» ist ein gewerkschaftliches Anliegen, das auch innerhalb der Gewerkschaften seine Bedeutung haben könnte...

Alltag

Als ich heiratete, wohnten wir im Murifeld. In einer Dreizimmerwohnung. Da wohnten wir, bis die Frau starb. Wir hatten Elektrisch, einen Kochherd, aber keinen Boiler, also kein Heisswasser. Und kein Badezimmer.

Wir sassen manchmal abends zusammen vor dem Haus mit den andern Hausleuten. Auch mit den Leuten im Nebenhaus hatten wir es nett. Das waren alles Trämler, weil im Burgernziel damals ein Tramdepot war, wo sie früh anfangen mussten. Trämler wurden als Bessergestellte angesehen, verglichen mit einem gewöhnlichen Mechaniker. Staatsangestellte hatten damals Pensionskasse.

Um 1930 wurden die Strassen asphaltiert. Vorher pflegte man sie im Sommer mit Abfallauge aus der Zellulose-Fabrikation zu bespritzen, um den Staub zu binden. Das war so eine braune Brühe. Das machte man nach Bedarf. Wenn es in der Muristrasse viel Staub hatte, dann nahm der Bauamtsarbeiter einen Wagen hervor, einen Bockwagen, auf dem ein riesiges Fass war, ähnlich dem Güllenfass, aber höher. Vorn wurde ein Ross eingespannt. Hinten waren zwei Brausen, so fuhr er die Strasse hinauf und hinunter. Die Buben hockten dann manchmal hinten auf den Balken, aber da zwickte der Mann mit der Geissel. Und in der Stadt hatte man die «Bsetzisteine». Da gab es ja noch wenig Autos.

Die Buben konnten noch Wettspiele machen wie «Es kommt wieder eines», gemeint war ein Auto, auf das man passen musste, und gewonnen hatte der, der er es zuerst sah und noch dazu erraten konnte, welche Marke, ob Lancia, Ford etc. Erst als immer mehr Autos kamen, musste man teeren.

Ich fuhr auch mit dem Autobus; ich weiss nicht mehr, wann es das erste Mal war. Ich erinnere mich ebenfalls, wie ich staunte, als da unten beim Bärengraben die Stange für die Fahrleitung für das Tram aufgestellt wurde. Um die Zeit kam auch der erste Migroswagen, und die Frauen gingen in Scharen. Danach gab es Widerstand von andern Händlern. Migros hat vor allem Grundnahrungsmittel angeboten, Reis, Mehl, Zucker, Kaffee. Da warteten die Frauen manchmal schon, wenn sie wussten, dass der Wagen kam, weil er doch wesentlich billiger war. Meine Frau ging meist ins Konsum einkaufen.

Migros-Wagen 1925

Männliche Herzensgüte

Das Frauenherz ist der sicherste Aufbewahrungsort für unser Ideengut – dort muss es bewahrt und gemehrt werden. Männer in der Leitung sind die sichersten Ausführenden und Organisatoren. Wirkliche Männer sind nur Mehrer unseres Gedankengutes in Frauenherzen. Um Gottes willen die Frauen beiziehen! Wenn der Gründer nicht mehr kann, dann die Mitgründerin und Mitkämpferin Frau Adele Duttweiler zum Rat in entscheidenden Dingen heranziehen. In ihr liegen sein Wille und sein Geist am klarsten und gütigsten für alle bereit.

Aus: Thesen von Gottlieb Duttweiler (Gründer der Migros-Genossenschaft), 1950

Freizeit

In der SAIA gab's zuerst drei Tage Ferien im Jahr, dann jedes Jahr einen Tag mehr. Zuletzt hatte ich vierzehn Tage. Da gingen wir das erste Mal auf Schwarzenegg in die Ferien, privat bei einem Schuhmacher, und machten Wanderungen.

Das erste kantonale Feriengesetz führt Basel-Stadt am 18.1.1931 ein. 1936 beschliesst in Genf die internationale Arbeitskonferenz das Übereinkommen 52 über den bezahlten gesetzlichen Jahresurlaub. Es wird zum Ausgangspunkt für die Ausbreitung des Massentourismus.

Die erste Auslandreise machte ich nach München. Mit der Arbeiterunion. Später nach Wien. Die Mutter und ich hatten nämlich nach dem Ersten Krieg ein Mädchen und einen Buben, die kaum mehr zu essen hatten, für jeweils sechs Wochen bei uns. Der Bub war von München, das Mädchen von Wien. Ich schrieb den Eltern dieses Mädchens und besuchte sie auch. Nach Italien reiste ich auch einmal, in Spoleto waren wir, das ist etwa dreissig Kilometer von Rom. Wir schauten Kirchen an und Museen. Mit meiner Frau fuhr ich einmal in ein Dorf westlich von Genua, unweit der französischen Grenze. Und später zu ihrem Bruder nach Deutschland, nach Biezenhofen im Bayrischen, in der Nähe von München. In England war ich einmal mit einer Gesellschaftsreise der Arbeiterunion. Das muss aber viel später gewesen sein. Ich habe noch die Briefe, die ich der Frau schrieb. In London hatten wir Genossen von der Labour-Party getroffen. Zum Gedankenaustausch. Wir fuhren von London nach Edinburgh. Das Schloss dort auf dem Felsen machte mir Eindruck. Ich bin auch einmal geflogen, aber nur mit einer Piper, da waren wir drei Passagiere, vom Belpmoos aus, den Alpen entlang, am Niesen vorbei nach Meiringen und zurück. Das muss in den Fünfzigerjahren gewesen sein. Einmal ist der «Graf Zeppelin» auf der Allmend gelandet in Bern. Da gingen wir in den Steinbruch in Ostermundigen hinauf, um ihn besser zu sehen.

Zeppelin

hiessen die vom Grafen Zeppelin in seiner Fabrik in Friedrichshafen gebauten Luftschiffe. Vor dem Ersten Weltkrieg beförderten sie ohne jeden Unfall rund 35'000 Personen. Auch die Engländer und Amerikaner bauten solche mit Helium oder Wasserstoff gefüllten Luftschiffe. Im Ersten Krieg waren über 100 deutsche Zeppeline im Einsatz, u.a. auch für Bombenabwürfe über London. Die technische Entwicklung wurde enorm gesteigert. So nahm die Nutzlast um das Zehnfache auf 82 Tonnen zu. Die Luftschiffe waren mit komfortablen Speisesälen, Bars und Schlafkabinen ausgerüstet – eigentliche fliegende Luxushotels. Heute kommt man auf die «sanfte Technologie» des Luftschiffs zurück. Ein Jumbo-Jet 747 braucht für die Strecke Schweiz– New York rund 150'000 Liter Treibstoff (!), ein Luftschiff käme mit etwa einem Viertel oder sogar mit Sonnenenergie aus, bei glei-

*cher Nutzlast. Es sind weder Pisten noch teure Navigationshilfen erforderlich. Ein Luftschiff hat ähnliche Flugeigenschaften wie ein Helikopter, macht jedoch fast keinen Lärm. Seine Reichweite ist zudem ausserordentlich gross. Es käme vor allem für den Transport grösserer Frachten in Frage sowie für den Einsatz in unwegsamen Gebieten. Eine britische Fluggesellschaft, die Redcoat-Airlines, lässt gegenwärtig ein Luftschiff bauen. Grössere Produktionen sind aber erst zu erwarten, wenn sie gewinnbringend eingesetzt werden können. Bis dahin werden Millionen von Litern an Treibstoff verbraucht mit allen negativen Auswirkungen.
Nach: Adolf Merz, Neue Chance für den Zeppelin, Tages-Anzeiger-Magazin, 19.12.81*

Ein paar Jahre lang hatte ich ein Fahrrad. Der Arbeiter-Radfahrer-Bund fuhr jeweils am Sonntag in Doppelreihen die Muristrasse hinaus. Der vorderste hatte ein rotes Fähnchen und ein Horn, der gab das Signal auf Kreuzungen und Abzweigungen. Frauen waren keine dabei. Aber es gab Velofahrerinnen.

Wir hatten auch Skis, ein Jahr lang, als wir frisch verheiratet waren; wir hatten sie geschenkt erhalten. Damit gingen wir aufs Murifeld an einen kleinen Hügel. Aber nach einem Winter verschenkten wir die Skis, es gefiel uns nicht besonders.

Moden

Ich ging viel schwimmen, aber die Frau kam nie mit. Zuerst durften die Frauen gar nicht in die Aare. Man wollte wahrscheinlich nicht, dass sie die Männer reizten. Später gab es ein Männerbad und ein Frauenbad im Marzili, dazwischen eine Wiese, das Familienbad genannt. Schulpflichtige durften da nicht hinein. Und dann auch das Paradiesli, wo man «oben-ohne» sonnenbaden durfte. Das war noch lange eine Sensation. Kollegen aus dem EWB erzählten, wie man vom Dach hinab ins Paradiesli sehen könne.

Bademoral 1932

«Frauen dürfen öffentlich nur baden, falls sie einen Badeanzug tragen, der Brust und Leib auf der Vorderseite des Oberkörpers vollständig bedeckt, unter den Armen fest anliegt sowie mit ange-schnittenen Beinen und einem Zwickel versehen ist. Der Rückenausschnitt des Badeanzuges darf nicht über das untere Ende der Schulterblätter hinaus-gehen.»
Aus der sogenannten Zwickel-Verordnung des Regierungsrates Dr. Bracht «in Wahrnehmung der Ge-schäfte des Preussischen Ministers des Innern».

Langsam wurden auch die Röcke kürzer. Meine Frau kleidete sich nach der Mode. Als ich sie kennen-lernte, hatte sie einen Bubikopf.

Zuerst dachte man, sie sei ein «Mo-desturm». Dann wurden es immer mehr Frauen, die mitmachten. Ein Teil meiner Kollegen war dagegen. Manche Eltern haben der Tochter verboten, die neue Frisur zu tragen.

Modepapst

«Beim Empfang eines Pilgerzugs junger Damen benutzte der Papst die Gelegenheit, um von den gegenwärti-gen Moden zu sprechen. Über den Bu-bikopf sprach er sich zustimmend aus, aus Gründen der Anständigkeit und der Hygiene und weil ‹die kurzen Haare die Begierde der Männer weniger erre-gen›.»
Agence Fournier, Nov. 1925

Auch die roten Fingernägel kamen damals auf. Das sehe ich nicht gern. Ich wäre nicht einverstanden, wenn meine Frau die Fingernägel lak-kierte. Überhaupt, was unnatürlich ist, gefällt mir nicht. Ich bin schon für ein Make-up, aber man sollte es nicht sehen. Im Anfang war das auffällig: die Frauen in Hosen. Da sagte man etwa noch: «Das sind verrückte Weiber», oder das seien Mannweiber. Dann wurde es eben als Mode akzeptiert. Heute denke ich, dass Frauen in Hosen praktischer angezogen sind bei bestimmten Arbeiten, auch im Haushalt.

Frauenhosen

«Eines Tages werden die Frauen die Hosen im Büro tragen», prophezeite 1964 André Courrèges. Ein geradezu ketzerisches Ansinnen, denn die Hose an Frauen galt als öffentliches Ärgernis. Noch 1966 wurde Schlagersängerin Esther Ofarim aus der Bar eines feinen Hamburger Hotels gewiesen – nicht etwa, weil sie randalierte, sondern weil sie Hosen trug, genauer: einen eleganten Hosenanzug aus schwarzem Samt. Ähnliche Skandalgeschichten füllten damals die Klatschspalten. 1970 drohte der damalige Vizepräsident des Bundestags in Bonn, Richard Jaeger (CSU), er würde jede Abgeordnete, die es wage, in Hosen an der Plenarsitzung zu erscheinen, aus dem Saal weisen. Für die Schweizerinnen stellte sich die Frage im Parlament insofern nicht, als sie das Stimmrecht noch gar nicht hatten!

Die Männer sind ja alle gleich angezogen, fast wie eine Uniform: Kittel, Krawatte, Westen, Hosen, eigentlich etwas langweilig. Aber man bleibt eben bei der Sitte und macht halt mit. Heute sieht man ja viele Männer ohne Kittel, die nur Wolljacken oder Pullover tragen.

Wie wäre das?

«Abends sollte ein Fest sein. Petronius freute sich darauf und zog sich das hübsche rote Hemd an. Darüber trug er eine gelbe, enge Seidenbluse mit kleinen, kurzen Puffärmeln. Er erregte Aufsehen, als er in Oedeschärs Salon kam. Zwischen all den schwarz und grau gekleideten Frauen war er wirklich eine Augenweide. Ihre eigenen Vorbereitungen für das Fest hatten lediglich darin bestanden, sich zu waschen.»
Gerd Brantenberg, Die Töchter Egalias, 1980

Haushalt-Hilfe

Früher hatte es in vielen Haushalten Dienstmädchen. Da war an der Thunstrasse das Haus vom Metzger mit acht Wohnungen. Und die hatten ständig drei, vier Hausangestellte, meistens entweder Österreicherinnen oder Deutsche. Die hat man schon damals in die Schweiz geschickt. Hier konnte sich der Mittelstand Hausangestellte leisten.

Die Leserin J. L. schreibt am 7. Jan. 1939 im «Illustrierten Familienfreund»:

Dienstmädchennot.

Frage. Immer wieder hört man in der Schweiz darüber klagen, es seien keine Dienstmädchen zu bekommen, alle jungen Mädchen wünschten Verkäuferinnen oder Bureaulistinnen zu werden — niemand wolle mehr dienen. So komme es, daß gegenwärtig über 30 000 ausländische Hausangestellte in der Schweiz seien, wovon etwa 22 000 Deutsche. Nun stand in den Zeitungen, daß die deutsche Regierung die Absicht habe, die deutschen Dienstmädchen ins Reich zurückzurufen, und zwar schon in den nächsten Monaten. Angesichts dieser Absichten stellt sich die Frage, wie hier in der Schweiz all diese „Lücken" ausgefüllt werden können. Ob gewisse Mädchen sich doch dazu entschließen werden, in den Hausdienst einzutreten, ob die Hausangestelltenlöhne steigen werden oder ob viele Hausfrauen sich einfach selber werden behelfen müssen?

Und dann sind die Haushaltmaschinen gekommen. Es gab einen Keller, wo man waschen konnte, im Murifeld. Die Waschmaschine hat man mieten können für einen halben Tag. Das muss so Anfang der Fünfzigerjahre gewesen sein. Zuerst hat meine Frau auch von Hand gewaschen, dann hat sie nicht mehr gekonnt und wir haben die Wäsche ausgegeben.

Hinter dem Kaufhaus Loeb gab es einen Kragenladen, die haben nur Kragen gewaschen, gestärkt und geplättet. Es waren zwei alte Fräulein, die den Laden führten. Damals trugen die Männer ja diese steifen Kragen. Das Glätten haben die Frauen fast nicht selber gekonnt, das brauchte eine besondere Fertigkeit. Auch ein Arbeiter hat am Sonntag einen weissen Kragen getragen. Gestärkte Kragen einknöpfen war dann schwierig. Meist musste jeweils die Frau helfen. Da war denn oft der Mann «ghässig» am Sonntagmorgen wegen dem Kragenknöpfli.

Hanni G.

Begnadigter, Dichter und Volksbildner

Er kam 1920 ins Volkshaus und wurde in den Zwanzigerjahren sehr wichtig für mich. Beinahe hätte man ihn hingerichtet.

Adolf Attenhofer war Mitglied der sozialistischen Münchner Räteregierung gewesen, zusammen mit Gustav Landauer, Eugen Leviné und Erich Mühsam. Als die Räteregierung abgesetzt wurde, hat man diese Leute alle ausgemerzt, auch der Attenhofer ist zum Tod verurteilt worden. Und da stellte sich zum Glück heraus, dass er ein Schweizer war. Man hat ihn begnadigt und ausgewiesen, und er ist heimgekommen in den Kanton Graubünden. Er hatte, bevor er in München dozierte, in Avers Schule gehalten. Dort hat er auch viele seiner Gedichte geschrieben.

Räterepublik

Am Ende der kurzen Räterepublik (7. April bis 2. Mai 1919) rechneten in Bayern Freikorps und Regierungstruppen mit den «Roten» ab. Über 1000 Menschen fielen diesem Terror zum Opfer, doch die wenigsten dieser Verbrechen wurden gesühnt. So erhielt der Mörder Gustaf Landauers nur fünf Wochen Haft — weil er die Uhr des Toten gestohlen hatte. Anders als die rechtsgerichteten Terroristen behandelte die Justiz die führenden Leute der Räteregierung. Eugen Leviné wurde hingerichtet, Erich Mühsam zu 15 Jahren Haft verurteilt. Die Arbeiterschaft war erbittert über die Art und Weise, mit der die Gerichte zweierlei Mass anwendeten.*

Ich weiss noch, mit einem grossen Rucksack ist er gekommen, schmächtig, mittelgross, etwa 40 Jahre alt. Und dann ist er über uns eingezogen, in ein Zimmer im dritten Stock. Er war ganz ein armer Teufel, hatte einfach nichts. Die Leiterin vom Mädchenheim und die Mama haben sich um ihn gekümmert, ihm die Wäsche gewaschen und geflickt. Auch der Kantonsschulprofessor Kreis hat ihm viel geholfen.

Zuerst hat sich Attenhofer mit Lateinstunden durchgeschlagen. Später gab er auch an der Kantonsschule Unterricht, doch erst viel später. Seine Kollegen haben ihm immer nachgetragen, dass er keine abgeschlossene Hochschulausbildung hatte, obwohl er ja viel mehr gewusst hat als all diese Kantonsschulprofessoren. Er war in München Privatdozent für orientalische Sprachen gewesen.

Attenhofer hat mich zu sehr vielem

angeregt, immer wieder hat er mir Bücher zum Lesen gegeben, Ibsen, Björnson, Georg Büchner habe ich durch ihn kennengelernt. Und dann habe ich auch viele Kurse bei ihm besucht, Latein, indische Philosophie, Logik, Umgang mit Lyrik und literarische Abende. Attenhofer hat nämlich 1924 in Chur eine Volkshochschule gegründet.

Kurse Attenhofer. Letzten Montag brachte Herr Attenhofer auch seinen dritten Vortragszyklus zum Abschluß. In zwanzig Vorlesungen hat er eine Schar wißbegieriger und dankbarer Zuhörer beiderlei Geschlechts mit den Anfängen der abendländischen Philosophie bekannt gemacht, und zwar bekannt im besten Sinne des Wortes.

... Herr A. scheut sich denn auch nicht, seinen eigenen persönlichen Standpunkt mit aller Schärfe zu vertreten, auch wenn derselbe im Widerspruch steht zu den Auffassungen anerkannter Größen. Autoritätenglauben ist nicht seine Sache. Nur das macht frei und befriedigt, was selber geprüft und für richtig erkannt wird. Wir sind allzu leicht in genanntem Glauben befangen, d. h. wir übernehmen alles als bare Münze und unumstößliche Wahrheit, was uns in den Werken heutiger Autoritäten geboten wird, ohne zu bedenken, daß vielleicht schon morgen diese „Wahrheiten" nicht mehr gelten.

... Herr Attenhofer ist übrigens weit davon entfernt, dem Zuhörer seine eigenen Anschauungen aufzudrängen; aber das möchte er bezwecken, daß wir lernen, ernsthaft prüfen und unterscheiden, daß wir auch in wissenschaftlichen Fragen uns bestreben, selbständiger zu denken und zu überlegen.

Neue Bündner Zeitung, 24.3.1922

Die literarischen Abende sind etwas vom Schönsten gewesen, das wir in Chur gehabt haben. Die Leute sind aus allen möglichen Kreisen gekommen, um Attenhofer zu hören. Im Volkshaus, vorne im Arvensaal, ist er jeweils unter einer Stehlampe gesessen und alle haben gespannt gewartet. Er konnte wunderbar vorlesen.
Der Attenhofer hat sich enorm für die Volksbildung eingesetzt. Er ging auch aufs Land und hat mit den Landvereinen Theater gespielt, zum Beispiel in Malans «Flachsmann der Erzieher» von Otto Ernst. Obwohl Attenhofer in der linken Räteregierung war, gab es auch Leute aus bürgerlichen Kreisen, die ihn schätzten. Er ist einer der intelligentesten und vielseitigsten Menschen gewesen, die ich je kennengelernt habe. Wir haben uns noch lange Jahre geschrieben, bis zu seinem Tod am 24. Dezember 1950.

Hungertote

1921/22 war die grosse Hungersnot in Russland, wo sie so Furchtbares durchgemacht haben, Hunderttausende sind gestorben. Da haben wir gefunden, jetzt müsse sofort etwas gemacht werden. Herr Loringett, Luzi Pazzigher, der Lehrer Giovanoli, Burgi Jecklin und ich haben ein Komitee gegründet: «Kinderhilfe für Russland». Attenhofer hat einen Aufruf geschrieben, Loringett übersetzte ihn ins Romanische und Giovanoli ins Italienische.

Aufruf!

... Während man in Amerika daran geht, Getreide zur Feuerung zu verwenden, nicht weiß, wohin den Ueberfluß entladen, haben 30 Millionen fühlende, schmerzendulbende Menschen keine Krume, ihren quälenden, brennenden Hunger zu stillen. 30 Millionen Menschen!

... Helft mit, daß ein Strom der Erquickung hinüberfließe von uns, aus dem Land, das Krieg und Elend nicht erlitten, hinüber ins Land des großen bittern Sterbens!   A. Attenhofer.

Ich habe den Versand des ganzen Materials besorgt. Auch in der übrigen Schweiz sind Aktionen gemacht worden. Ausser Geld sammelten wir Kleider und unverderbliche Lebensmittel. Und dann haben wir in Graubünden in ganz kurzer Zeit 117'000 Franken gesammelt, das ist für damals unglaublich viel gewesen. Die Leute hatten ja wenig Geld, und einige fürchteten sich seit der russischen Oktoberrevolution vor dem Kommunismus und sagten «was, denen schickt man noch etwas!» Und doch ist so viel gegeben worden. In dieser Sammelaktion haben wir viel Schönes erlebt, aber eine Sache hat uns ganz besonders gefreut: Im armen Korberdorf Obervaz, wo die Korber herkommen, hat auch die allerletzte Haushaltung auf einem Postcheck etwas einbezahlt.

Nansen: «*Millionen von Menschen sterben «wie die Fliegen», die Leichen liegen da und dort in der Strasse. (...)* *Seitdem ich das russische Schreckgespenst gesehen habe, denke ich, dass viele nur eine unklare Vorstellung davon haben, was es heisst, Hungers sterben.*» *1981 starb nach Angaben des Kinderhilfswerks der Vereinten Nationen, Unicef, alle zwei Sekunden ein Kind. Grund: mangelnde medizinische Versorgung oder Unterernährung. Für 1982 ist mit einer ähnlichen Todesrate zu rechnen. Die USA sind die grössten Geldgeber der Unicef. Ihre jährlichen Beiträge entsprechen dem Gegenwert eines Militärflugzeugs!*

Russland 1921/22

Erschütternde Berichte kommen von Delegierten der internationalen Hilfsaktion unter Oberkommissär F.

Kurzweilige Enthaltsamkeit

Über den Wandervogel bin ich Anfang der Zwanzigerjahre zur Bewegung der Schweizerischen Abstinenten Jugend gekommen. Diese Bewegung bestand schon um die Jahrhundertwende. Sie geht auf den Deutschbalten Gustav von Bunge zurück, Professor der Physiologie an der Universität Basel, der 1886 zum Kampf gegen die alkoholischen Trinksitten aufrief. In der Schweiz gab es den Verband der Abstinenten Mittelschüler «Helvetia», den Verband der Abstinenten Studenten «Libertas» und etwas später den Schweizerischen Bund Abstinenter Mädchen «Iduna». Die Ortsgruppe Chur, «Lukretia», ist während des Ersten Weltkrieges gegründet worden. Die Gymnasiastin Regina Fuchsmann, die später so bekannte Kägi-Fuchsmann, hat in Chur mit einem Vortrag den ersten Anstoss dazu gegeben.

In der Lukretia kamen wir jede Woche zusammen und haben gelesen und diskutiert. Wir haben auch enorm grosse Fusswanderungen gemacht, im Grunde war es ein bisschen die Fortsetzung vom Wandervogel. Manchmal haben wir mit den abstinenten Mittelschülern der «Curia» gemeinsam etwas unternommen, in der Regel waren wir Mädchen unter uns.

Sehr gerne haben wir Theater gespielt. Unter der Regie von Attenhofer spielten wir zum Beispiel von Goethe «Die Laune des Verliebten» und «Das Fischermädchen». Die Männerrollen haben wir Frauen immer selber übernommen, ich war zum Beispiel einmal der Landvogt von Greifensee. 1924 ist das Stadttheater Chur neu gebaut worden, und zu seiner Eröffnung hat der Dramatische Verein den «Kaufmann von Venedig» inszeniert, unter der Leitung von Attenhofer, der hat den Juden Shylock gespielt, ganz einen hervorragenden Shylock, und ich war die Nerissa.

Von 1922 bis 1926 war ich Zentralpräsidentin des Schweizerischen Bundes Abstinenter Mädchen. In dieser Zeit schrieb ich häufig für das «Korrespondenzblatt für studierende Abstinenten», die spätere «Junge Schweiz».

Hier, in der Nummer vom Juni 1923, habe ich mit einem Passus etlichen Staub aufgewirbelt:

«Wir Mädchen müssen selbständiger werden, wir müssen uns frei machen von allen möglichen Traditionen, von der geistigen Tyrannei des männlichen Geschlechtes! Es gilt die Schwierigkeiten, die sich der geistigen Entwicklung unseres Geschlechtes hemmend in den Weg stellen, zu überwinden.»

Wir haben uns nicht nur mit Alkoholfragen, sondern allgemein mit aktuellen Fragen zu Politik und Kunst auseinandergesetzt. Ich glaube, wir haben für jene Zeit in vielem sehr fortschrittlich gedacht.

Als Zentralpräsidentin bin ich immer etwas Sturm gelaufen gegen die abstinenten farbentragenden Studentenverbindungen. Sie haben sich oft überheblich dem Mädchenbund gegenüber benommen, weil wir nicht nur Schülerinnen und Studentinnen gehabt haben, sondern auch Verkäuferinnen, Büroangestellte, Hausangestellte und Telefonistinnen. Deswegen haben sie uns als nicht gleichwertig betrachtet, und das hat uns sehr verärgert. Uns hat zudem auch gestört, dass Äusserlichkeiten bei den abstinenten Studenten und Mittelschülern genauso blieben wie bei den Saufstudenten, zum Beispiel der Vollwichs. Mit der Zeit ist unsere Zusammenarbeit dann besser geworden.

Ein süsser Tropfen

Zu jener Zeit war es sehr schwierig, in einem Wirtshaus alkoholfreie Getränke zu bekommen. Wenn zum Beispiel der Papa in Filisur, Bergün oder Thusis Sprechstunden hatte und ein Glas Milch verlangte, haben sie ihn ganz komisch angeschaut.

Solch kraftstrotzende Söhne möchte jede Mutter haben!

Kerngesund und bärenstark. Einen grossen Teil des Jahres verbringen sie auf der Alp bei einfacher, aber gesunder Kost.
Käse, Milch und Butter findet man bei uns auf jedem Tisch, wo's eine gute Mutter versteht, mit kleinem Aufwand für eine gesunde Ernährung zu sorgen.

Schweiz. Milchkommission, Bern.

Werbung zwanzig Jahre später

Dann kam allmählich der Süssmost auf. Die Abstinentenbewegungen machten Aktionen, bei denen die Leute ihren eigenen Most sterilisieren konnten.

1924 ist die Zentenarfeier gewesen zur Gründung des Grauen Bundes in Truns, das war eine grosse Sache. Der abstinente Frauenbund hat sich dort beworben, innerhalb der Festwirtschaft einen Süssmoststand zu haben. Doch das Gesuch wurde abgelehnt, Süssmost, das war damals noch wie ein rotes Tuch. Wir haben dann ausserhalb der Festwirtschaft einen Stand aufstellen können und doch noch ziemlich viel Süssmost verkauft, weil die Schulkinder sauren Kakao gekriegt haben und zu uns geschickt worden sind.

Wir wollten auch auf unseren Wanderungen den Süssmost bekanntmachen. Wenn wir Station gemacht haben, sind wir von einem Restaurant zum andern und haben Süssmost verlangt. Wenn sie gesagt haben «den führen wir nicht», sind wir demonstrativ wieder hinaus und haben nichts konsumiert. Allmählich haben sie dann Süssmost verkauft.

Anti-Alkohol und Anti-Stimmrecht

Gegen die Schnapsgefahr stellte sich 1925 der Schweizerische Verband für Frauenstimmrecht. Er wollte jede Massnahme zur Eindämmung dieser Volksseuche unterstützen, zu der auch die steuerfreie Produktion von Branntwein beitrug.

Die Schweizer Liqueur- und Spirituosenhändler zahlten es den Frauen heim. 1930 delegierten sie ihren Zentralsekretär in die neugegründete Liga gegen das Frauenstimmrecht.

Filmmusik

Das Quaderkino war das erste Kino in Chur. Am Anfang gab es natürlich noch keine Musik zu den Filmen, das waren alles Stummfilme. Der Papa Richter, der Leiter der abstinenten Guttemplerjugend, machte auf einem schrecklich alten Klavier Kinomusik. Das war Anfang der Zwanzigerjahre. Einmal hat er mich und zwei andere Lukretianerinnen gebeten, zu einem Kulturfilm mit Klavierbegleitung zu singen. Er hiess «Der Rhein von der Wiege bis zur Mündung». Da wurden all die verschiedenen Landschaften dem Rhein entlang gezeigt, und wir mussten dazu das entsprechende Lied singen, zum Beispiel bei der Loreley «Ich weiss nicht, was soll es bedeuten», oder an einer anderen Stelle «Wie glüht er im Glase! wie flammt er so hold! geschliffnem Topase vergleich ich sein Gold!» Und dabei waren wir doch alle Abstinenten, das war auch so ein kleiner Widerspruch...

Kinowerbung für das Frauenstimmrecht machten bereits 1925 die Stimmrechtssektionen von Waadt und Genf mit Aphorismen über die Frauenbewegung.

Heile Socken und Heilkräuter

Wir haben uns in der Lukretia auch sozial betätigt, zum Beispiel im Kinderheim Felsberg.
Die Felsberger Frauen hatten grosse Gemüseäcker und brachten jeweils das Gemüse nach Chur auf den Markt. In dieser Zeit waren die Kinder unbeaufsichtigt, und darum hat die Heilsarmee 1914 dort das Kinderheim gegründet, mit ganz geringen Mitteln, und die Kinder dieser Frauen, die niemanden zum Hüten hatten, aufgenommen, zusammen mit Kindern aus andern Kantonsteilen.
In diesem Kinderheim haben wir jeweils die Angestellten abgelöst, damit sie einen halben Tag freigewesen sind. Dann haben wir jeden Monat einen grossen Korb mit Socken und Strümpfen dieser Kinder in unsere Sitzung genommen und geflickt.
Die Heilsarmee hat nach Felsberg auch in Zizers noch ein grosses Kinderheim gegründet und sehr viele Kinder gehabt. Weil die Gemeinde kein weiteres Schulhaus gebaut hat, haben sie selber eins bauen müssen. Das sieht man noch jetzt, wenn man mit der Bahn durchfährt, es ist nur ein schmaler Bau. Das Kinderheim Zizers stand direkt neben dem Haus des katholischen Kräuterpfarrers Küenzli. Der hat dem Kinderheim jeden Monat hundert Franken geschenkt. Die Mama war einmal bei

ihm, als sie an einem Arm etwas hatte, und er hat zu ihr gesagt, er sagte ja zu allen «du» wie der Micheli Schüpbach; «Du bist aber ganz eine Gesunde». Es ist unglaublich, was alles für Leute zu ihm gekommen sind, sogar aus Amerika, der hat enormen Zulauf gehabt — das war ein Original! Heute lebt ja eine ganze Industrie im Tessin von der Herstellung seiner Mittel.

Verändern, verbessern

Ich bin in den Zwanzigerjahren in die SP eingetreten, aber nur so als zahlendes Mitglied, ich hatte damals vom Papa her genug von der ganzen Sache, ich habe mich nicht mehr damit einlassen wollen. Dafür machte ich bei den sozialistischen Abstinenten mit. Immer mehr bin ich auch zu den Zusammenkünften der Religiös-Sozialen Bewegung von Leonhard Ragaz gegangen, angeregt durch Pfarrer Martig. Die sozialen Fragen, die dort behandelt wurden und das pazifistische Denken haben mich sehr angezogen. Ich war also gleichzeitig bei den abstinenten Mädchen, den sozialistischen Abstinenten und den Religiös-Sozialen. Die hatten aber nur einmal im Monat eine Zusammenkunft und einmal im Jahr eine Art Landsgemeinde, das war keine grosse Verpflichtung. Später ist es mir leider durch den Telefondienst nicht mehr möglich gewesen, viel mitzumachen, weil ich am Abend sehr viel Spätdienst hatte.

Arbeitslos

Die Krise der Zwanzigerjahre habe ich am eigenen Leib erfahren, beim Telegraf. Wir verloren die Arbeit allerdings aus technischen Gründen, weil der Telegraf durchs Telefon abgelöst wurde. Das fing gerade an, als wir unsere sechsmonatige Lehre abgeschlossen hatten. Wir Mädchen haben kein richtiges Anstellungsverhältnis bekommen, das hatten nur die Buben. Die Buben, die mit mir die Lehre gemacht haben, konnten alle die Postbeamtenlehre machen, als es auf dem Telegraf keine Arbeit mehr gab, aber wir Mädchen sind ewig nur Reservetelegrafistinnen geblieben. Darum haben wir nur am Sonntag arbeiten können oder wenn jemand krank gewesen ist. Sonst sind wir arbeitslos gewesen. Wir haben natürlich keine Arbeitslosenentschädigung gehabt. Ich bin einfach dann nach Arbeit fragen gegangen. Ich hatte Bekannte auf dem Betreibungsamt, vom Wandervogel her, dort habe ich helfen können, oder beim Gemeinnützigen Frauenverein auf dem Büro und auf dem romanischen Sekretariat bei Loringett.

Entlassung der Frauen aus dem Eisenbahndienst.

In Italien ist auf Drängen der Kriegsteilnehmer vom Oberkommissär der Staatsbahnen die Entlassung der weiblichen Eisenbahnangestellten angeordnet worden, die nach Kriegsausbruch eingestellt wurden. Den zu Entlassenden wird als Abfindung für jedes Dienstjahr ein Monatslohn ausbezahlt.

Die Frau, 24.3.1923

Frauen im Eisenbahndienst.

Die Direktion der niederländischen Eisenbahnen hat beschlossen, sämtliche verheirateten Frauen, die sich im Eisenbahndienst befinden, am 1. Dezember 1924 zu entlassen.

Die Frau, 2.8.1924

Auch die SBB kennt die Verlockung, Frauen als Manövriermasse zu benutzen. Im Herbst 1981 wollte sie — als Sparmassnahme — im Raume Lausanne Kondukteusen einsetzen. Diese Frauen sollten nicht etwa als vollwertige Kondukteusen oder gar Zugführerinnen ausgebildet werden, sondern nur während der Stosszeiten ihren männlichen Kollegen zudienen. Wegen gewerkschaftlicher Einsprachen blieb das Projekt auf der Strecke.

Nach der Telegrafenlehre haben wir in einem grossen Saal gearbeitet, alles Morseapparate und zwei Hughes-Telegrafen, eine Art Telex. Am Anfang war es schwierig, die Morsezeichen schnell genug abzufangen, manchmal haben sie so wahnsinnig schnell hereingespickt, die guten Telegrafisten. Von Basel war einer, der hat hereingespickt wie ein Verrückter, und wir haben manchmal fast Blut geschwitzt.

Wir Mädchen und Buben haben genau die gleiche Arbeit gemacht, sind jedoch nicht gleich bezahlt worden. Die Buben hatten wohl ein bisschen mehr Technik gelernt, zum Beispiel das Batterien auswechseln, damals war noch alles altmodisch kompliziert, aber wir Frauen haben es nachher ja trotzdem oft selber machen müssen.

Bald ist der ganze Morsesaal dann umgewandelt worden zur Telefonzentrale.

Klosterhaushalt

Als es für mich als Telegrafistin keine Arbeit mehr gab, habe ich mich nach etwas anderem umgesehen. Ich hatte zunächst keine Lust, Telefonistin zu werden. Im Frühjahr 1922 habe ich mich an der Bündnerischen Frauenschule gemeldet. Dort hatte man ein Jahr zuvor einen neuen Kurs eingeführt zur Ausbildung von Lehrerinnen an Mädchenfortbildungsschulen.

Das Postulat der hauswirtschaftlichen Schulung der Mädchen erfuhr in diesem Jahr der ausgesprochenen wirtschaftlichen Krise von allen Seiten mächtige Unterstützung. Der Bund schweiz. Frauenvereine richtete eine Eingabe an die Kantonsregierungen mit dem Gesuche, die Einführung des obligatorischen hauswirtschaftlichen Unterrichts zu fördern. Bei der Revision des Unterrichtsplanes für die deutschen Primarschulen des Kantons Bern wird verlangt, daß für die Mädchen des letzten Schuljahres die Haushaltungskunde in den Mittelpunkt des gesamten Unterrichtes zu stellen sei. Die übrigen Fächer aber sollen in möglichst enge Beziehung zum theoretischen und praktischen Haushaltungsunterrichte gebracht werden.

Jahrbuch der Schweizerfrauen, 1917

Wir sind zehn Kursteilnehmerinnen gewesen, die meisten haben schon einen Beruf gehabt. Zwei waren aus St.Gallen, eines aus Appenzell, eines aus Solothurn und die übrigen aus Graubünden.

Nach Besichtigung der sehr sehenswerten Ausstellung verließen wir die Frauenschule mit der Zuversicht, daß es endlich mit der hauswirtschaftlichen Ausbildung unserer Töchter vorwärts geht und Ernst gemacht wird mit einer der allerwichtigsten volkserzieherischen Aufgaben unserer Zeit. Lange genug hat es gedauert, bis man einsehen gelernt hat, daß die tüchtige, kluge und verständige Hausfrau und Mutter der allerwichtigste Faktor in der Volkserziehung ist und daß das Vaterland um so zuversichtlicher auf seine Söhne blicken und zählen darf, je mehr es die Stellung der Frau als Mutter und Hauswirtschafterin zu heben sich ernstlich bemüht. Ohne tüchtige, selbsthingebende, aufopfernde, liebende Mütter und Hausfrauen kann kein Volk gedeihen; sie sind die Grundsäulen des Staates.   —i.

Der freie Rhätier, 29.3.1922

Am 1. Mai, mit einer furchtbaren Erkältung, bin ich eingetreten. Die Tage waren lang. Wenn man das Amt Frühstückskochen hatte, musste man um fünf aufstehen, den grossen Kohlenherd anfeuern, die Hafersuppe aus der Kochkiste nehmen, aufsetzen und kochen. Zur Hafersuppe hat es einfach Brot gegeben, nie Kaffee, jeden Tag diese Hafersuppe. Vor dem Frühstück musste man das Bett machen, und dann ging man an die Arbeit. Man hatte Kochen in der Kohlenküche oder in der Gasküche, dort haben wir die feineren Gerichte gelernt. Weitere Fächer waren Gesundheitslehre, Nahrungsmittellehre, Haushaltkunde, Buchführung, Erziehungslehre, Hausarbeiten, Waschen und Bügeln.

Wir haben unter uns immer gesagt, wir seien im Kloster. Am Abend durfte man nie ausgehen, nur mit besonderer Erlaubnis. Einmal durfte ich an der Kantonsschule mitsingen, weil sie dort erst ganz wenige Mädchen hatten und Sopranstimmen brauchten für ein Konzert. Der Kurs war wahnsinnig streng. Wir mussten am Abend bis um 9 Uhr arbeiten und dann sofort ins Bett. Nachher ist die Vorsteherin heraufgekommen und hat die Sicherungen herausgezogen, nach 9 Uhr gab es kein Licht mehr. Wir hatten Kerzen und Taschenlampen für die Not, aber man konnte nicht lesen oder irgend etwas machen. Wir hatten auch keine Möglichkeit, Zeitung zu lesen. Es gab eine einzige Zeitung an der Frauenschule, die demokratische Bündnerzeitung, weil der Erziehungsdirektor Demokrat war. Die ist unten gewesen, im Wohnzimmer, wo die Lehrerinnen zusammengesessen sind, und die haben wir gar nicht bekommen können, denn es gab nur ein Exemplar. Man hatte also keinen Kontakt mit der Aussenwelt.

Die Partei der Bündner Demokraten entsteht nach dem Ersten Krieg aus der jungfreisinnigen Opposition. Gemeinsam mit der Demokratischen Partei von Glarus und der Bauern-, Gewerbe- und Bürgerpartei verbindet sie sich 1971 zur Schweizerischen Volkspartei.

Wir sind wie die kleinen Kinder behandelt worden, obwohl ich gerade zwanzig wurde und einige viel älter waren, schon um die dreissig. Wenn man zum Beispiel die Türe nicht an der Falle anfasste, sondern am Holz, und die Vorsteherin es sah, dann hat sie einen ins Büro gerufen, und man hat im Garten hundert Unkräuter

ausziehen müssen. Das musste ich auch, deswegen jäte ich wohl so gerne . . . Wenn man aber etwas ganz Schlimmes gemacht hatte, ich wüsste jetzt nicht mehr was, dann hat man den freien Donnerstagnachmittag nicht gekriegt und Aufgaben machen müssen.

Keine Patentlösung

Nach einem halben Jahr, im September, als der Kurs zuende war, ist die Susanne Togniola direkt in die Lungenheilstätte Arosa gekommen und dort gestorben, Barbara Battaglia aus Feldis ist nach ein paar Monaten an der galoppierenden Schwindsucht gestorben, Martha Burg hat am Knie Tuberkulose gehabt, Emma Vetter in den Augen und Hulda Heer an einer Hand. Von zehn Absolventinnen des Kurses hatten fünf am Schluss TBC. Das war das Schlimmste in dieser Frauenschule, dass sie ein richtiger Herd für TBC war.

«Mit Erfolg besucht», steht in meinem Lehrpatent. Es berechtigte mich, in kleinen bündnerischen Gemeinden hauswirtschaftlichen Fortbildungsunterricht zu geben, der damals noch nicht obligatorisch war. Ich hätte sofort eine Stelle am Heinzenberg bekommen, aber das war so schlecht bezahlt, stundenweise, dass das keine Existenz gewesen wäre. Ich musste doch auch meine Leute unterstützen, die Mama und die Schwester, und so ging ich dann doch zum Telefon.

Zwischendurch, 1923, habe ich mich für die Vorsteherinnenschule für alkoholfreie Betriebe in Zürich gemeldet und erhielt dann die Antwort, ich sei noch zu jung.

1925 fragte mich der Pfarrer Fulda aus Safien, ob ich bei ihm den Haushalt machen würde und nebenher den Mädchen im Dorf hauswirtschaftlichen Unterricht geben könnte. Es hätte mich gelockt, aber ich konnte zuhause nicht weg, ich bin einfach dagewesen zum Verdienen. Von 1919 an bis zu meiner Heirat habe ich die Mama und die Schwester erhalten müssen, ich war gebunden, bis ich dann einfach ausgebrochen bin und gefunden habe, so, jetzt habe ich auch ein Leben!

Ledige Frauen

«Die für sich selbst aufkommende unverheiratete Frau ist auf allen möglichen Gebieten tätig, ohne zu überragenden Posten gelangt zu sein. Sie wird überhaupt in der Gesellschaft noch nicht als ganz vollgültig anerkannt. Ihre finanziellen Existenzbedingungen sind immer noch bedeutender Verbesserungen fähig. Um die innere Lebensform der unverheirateten Frau kümmert man sich noch sehr wenig.»
Jahrbuch der Schweizerfrauen, 1930

Den Schutz der Rechte, die Hebung der sozialen Stellung und die Wahrung der Interessen der über 25jährigen ledigen Frauen in der Schweiz bezweckt der Verein «Arbeitsgemeinschaft unverheirateter Frauen», der 1975 in Zofingen gegründet wurde.

Telefonistin auf Abruf

Um mich vom Telegraf aufs Telefon umzustellen, musste ich nochmals eine zweimonatige Lehre machen. Ich musste sämtliche Ortschaften aus dem Kanton Graubünden auswendig lernen und die Zuteilung zu den verschiedenen Netzen, ich bin nicht gerne zum Telefon. Damals war noch die alte Zentrale mit Lokal-

batteriesystem, und man hat springen müssen, von einem Ort zum andern, um zu stecken, abzuhören, bestellte Gespräche zu notieren. Das war der unangenehmste Dienst von allen, der Lokaldienst. An den interurbanen Linien war es interessanter. Als man dann eingearbeitet war, wurde man eingestellt als Reservetelefonistin, ohne gesetzliche Ferien. Wenn man an einem Sonntag gearbeitet hatte, bekam man einfach an einem Werktag frei, nie zusammenhängend ein paar Tage. Wir sind jahrelang nur Reservetelefonistinnen gewesen. Erst 1926 bin ich dann als Zweitklasstelefonistin fest angestellt worden.

Belauscht Gespräche

Aufregend war es, als wir in Chur das erste Gespräch nach New York gehabt haben. Da hat es geheissen: «Die Linie freihalten, die Linie freihalten, den Abonnenten freihalten!»

Schliesslich ist die Meldung gekommen: «Das Gespräch von New York ist da.» Und dann haben drei Minuten 347 Franken gekostet.

In der Zentrale Chur war ein sogenanntes Monitorpult, wo die Aufsicht sass, und die hat jeweils den Tisch der Telefonistin eingeschaltet, die sie kontrollieren wollte. Sie hat beobachtet und gemessen, wieviele Gespräche in einer gewissen Zeit erledigt werden und auf welche Weise und hat alles mit Punkten beurteilt. Wenn man gut hingehört hat, hat man gemerkt, wenn sich die Aufsicht eingeschaltet hat, und dann bin ich draufgewesen, auf ein Maximum an Leistung zu kommen, denen wollte ich es zeigen. Ich habe immer über 200 Arbeitspunkte gehabt. Die Aufsicht hatte ein Formular, das sie ausfüllte. Da stand zum Beispiel «schwatzt», vier Punkte Abzug, «unfreundlicher Ton», vier Punkte Abzug, «versteht schlecht», vier Punkte Abzug, aber das Maximum war «belauscht Gespräche», fünf Punkte Abzug. Emil Strickler, der bei uns Monteur war, ein SP-Mitglied, hat mir einmal erzählt, dass die Telefonzentrale während des Generalstreiks alle seine Gespräche abgehört habe. Er ist dann nicht Chefmonteur geworden, obwohl er der tüchtigste war, sondern Herr Meuli, ein lieber Schlufi, der nichts gesagt, aber noch weniger gekonnt hat.

Nachdem ich lange Reservetelefonistin und dann Zweitklasstelefonistin gewesen war, wurde ich Erstklasstelefonistin und dazu Spezialtelefonistin für den Saisondienst in Arosa. Da musste man Telegraf und Telefon bedienen. In der Nacht ist immer eines von uns allein im Büro gewesen, direkt dem Kursaal gegenüber.

Häufig sind sie von dort benebelt zu mir gekommen und haben zu schwätzen angefangen, viele unangenehme Deutsche hat es gehabt. Damals hat es mit den Nazis angefangen, da musste man wirklich «Spezialtelefonistin» sein.

Nachtdienst

Einmal kamen der Personalchef Möckli aus Bern und das Fräulein Hubeisen, die hat das Personal kontrollieren müssen. Ich hatte gerade Nachtdienst, und da kam sie am Morgen zu mir, bevor ich heimging, und hat gefragt: «Haben Sie diese Nacht viel schlafen können?» Ich war über diese Frage wütend und habe gesagt: «Bei uns kann man überhaupt nicht schlafen, man weiss nie, ob es brennt, ob ein Notfall für den Arzt, fürs Spital kommt, und zudem haben wir die Kraftwerke angeschlossen, die ständig in Verbindung stehen.» Sie hat sich das angehört und dann gesagt: «Also, wir müssen das Personal hundertprozentig ausnutzen». Ganz ohne Hemmung hat sie das gesagt.

Nur eine Person war jeweils im Nachtdienst. Und dann war es noch so, dass unten, zwei Stockwerke tiefer, der Telegrafenschalter war. Wenn jemand in der Nacht persönlich ein Telegramm aufgeben wollte, hat es bei uns geläutet, und wir mussten hinunter, um es abzunehmen. Die Postbeamten, die jeweils Nachtdienst gehabt haben, sind nicht gekommen, die hatten Schiss, weil sie dachten, es könnte einer einbrechen und Geld stehlen. Aber wir Frauen haben es tun müssen. Ich habe dem Betriebsleiter gesagt, das sei einfach eine Zumutung, dass eine Frau allein hinunter müsse, und dann noch von der Zentrale weg, was sie eigentlich gar nicht dürfte.

Ich habe oft protestiert, und meine Kolleginnen haben mir deswegen «die Landämmana», Landämmin, gesagt. Wir hatten wohl einen Berufsverband, die «Telegraphia». Dort haben aber in erster Linie die Männer den Ton angegeben, klar. Ich habe immer direkt beim Betriebschef «grevoluzzeret», beim Herrn Hatz, und manchmal habe ich etwas bewirkt.

Verband Schweizerischer Telephon- und Telegraphenbeamter (V.S.T.T.B.)

Postdepartement, 24.2.1869:
«. . . Es wird tatsächlich ratsam sein, sobald die Umstände es erlauben, die Frauen, welche in befriedigender Weise arbeiten, als definitive Gehülfinnen anzunehmen. Natürlich werden sie als definitive Angestellte eine niedrigere

Gehaltsskala besitzen als die Telegraphisten; umgekehrt werden diese, nach und nach immer mehr an Zahl abnehmend, zunehmende Chancen des Avancements erhalten.»
An der Gründung des Verbandes Schweizerischer Telephon- und Telegraphenbeamter 1874 waren keine Frauen beteiligt. Ihre Mitgliedschaft wurde abgelehnt und später nicht gewünscht. Die männlichen Telegraphenbeamten kümmerten sich vorerst um ihre eigenen Anliegen. 1913 protestierten sie in Lausanne sogar dagegen, dass Telegraphengehilfinnen «hughieren» lernen.
Ende 1981 sind von 4440 Mitgliedern des Verbandes 2917 Frauen, d. h. 65,7 Prozent. Mit fünf von 13 Mitgliedern sind sie auch im Zentralvorstand vertreten, das sind 38,5 Prozent.

Kleine und grosse Katastrophen

1924 sind wir ins Volkshaus Landquart gezogen. Die Mama wurde

Leiterin des alkoholfreien Volkshauses, das der Rhätischen Bahn gehörte. Das Weissnähen hatte natürlich nicht viel eingetragen, und sie tat auch gerne einmal etwas anderes. Das ging bis 1927, nur drei Jahre. Die Mama hat gut kochen können, aber irgendwie hat sie es mit den Leuten immer zu gut gemeint und zu wenig gerechnet. Ich habe die Buchhaltung gemacht, und wenn ich etwas gesagt habe, hat es geheissen, «das geht dich nichts an, das ist meine Stelle.» Die Mama ist dann weggewählt worden und hat in Landquart selber eine Pension für Arbeiter eröffnet. Aber sie hat auch dort draufbezahlt, und ich habe gehörig zahlen helfen. In der ersten Zeit habe ich auch in Landquart gewohnt, ich habe im Volkshaus ein Zimmer gehabt und bezahlt wie alle andern auch. Plötzlich hat mich der Chef der Telefonzentrale ins Büro kommen lassen und gesagt: «Wer hat Ihnen die Erlaubnis gegeben, in Landquart zu wohnen?», und ich habe geantwortet «es hat's mir niemand verboten!» Ich musste dann wiederum in Chur ein Zimmer nehmen, denn im September 1927 war die grosse Hochwasserkatastrophe, und wir waren ständig auf Draht.

Freiwilliger Arbeitsdienst

1925 habe ich zum ersten Mal Urlaub verlangt, auf meine eigene Rechnung, drei Wochen unbezahlten Urlaub. Das Gesuch war schon hängig bei der Direktion, als die Aufsicht Justine Keller zu mir gekommen ist, wie immer, mit weissem Stehkragen. Sie hat mich auf die Achsel getippt und gesagt: «Frl. G., Sie dürfen nach Locarno als Telefonistin an die Friedenskonferenz.» «Entschuldigung, ich habe gerade für Urlaub eingegeben, ich möchte mein Gesuch nicht zurückziehen», habe ich ihr geantwortet, «ich verzichte auf das Locarno.» Da war sie ganz entsetzt, denn das war eine grosse Ehre, man stelle sich vor, da waren Stresemann, Briand und die anderen grossen Männer.

Briand

Locarno-Pakt

In einem Sicherheitsvertrag vereinbarten am 16. Oktober 1925 das Deutsche Reich, Frankreich und Belgien (Garantie Grossbritanniens und Italiens), die im Versailler Vertrag festgelegten deutschen Westgrenzen und die entmilitarisierte Rheinlandzone zu achten. Am 7. März 1936 erklärte Hitler den Locarno-Pakt für hinfällig und marschierte ins Rheinland ein.

Ich bin halt nicht dorthin gegangen, sondern nach Rüdlingen. Dort war ein Kurs mit Themen zur Alkoholfrage und zur Freiwirtschaft und anschliessend der erste freiwillige Arbeitsdienst, angeregt durch den Nationalrat Waldvogel aus Schaffhausen. Der forderte die jungen Leute dazu auf, freiwillige Arbeitsdienste auf dem Land zu machen. Ich hatte den Aufruf im «Korrespondenzblatt für studierende Abstinenten» gelesen. Ein Seminarist aus Chur, ein Student aus Zürich, zwei abstinente Mädchen aus Basel und ich haben bei verschiedenen Bauern gearbeitet. Einer zum Beispiel hatte ein Bein gebrochen, bei dem haben wir Kartoffeln gegraben, alles von Hand, damals wusste man noch nichts von irgendeiner Maschine. Es war eine sauglatte Zeit.

1926 habe ich ein Zivildienstlager in Feldis organisieren helfen, das war nicht dasselbe wie der freiwillige Arbeitsdienst bei den Bauern. In den Zivildienstlagern haben Freiwillige aus der ganzen Schweiz, später auch aus dem Ausland, für ganze Gemeinden Alpen gerodet und Wege gebaut. Pierre Ceresole hat 1922 den Internationalen Zivildienst gegründet. Er wollte damit eine Bewegung gegen den unsinnigen Krieg schaffen. Der Zivildienst sollte zur Verständigung zwischen den Menschen, zur Versöhnung zwischen den Völkern und zum Ausgleich zwischen armen und reichen Gebieten beitragen.

«Im folgenden Jahr (1927) steigen die Helfer auf die Höhe von Feldis. (...) Achtzig Helfer gewinnen einen tiefen Einblick in das unsagbar mühevolle Leben der Bergbewohner, für die sie bis

dahin eher Schwärmerei gehegt als Verständnis. Wieviel Arbeit, die nichts einträgt! Schon der Marsch auf den Arbeitsplatz! Wieviel Regen und Schnee, auch mitten im Sommer! — Wohlmeinende Teilnehmer rufen: ‹Dieser Dienst ist ja strenger als der Militärdienst!› und Pierre antwortet: ‹Das soll er ja gerade sein. Wir wollen uns nicht drücken›. Einsicht in das hohe Ziel der Arbeit bringt stärkeren Antrieb als der Korporalstock.»*
Fritz Wartenweiler, Umrüsten/ Pierre Ceresole, o. J.

Ein Sohn von Pfarrer Martig war Kriegsdienstverweigerer. Viele Jahre hintereinander ist er volle drei Monate, meistens gerade um die Weihnachtszeit herum, im Loch gehockt, bis er endlich ausgemustert worden ist. Nachher ist er dann nach Basel gekommen und hat dort an einer Schule unterrichtet, denn in Graubünden hätte er keine Stelle gefunden. Wie viel besser wäre es gewesen, wenn er statt herumzuhocken einen Zivildienst hätte leisten können!

Zivildienst

«Wer den Militärdienst mit seinem Gewissen nicht vereinbaren kann, leistet einen zivilen Ersatzdienst.»
So steht es in Artikel 37/3 der Bundesverfassung — d. h. im Verfassungsentwurf von 1977. Die Wirklichkeit sieht anders aus. Noch immer gilt die Minireform von 1968, die Dienstverweigerern «in schwerer Gewissensnot» den «privilegierten Strafvollzug» gewährt. Inwieweit diese Gewissensnot vorliegt, bestimmen weiterhin die Militärgerichte. Schon 1903 reicht Pfarrer Pettavel eine

Petition zur Einführung eines Zivildienstes an den Bundesrat ein. Dasselbe verlangen 1917 das «Internationale Frauenkomitee für dauernden Frieden», 35 Pfarrer aus Graubünden und die Synodalkommission der «Eglise libre» des Kantons Waadt vom Bundesrat. Im gleichen Jahr reicht der Sozialistenführer Hermann Greulich im Nationalrat eine entsprechende Motion ein. 1924 verfassen Pierre Ceresole, Leonhard Ragaz u. a. eine Petition für einen Zivildienst. In den nächsten Jahrzehnten folgen zahlreiche weitere Vorstösse, doch alle erfolglos.
Am 4. Dezember 1977 verwirft das Volk die «Münchensteiner Initiative». Die Gewissensnot hält an. Vielleicht wird die 1979 eingereichte «Eidgenössische Initiative für einen echten Zivildienst» (anderthalbmal so langer Zivildienst wie die Gesamtheit der verweigerten Militärdienste) den «zivilen Ungehorsam» erleichtern.

Der Singleiter des Kurses war ein Rosenthal, gross, blond, mit Brille, ein Sudetendeutscher. Unter den Teilnehmern war auch ein Berner Lehrer, ebenfalls blond.
Ich habe im Kurs viele Fotos gemacht und allen Teilnehmern geschickt, auch ihm. Vier Jahre später hat er mir dann geschrieben, er käme mich besuchen. Und dann ist er gekommen, mit dem Velo über den Oberalp. Ich habe mich sehr gefreut, ihn wiederzusehen. Wir sind bummeln gegangen, haben diskutiert und dabei herausgefunden, dass wir viel Gemeinsames haben: Ähnliche politische Ansichten und Interesse für soziale Fragen, Sympathien für die Gedanken der Freiwirtschafter und Freude am Singen. So hat eines das andere ergeben.

Angesungen, angelacht

1926 habe ich zum zweiten Mal an einer Singwoche in Rüdlingen teilgenommen. Sie war von der Schweizerischen Pädagogischen Gesellschaft organisiert und verbunden mit Referaten und Diskussionen zum Thema «Freiland—Freigeld». Der Vertreter der Freiwirtschafts-Bewegung, Schwarz, versuchte mich nachher als Referentin zu gewinnen.

Nach einem schweizerischen Singwettbewerb der abstinenten Mädchen — die Lukretia gewann den ersten Preis — haben wir uns in Zürich wiedergetroffen. Es war ein schöner, sonniger Tag und wir haben einen Spaziergang auf den Zürichberg gemacht. Mein Mann sagt jetzt noch, das hätte ihm damals den Ärmel hereingenommen und er hätte gedacht: «Wohl, das gäbe jetzt einen guten Kameraden!» Aber vielleicht hat er auch gedacht «eine gute Köchin». Was es auch immer war, er gefiel mir.

Liebeslust.

1931–1940

1932 Abrüstungskonferenz in Genf · 1933 Hitler wird Reichskanzler · Nationalsozialisten errichten Konzentrationslager · 1935 Nürnberger Gesetze gegen die Juden · Säuberungen und Schauprozesse unter Stalin · 1936 SPS lehnt Wehrvorlage knapp ab · 1938 Nylon, Perlon, Kugelschreiber, Nescafé · Rätoromanisch als vierte Landessprache angenommen · 1939 Schweizerische Landesausstellung · Kriegsausbruch · 1940 Auflösung der «Nationalen Front»

Walter H.

Mit der Mutter

Geburtshilfe

1933 kam unsere Tochter zur Welt. Da weiss ich noch alles. Als die Wehen anfingen, ging ich der Hebamme telefonieren. Ich hatte ihr schon vorher Bescheid gemacht. Sie kam gleich.
Die Hebamme sagte, ich solle bleiben, sie habe mich nötig, und ich wollte ja auch bleiben, ich wollte das sehen. Ich musste ihr handlangern, Tüchlein reichen und das Wasser bereit machen. Ich hatte Angst, weil man doch ab und zu von Komplikationen hörte, von Totgeburten und so.
Die Geburt war sehr schwer. Ich meine, sie dauerte lange. Es ging vom Abend bis zum Morgen. Ich dachte, das sei nicht normal, ich hatte es mir schneller vorgestellt. Ich schwitzte vor Ungeduld, aber dann ging es gut. Meine Frau war eben nicht stark, man hatte ihr nicht viel

angesehen. Das Meitschi war dann knapp zwei Kilo. Als es da war, gab es zuerst keinen Laut, aber als die Hebamme es ins Wasser tauchte, schrie es laut. Das war ein spannender Moment. Ich sehe es noch heute vor mir. Ich hatte grosse Freude! Ich trug es viel herum, schöppelte es und wickelte es auch.

Hausgeburten

Gut 98 Prozent aller Kinder werden heute im Spital geboren. Aber die Zahl der Mütter, die zu Hause in der gewohnten Umgebung ihr Kind zur Welt bringen möchten, steigt ständig. Zugenommen hat auch die Zahl der ambulanten Geburten, wo Frauen wohl im Spital gebären können, aber keinen Spitalaufenthalt anschliessen.
Immer mehr Frauen wollen weg von der technisierten, unpersönlichen Geburtshilfe an den Kliniken.
Allerdings dürfte es nicht mehr so einfach sein, einer Hebamme zu telefonieren — der Berufsstand leidet an Nachwuchssorgen.

Ich weiss nicht mehr, ob die Frau einen andern Namen wollte, oder ob wir ihn gemeinsam bestimmten; ich wusste jedenfalls, wie die Kleine heissen sollte und ich wollte einen Namen, den es nicht so viel gab.

Namenwechsel

Meine Frau hiess S. Nach der Heirat hiess sie natürlich H., so wie ich. Das war normal, ich wusste nichts anderes. Auch die Frau nicht. Die Anordnungen des ZGB hielt ich damals für üblich, für normal.

Es gibt eben Eigenschaften, die Frauen von Natur aus anders haben, Frauen sind wesentlich differenzierter, auch in der Psyche. Auch eine Differenz in der Veranlagung. Die Frau wendet sich ja dem Häuslichen zu, ist daran mehr gebunden als der Mann. Es gibt Eigenschaften, die sich bei der Frau leichter entwickeln als beim Mann. Zum Beispiel das Mitgefühl, das Gespür für den Mitmenschen. Aber vielleicht ist es auch nur eine Frage des Gewöhnens. Und doch meine ich, dass nicht alles an der Umwelt liegt.

konservative Frauen- und Männerrolle hin. Bereits im Vorschulalter lernen kleine Mädchen Arbeiten, die sie später als Hausfrau, Mutter und Ehefrau zu verrichten haben. Im Spiel mit Buben nehmen sie oft untergeordnete Stellungen ein: Krankenschwester (er Arzt), Stewardess (er Pilot) usw. Spielwarenverkäufer bieten meist ungefragt traditionelles «Mädchen-» und «Jungenspielzeug» an. «Wir werden nicht als Mädchen geboren, wir werden dazu gemacht» heisst das Buch von Ursula Scheu, in dem sie 1977 zeigt, wie früh und wie leicht sich das «typisch männlich» und «typisch weiblich» einschleicht.

* * *

*«Lieber Gott,
sind die Buben mehr wert als die Mädchen?
Ich weiss, dass Sie einer sind,
aber ich bitte Sie, versuchen Sie, gerecht zu sein!
Sylvia»*

*Eric Marshall u. Stuart Mample,
Briefe an den lieben Gott*

Früh übt sich … Früh übt sich, was eine gute Hausfrau werden will. Dazu gehört aber denn auch, daß man es zur Gewohnheit macht, die Händchen nicht nur nach jeder „großen Wäsche", sondern möglichst nach jedem Händewaschen,

Mädchen- und Bubenerziehung

Zahlreiche neuere Untersuchungen verdeutlichen grosse Unterschiede in der Erziehung von Mädchen und Buben. Schon die Sprache wird kleinen Mädchen oft anders vermittelt als kleinen Buben: Es muss leise, zurückhaltend, diszipliniert, deutlich und mädchenhaft sprechen. Väter erziehen ihre Kinder mehr als die Mütter auf eine

Ich habe auch gelernt, die Kleine zu wickeln, weil es mir Spass machte, mich mit ihr abzugeben. Sie war leicht erziehbar. Ich musste sie selten strafen. Etwa einmal auf die Finger klopfen. Wir hatten – meine Frau und ich – betreff Erziehung nie Differenzen. Für mich war es auch selbstverständlich, dass die Tochter einmal heiraten werde. Sie tat das dann mit 24 Jahren. Es störte mich nicht, dass sie den Namen auch wechselte, das war die Norm. So weiss man eher, wer zusammengehört. Aber es scheint mir doch, dass etwas verlorengeht, ein Name sagt doch etwas aus. Und den legt die Frau dann plötzlich ab. Es gibt sicher Töchter, die hier Hemmungen haben, aber die sich dann eben fügen. Vielleicht sollte ich einmal meine Enkelin fragen, was sie dazu meint. Heute steht es ja unter den jungen Frauen zur Diskussion. Es wäre sogar denkbar, dass es administrativ eine Lösung gäbe.

Verschwunden

Die alte Schulkameradin Erna Huber ist verschwunden — im Telefonbuch. Sie heisst dort Peter Sigrist, Elektromonteur. Im neuen Eherecht soll die Frau weiterhin den Namen des Ehemannes übernehmen. Wie würde wohl die Gesetzesrevision ausfallen, wenn man heute Peter Sigrist unter Erna Huber, Hausfrau, suchen müsste?

Kirchgemeinderat

Ich erinnere mich noch an Rudolf von Tavel, der Präsident des Kirchgemeinderates war. Der Eindruck ist mir geblieben, dass er sehr bedächtig war und langsam redete. Er war Präsident, als ich im Kirchgemeinderat Nydegg war. 1927/28 muss das gewesen sein.

Von Tavel hatte viel Humor und machte oft einen Spass. Einmal waren wir alle bei ihm eingeladen, an der Schosshalde oben, vis-à-vis vom Von-Tavel-Weg. Ich habe die Frau falsch angesprochen, da korrigierte sie mich.

Als von Tavel gestorben war, gingen wir «z'Liich». Wir gingen den ganzen Weg zu Fuss hinter dem Sarg her von seinem Haus bis zum Friedhof Schosshalde. Das war schon zu der Zeit etwas Besonderss. Das hatte man sonst nicht mehr in der Stadt, dass man einen Leichenzug macht; auf dem Land war das üblich.

Er war sehr bekannt mit seinen Büchern, ich habe auch viele davon gelesen. Er hat ja nicht irgendwie Probleme behandelt, sondern das tägliche Leben, wie es abläuft, beschrieben. Man hat schon gemerkt, dass er konservativ ist, er ist nicht fürs Neue gewesen. Im Kirchenrat hat sich das aber nicht ausgewirkt. Er war ein gemütlicher Mensch. Er hat mit dem Volk reden können. Aber er hat natürlich auch Distanz gehalten, er hat schon gewusst, dass er jemand ist. Seine Bücher haben ziemliche Auflagen erlebt, da hat er wohl auch etwas verdient. Sicher haben seine Bücher beigetragen, dass die Mundart auch ein bisschen schriftlich festgelegt ist. Von Tavel war schon einer der ersten, jedenfalls der populärste, der für die Aufwertung der Mundart in der Literatur eingetreten ist. Er schrieb das Aristokraten-Berndeutsch. Da gibt's ja manchen Ausdruck, den wir nicht mehr kennen. Man muss sich bei ihm einlesen.

Ich blieb im Kirchgemeinderat bis ich sechzig Jahre alt war, also bis 1955. Das war ehrenamtlich. Da wurde entschieden über Weisungen an den Sigristen, über Anschaffungen und ähnliches. Wir waren vier Kirchgemeinderäte und ein Präsident. Zu unsern Pflichten gehörte auch das Sammeln der Kollekte nach dem Gottesdienst. Es war der Pfarrer persönlich, der mich fragte, ob ich mich wählen lassen wolle.

Frauen waren zu meiner Zeit noch nicht im Kirchgemeinderat, aber Pfarrerinnen gab's schon. Ich ging mal extra in die Engi-Kirche, um die Frau Pfarrer predigen zu hören. Ich dachte, Frauen beleuchten die Sache etwas anders, wählen andere Themen, das fand ich interessant.

Kirchgemeinderätinnen

Den Anfang machte die Waadt. 1898 gewährte die «Eglise libre» den Frauen das kirchliche Stimmrecht — allerdings ohne Wählbarkeit. Die Frauen der Kirche Genfs durften ab 1910 stimmen und wählen. Das passive Wahlrecht erhielten sie erst 1923. Dabei setzten die Glaubensbrüder klare Grenzen gegen eine schwesterliche Übermacht: Die Frauen sollten nie mehr als die Hälfte eines kirchlichen Gremiums ausmachen! In der deutschen Schweiz geht alles etwas langsamer. Noch 1928 lehnte der Grosse Rat in Bern eine Motion zur Gewährung des kirchlichen Stimm- und Wahlrechts ab. 1953 gab es das Wahlrecht in der Evangelischreformierten Kirche von neun Kantonen, die Wählbarkeit in sechs Kantonen und verschiedenen Diasporagemeinden. Heute ist das aktive Stimm- und Wahlrecht der Frauen in allen

Kantonen selbstverständlich. In den oberen Kirchenbehörden oder als Vorsitzende sind Frauen jedoch selten. 1979 meinen in einem Flugblatt Bürger einer Aargauer Gemeinde zu diesem Problem: «. . . ohne die Person Ursula M. in Zweifel zu ziehen . . ., aber wir lehnen eine Frau als Präsidentin ab!»

Feministische Theologie

Die Bibel wurde von Männern geschrieben und von Männern zusammengestellt. Die christliche Kirche war jahrhundertelang von Männern beherrscht. Theologinnen und Theologen machten sich in neuerer Zeit auf die Suche nach «der Frau» in der Kirchengeschichte und in der Bibel. Sie brachten eine Menge Vergessenes, Verlorenes und Verschwiegenes zum Vorschein:

— Es gab nicht nur Jünger, sondern auch Jüngerinnen (Lk 8,1ff.). Ihre Bedeutung wurde jedoch später heruntergespielt.

— Die Beziehung Jesu zu Frauen ist für die damalige jüdische Gesellschaft einmalig. Beispiele sind das Verhalten Jesu zur Ehebrecherin (Joh. 8,1ff.), zur Frau mit schlechtem Ruf (Lk 7,36ff.), zur «Unreinheit» durch Menstruation (Mt 9,20ff.).

Die Einstellung Jesu zur Frau hat nach neuesten Forschungen in vielen urchristlichen Gemeinden zur sozialen Gleichstellung von Mann und Frau geführt.

Die frühe Kirche kannte das apostolische Frauenamt. Petrus und Paulus aber prägten die späteren Kirchen. Diese verwiesen die Frauen auf ihre zum Teil bis heute «angestammten Plätze» als gehorsame, dienende und ergebene Gattinnen, Mütter, Töchter und Schwestern. Die patriarchale Gesellschaft gewann ihr kurzfristig verlorenes Terrain zurück.

fasster Inhalt lautet: «Die Kirche hält sich aus Treue zum Vorbild ihres Herrn nicht dazu berechtigt, die Frau zur Priesterweihe zuzulassen.»

VII. Kapitel.

Die Frau und das Priestertum.

Bei aller Hochachtung gegen die Frauen kann und darf die Kirche sich nicht vor der Tatsache verschließen, daß für bestimmte Lebenskreise und Lebensaufgaben nach göttlicher Anordnung dem Manne eine Vormachtstellung gegeben ist. Für das Heiligtum der Familie gewann er sie nach ausdrücklicher Anordnung des Allerhöchsten schon in den ersten Menschheitstagen, und für das Heiligtum des Neuen Bundes legte Christus die Macht und Gewalt des Priestertums ausschließlich in Manneshände.

E. Breit, Frauenleben und Frauenwürde, 1924

* * *

«Solange die Frauen in der Kirche nicht gleichgestellt sind, bleibt die kirchliche Verkündigung der Gerechtigkeit — sagen wir es einmal mild — unvollständig!»
Maria de Groot

Katholische Pfarrerinnen

In der katholischen Kirche lesen Frauen im Gottesdienst die Schrift, sprechen Gebete und teilen die Hostie aus. Längst steht ihnen das Theologiestudium offen, aber kirchliche Ämter bleiben ihnen verwehrt.
1963 setzte der gezielte Kampf um die Zulassung der Frau zum Priestertum ein. Es folgten zahlreiche befürwortende Seminare, Kongresse und Resolutionen, die von vielen Bischöfen und Erzbischöfen unterstützt wurden. Rom jedoch blieb ablehnend. Am 28. Januar 1977 veröffentlichte die Kongregation für Glaubensdoktrin die Erklärung Inter Insignores. Ihr kurz zusammenge-

Evangelische Pfarrerinnen

Noch 1964 duldeten sechs Schweizer Kantone keine amtierenden Pfarrerinnen. Seit 1913 studieren zwar Schweizer Frauen Theologie, doch das Pfarramt blieb ihnen lange verwehrt. Wenn überhaupt, fanden sie Arbeit als Vikarinnen oder Pfarrhelferinnen, als Helferinnen des Pfarrers. Zum Teil war mit dieser Tätigkeit sogar die Verpflichtung zur Ehelosigkeit verbunden. 1956 kam endlich die Wende. Im Kanton Basel-Stadt wurden weibliche Pfarrer wählbar — und einige Kirchenmitglieder gaben erzürnt den Austritt.
Heute ist die Pfarrerin in der Kirche keine Seltenheit mehr. Richtig Platz gemacht hat man ihr jedoch nicht. Herkömmliche Vorstellungen prägen weiterhin die Erwartungen an «den» Pfarrer. Das Amt ist durch die Jahrhunderte vorgeformt. Wo hat zum Beispiel die Gemeindepfarrerin ihren «Pfarrmann», der all jene Aufgaben gratis übernimmt, die sonst die Pfarrfrau ausführt? . . .

Freiwirtschaft

Fritz Schwarz ist mir aufgefallen, der kam in jeder Parteiversammlung immer wieder mit dem gleichen Thema, der Freiwirtschaft.
Ich erinnere mich noch gut an seine imposante Gestalt und sein ausdrucksvolles Gesicht, den mächtigen Kopf.
Er war eigentlich Lehrer, zuerst Primarlehrer, dann Sekundarlehrer in Schwarzenburg. Ein paar Jahre lang hat er jedenfalls Schule gehalten. Er

hatte auch einen Verlag, das Pestalozzi-Fellenberg-Haus, das spezialisiert war auf pädagogische und volkswirtschaftliche Schriften. Seine zweite Frau führte das und sah auch zu, dass etwas verkauft wurde, denn mit seinen Ideen allein konnte er kein Geld verdienen. Mit Friedrich Salzmann zusammen war er Redaktor am «Freien Volk». Früher hiess das «Freiwirtschaftliche Zeitung». Da hatte er nur ein Hungerlöhnchen, ohne seine Frau hätte er sich nicht durchschlagen können. Das war in den Dreissigerjahren. Immer sprach er also vom Bodenproblem, vom Zins- und Geldproblem. Er konnte ganz offensichtlich die Entwicklung voraussehen. Ich wage zu behaupten, dass es mit sein Verdienst ist, dass die Stadt Bern noch heute über relativ viele Landreserven verfügt. Aber zuerst wurde er nicht verstanden. Erst Professor Marbach konnte dann dem Volk verständlich machen, was Volkswirtschaft bedeutet. Man befasste sich nicht damit. Ausser die Freiwirtschafter. Die haben den Schweizerischen Freiwirtschaftsbund gegründet. Schwarz war auch dabei.

Freiwirtschaftsbewegung

Der «Freiland-Freigeld-Bund» wurde 1915 gegründet. Er sollte eine Brücke zwischen Liberalismus und Sozialismus schlagen. Seine geistige Grundlage war die von Silvio Gesell entwickelte Freigeld- und Freilandlehre. Sie verbindet einen besonderen ökonomischen Liberalismus mit dem wesentlichen sozialistischen Postulat der Bodenverstaatlichung. Die Anhänger der Bewegung kamen deshalb sowohl aus dem Lager überzeugter Liberaler wie aus Kreisen

der Sozialdemokratie. Die von Anfang an bestehenden Meinungsverschiedenheiten in politischen Fragen führten 1943 zur Spaltung in eine «Freiwirtschaftliche Bewegung» und in die «Liberalsozialistische Partei».
Nach: Friedrich Salzmann, 50 Jahre Freiwirtschaft, 1965

Der Schwarz reiste im ganzen Land herum und hielt Vorträge. Reden konnte der Schwarz gut, das ging wie am Schnürchen, ohne Pause. Er war ein richtiger Volksredner, immer sprach er mit einfachen Beispielen aus dem Alltag. Das einfache Volk hat ihn wahrscheinlich auch besser begriffen als die sogenannten Volksvertreter. Er wurde übrigens aus der Sozialdemokratischen Partei ausgeschlossen mit der Begründung, dass seine Ansichten und die entsprechenden Forderungen nicht zu unserm Programm gehörten. Die Partei könne das nicht vertreten. Da ich fast an jede Parteiversammlung ging, hörte ich ihn oft argumentieren. Aber ich muss zugeben, dass ich seine Argumentation auch nicht beurteilen konnte, es hat mich jedoch interessiert. Damals habe ich nicht gewusst, was das bedeutet: Inflation. Sogar der Finanzdirektor in der Regierung hat einmal gesagt: «Die Währung ist mir ein Mysterium.» Währungspolitik und Finanzpolitik konnte das Volk nicht unterscheiden. Nur wenige Wissenschafter haben da durchgesehen. Heute weiss jedes Kind, was Inflation heisst.

Schwarz war auch Grossrat. Da sickerten seine Ideen so allmählich ein. Er sagte den Räten einmal: «Nehmt jetzt eure ‹Säublattern› (Geldbeutel) und geht nach Bremgarten Land kaufen!» Nächstens werde es nämlich teurer. Und die Stadt würde sich ausdehnen, das sei voraussehbar. Seltsamerweise hatte der Freiwirtschaftsbund in Zürich sehr viel mehr Zulauf. Heute ist das die Liberal-Sozialistische Partei. Als Partei ist sie bedeutungslos, aber ganz sicher sind die Ideen in gewissen Gremien noch wirkungsvoll. Das Gedankengut wurde jedenfalls übernommen, fast überall kann man es heute antreffen. Man denke nur an die Freigabe der Wechselkurse. Das hatte der Freiwirtschaftsbund schon vor fünfzig Jahren gefordert. Auch das Abgehen vom Goldstandard.

Frontistenbewegung

Ich selbst war nie arbeitslos. Nur einmal halb, gleich in der Krise, da hatten wir nicht so viel Arbeit, es hiess einfach, wir sollten weniger Stunden machen, beziehungsweise nur noch drei Tage arbeiten und am Samstag nicht mehr.

Arbeitsplatzpolitik

Die Wirtschaftskrise traf die Frauen besonders hart. In vielen Kantonen und Gemeinden wurden Motionen gegen die «Doppelverdiener», d. h. die verheirateten Frauen eingereicht. Eingaben der Frauenverbände protestierten dagegen. Im Juli 1934 entschloss sich der Gemeinderat Bern, alle Doppelverdienerverhältnisse in den Verwaltungsabteilungen auf Ablauf der Amtsdauer hin aufzulösen, sofern nicht wichtige soziale Gründe dagegen sprachen. 1936 hob Genf bei der Besoldung der Lehrerschaft das Prinzip «Gleicher Lohn für gleiche Arbeit» auf. Auch bei den Lehrerinnen im Kanton Zürich wurde die Grundbesoldung um 200 Franken heruntergesetzt. Im Kanton Wallis hatte jede Lehrerin, deren Mann jährlich mindestens 2000 Franken verdiente, zu demissionieren. Nur die Einsprachen des Bundes Schweizerischer Frauenvereine und der «Kommission zur Bekämpfung der Krisenfolge für die berufstätige Frau» verhinderten die Zustimmung des Nationalrats zur Sonderklausel im Finanzprogramm: «Beim Personalabbau und evtl. notwendig werdenden Neueinstellungen ist auf Personen männlichen Geschlechts Rücksicht zu nehmen.» Überholte Vorurteile? Als die Arbeitslosigkeit jüngst wieder anzusteigen begann, schrieb H. M. 1979 in einem Leserbrief im «Bund»: «In diesem Zusammenhang drängt sich die Frage auf, weshalb man es duldet, dass in der öffentlichen Verwaltung von Bund und Kantonen nach wie vor zahlreiche Frauen arbeiten.» Jetzt aber ist alles besser. Seit der Annahme des Artikels «Gleiche Rechte» sollte keine verheiratete Frau mehr die Stelle verlieren. Sollte!

Wir hatten aber schon Arbeitslosenunterstützung. Zum Glück war ich nie krank. Ich hatte Kollegen, die arbeitslos waren. Damals hat das einiges ausgelöst.

Die Bewegung der Frontisten machte sich stark, es kam zu vielen Demonstrationen in den Städten, und eben oft zu Zusammenstössen. Bei den Frontisten machten viele junge Männer mit. Die Leute blickten nach Deutschland und sahen da, dass Hitler Arbeit brachte mit dem Strassenbau, da meinten manche, bei uns fehle halt auch ein solcher Führer.
Die Frontisten hatten auch ihre eigene Zeitung, ich glaube, sie hiess «Der Eiserne Besen». Von den Fröntlern gingen etliche in die Waffen-SS Hitlers und schlugen sich im deutschen Krieg, wie früher die Söldner.
Man blickte auch nach Italien, wo bei Mussolini etwas ging, mit den

Autobahnbauten, das machte Eindruck, dass im Norden und Süden Regierungen waren, die Arbeit brachten. In den Versammlungen ging es oft hitzig zu, so dass die Polizei eingreifen musste.

Kolonialzeit

In den frühen Zwanzigerjahren waren die Zeitungen voll von Mussolini und seiner Machtübernahme. Der war zwar in Italien, aber es machte den Anschein, dass er noch das Tessin wolle, ich dachte, das muss er dann zuerst erobern. Es gab ja auch die italienischen Landkarten, auf denen das Tessin ganz selbstverständlich als italienisches Staatsgebiet eingezeichnet war. Die Schweiz, Bundesrat Motta, hat als eines der ersten Länder Mussolinis Italien anerkannt.

Unsere Freundschaft bleibt fest

Nebelspalter, 1936

Den Abessinienkrieg später empfanden wir als grosses Unrecht. Auch wenn dort viele Italiener wohnten, wäre das kein Grund gewesen, ein

Land zu überfallen. Nein, wir wussten auch damals ganz genau, dass er eine Kolonie wollte. Es war das Kaffeeland.

Kolonien

Mussolinis Truppen besiegten 1936 mit Senfgaskanonaden die barfuss kämpfenden Äthiopier. Das Wort «Kolonien» ist inzwischen anstössig geworden, offiziell gibt es sie kaum mehr. Doch kolonisiert wird weiterhin. In vielen Gebieten der Dritten Welt verlieren Einheimische ihr Land, indem sie enteignet, vertrieben − oder umgebracht werden.

Philippinen: Tourismus auf Kosten der Bauern

Manila: Damit die philippinische Firma «Fantasia Resorts» ihr exklusives Hotelzentrum Puerto Azul bauen konnte, wurden trotz heftiger Proteste der ansässigen Bauern und Fischer dreitausend Hektaren Land enteignet. Die Bewohner verloren damit ihre Lebensgrundlage. Wachen schießen heute auf Fischerboote. Einheimische Besitzer gehören zur Oberschicht, die die Marcos-Diktatur unterstützt. Über die Hälfte der 5-Stern-Hotels in Manila sind in amerikanischem Besitz. Eine Übernachtung im Hotel Puerto Azul kostet 95 bis 235 Franken. Ein Hotelangestellter verdient im Durchschnitt 120 Franken im Monat. Manila wird langsam zur Sex-Metropole Südostasiens. Die Prostituierten kommen meist vom Land; sie müssen auf diese Weise ihre Familien ernähren.

Wendekreis Nr. 10, 1981

Einmal kam ja der Kaiser Haile Selassie in die Schweiz, im Zusammenhang mit dem Völkerbund 1936. Ich erinnere mich noch, wie er den Aargauerstalden herunterkam und die Kramgasse hinauffuhr, wo ich stand.

Er trug ein fremdländisches Gewand, und viele Kutschen mit seinem Tross kamen nach. Da klatschte ich auch mit.

Er hatte ein schmales Gesicht und ein spitzes Bärtchen, und einen wilden Haarschopf, wahrscheinlich eine Perücke. Man nannte ihn ja auch den «Löwen von Juda». Es war ein richtiger Umzug mit Gefolge in Uniformen, und viele trugen Orden, farbenvoll.

Man klatschte mit, weil man keine Klagen über ihn hörte als Diktator. Man sah ihn nicht so, sondern fühlte Sympathie mit ihm wegen Mussolinis Überfall.

Hitler-Reden

Ich erinnere mich noch an die Machtübernahme Hitlers 1933. Da hatte ich schon ein Radio, das selbst gebastelte. Wir hörten seine Reden und ich weiss noch, dass ich dachte: «Der ist ein verrückter Cheib, der spinnt ja». Meine Frau war eben wegen ihrer Brüder interessiert.

Übrigens, als sie dann zurückkamen, erzählten sie nicht gern vom Krieg. Ich weiss nicht, was sie erlebt haben und wie sie darüber dachten.

Das kann man sich heute nicht mehr vorstellen, die Reden, die Hitler hielt, das war umwerfend, ich habe nie mehr einen solchen Redner gehört. Der kam in eine solche Euphorie hinein, das steigerte sich dann bis in die Schlagworte.

«Der völkische Staat hat nicht die Aufgabe, eine Kolonie friedsamer Ästheten und körperlicher Degeneraten aufzuzüchten. Nicht im ehrbaren Spiessbürger oder der tugendsamen alten Jungfer sieht er sein Menschheitsideal, sondern

in der trutzigen Verkörperung männlicher Kraft und in Weibern, die wieder Männer zur Welt zu bringen vermögen.»
Adolf Hitler, Mein Kampf, 1924

«. . . Über eines muss Klarheit bestehen: Richter, Soldat und Staatslenker muss der Mann sein und bleiben . . .»
Alfred Rosenberg, 1930

«Die Frau hat die Aufgabe, schön zu sein und Kinder auf die Welt zu bringen.»
Josef Goebbels, 1933

In den Zwanzigerjahren kam das Radio. Ich bastelte sofort selber eines. Da brauchte es Lampen und Verstärker. Mit einer Nadel tastete man auf dem Kristall herum, um den Sender zu suchen. Das ging nur mit Kopfhörern. Bald verstärkte ich es mit einer Röhre, ein Audion. Dann sagte ich manchmal zur Frau: «sei still!», weil man sonst nichts hörte, es war noch voll Geräusche. Als Mechaniker war mir das alles nicht absolut neu, und diese Erfindung gefiel mir.

Ja, die ersten selbstgemachten Radios, das waren noch Apparate, dazu brauchte man die halbe Küche. Man hatte an einem Ort einen Batteriekasten, daneben einen Gleichrichter, dann kam der Apparat selbst, also der Empfänger, und schliesslich noch der Lautsprecher. Eine ganze Batterie von Apparaturen, die den Küchentisch mit Beschlag belegten. An einem Ort spannte man eine riesenlange Antenne, zog sie über die halbe Stube ans Fenster, dann musste man noch einen Blitzschutz einbauen und eine Erdleitung . . . Später stellte ich höhere Ansprüche und kaufte ein Radio.

Radio-Verbreitung

Uhrenmacher waren die ersten, die 1911 Konzessionen erhielten — für den Empfang von Zeitzeichen aus Paris. Die Schweizer Armee führte schon 1905 eigene radiotelegraphische Versuche durch. Im Ersten Weltkrieg gewann dann die neue Sendetechnik an Bedeutung. 1922 wurde das Bundesgesetz über Telegraphen- und Telephonverkehr als Rechtsgrundlage für das Radio in Kraft gesetzt. Die Flugplatzsender von Genf und Lausanne begannen mit zivilen Rundfunkprogrammen. Im November 1923 war auch in Münchenbuchsee/ Bern ein Sender betriebsbereit. «Radio Bern» brachte Konzerte, Vorträge, Wetterberichte, Zeitzeichen. Es wurde von Radio-Amateuren betrieben. In der ganzen Schweiz bildeten sich örtliche Radiogenossenschaften. 1926 schlossen sie sich zu einer schweizerischen Vereinigung zusammen. 1931 kam es zur Gründung der Schweizerischen Rundspruch-Gesellschaft SRG. Sie erhielt die ausschliessliche Konzession für die drei Landessender

Beromünster, Sottens, Monte Ceneri. Tägliche Sendezeit: acht Stunden. Vor allem die Zeitungsverleger befürchteten Konkurrenz und sorgten für restriktive Informationspolitik. Von 1936 an wurde das Radio stark für die geistige Landesverteidigung eingesetzt.

* * *

Ein zentrales Mittel für die Verbreitung nationalsozialistischer Propaganda war das Radio in Deutschland. Ohne dieses neue Medium hätte die Diktatur wohl kaum so rasch Fuss gefasst. Dank der Abgabe billiger «Volksempfänger» (35 Reichsmark) wurden von 1933 bis 1938 in Deutschland über 10'500'000 Rundfunkgeräte angeschafft.

Frauenstunde

1925 machte sich auch die Frauenbewegung «die neuesten Erfindungen dienstbar. Sie benutzte ... die Radiotelephonie und organisierte Emissionen für spezielle Frauenfragen». Die Frauenstunde am Radio blieb jahrzehntelang bestehen. Entscheidend mitgeprägt hat sie Elisabeth Thommen, die ihre Sendungen auch zugunsten des Frauenstimmrechts einsetzte. Der Einfluss der Frauen auf die Programmgestaltung in Radio und Fernsehen ist bis heute aber äusserst gering geblieben. Grund: In den Programmkommissionen, an den Regiepulten, in den Organisationsbüros sitzen fast nur Männer.

Unterwanderung

Wir hatten einen Frontisten in der Fabrik, mit dem habe ich manchmal diskutiert, aber eigentlich konnte man gar nicht richtig diskutieren. Man konnte nicht ruhig reden, man wurde gleich wütend und kam sofort hintereinander. Die Frontisten sagten immer, sie wollten Ordnung machen, bei uns sei zu wenig Ordnung. Sie waren auch gegen den Kapitalismus. Das zog bei den grossen Massen: sie wollten das Regime ändern und ein neues schaffen. Sie waren auch gegen die Juden, ganz wie die Nazis in Deutschland, und gegen den Bolschewismus. Bei vielen Mitläufern schlug auch die Idee der «Erbpflege» ein, also das Rassendenken Hitlers, das machte vielen Eindruck.

Rassismus

Grosse Ähnlichkeiten zwischen Rassismus und der Diskriminierung von Frauen stellte man 1974 in Berlin an einer Konferenz des Ökumenischen Rates fest. Nationalsozialistische rassistische Einflüsse prägten auch die Nationale Front, die aus «natürlichen» Gründen das Frauenstimmrecht ablehnte. 1935 antwortete sie auf eine Umfrage:
«. . . Die Stellung der ‹Eidgenössischen Front› gegenüber der politischen Gleichberechtigung der Frau ist absolut und eindeutig ablehnend. Wir sind dagegen, weil die Natur der Frau nicht in den politischen Kampf passt...»
Eine ähnliche Stellung gegenüber der weiblichen «Rasse» vertrat 1946 auch Pfarrer Mäder in der «Innerschweizerischen Bauernzeitung»: «Die Einführung des Frauenstimmrechts ist eine Revolution, weil sie göttliches Fundament der Familie, des Staates und der Gesellschaft zerstört, indem sie das tausendjährige Primat des Mannes stürzt. Der soziale Vorrang des Mannes ist göttlichen Ursprungs.»

Meiner Auffassung nach waren in den Dreissigerjahren viele Schweizer anfällig für das Hitlersche Gedankengut. Ich kannte einen Nachbarn, der mich einmal zu einer Versammlung von Jürg Tobler, dem vorgesehenen Gauleiter, mitnehmen wollte. Einer, der hinging, hat mir dann erzählt, dass in der Villa dort alles voll Propagandamaterial sei, Blätter, Plakate, etc., alles mit Hakenkreuzen und Frontistenfahnen.

Auch in der Deutschen Gesandtschaft wurden damals Filmaufnahmen gezeigt und Reden gehalten vor geladenen Schweizern.

Die Freisinnigen machten in Zürich sogar Listenverbindung mit den Frontisten! Sie wollten damit mehr Stimmen erzielen. Aber wir dachten nie, dass die stark und gefährlich wären. Wir waren überzeugt, dass sie gleich unschädlich gemacht werden könnten. Erstaunlich war, dass die Frontisten in allen Schichten Zulauf hatten.

Über Pilet-Golaz und seine Nazifreundlichkeit wurde viel gedruckt und geredet. Aber man weiss ja nicht, wie weit die Sympathie wirklich ging. Er trieb meiner Meinung nach eine etwas gefährliche Politik. Aber vielleicht war sie im damaligen Zeitpunkt richtig.

«Die Ereignisse marschieren schnell, man muss sich ihrem Rhythmus anpassen; auf diese Weise, und nur so, werden wir die Zukunft bewahren können.»
Rede Pilez-Golaz', Juni 1940, nach dem Zusammenbruch Frankreichs

Von Hitler wusste man, dass er viel Macht über die Masse hatte. Offensichtlich war die Bedrohung schon lange vor Kriegsausbruch da. Seine Macht lag in der Situation begründet, dann auch in seinem Selbstbewusstsein, seinem Talent der Faszination, das er einsetzen konnte. Grimm hat auch so faszinierend reden können. Aber Hitler redete gemein, und das hat halt die Massen auch begeistert. Die Bereitschaft war vorhanden, einmal durch den verlorenen Ersten Weltkrieg, das Elsass und andere Gebietsverluste. Die Deutschen empfanden das als ungerecht und wollten Revanche.

Die Mitglieder der Frauenliga für Frieden und Freiheit hatten schon 1919 die neue Kriegsgefahr erkannt, die in den Friedensbedingungen der Siegermächte lag. Sie unterbreiteten deshalb der Versailler Konferenz Vorschläge für einen wirklichen Frieden. Doch sie blieben ungehört.

Und dann die Wirtschaftskrise. Da gab der Hitler tatsächlich wieder Arbeit, mit der Rüstung und dem Strassenbau. Es geht eben mancher mit, wenn er wieder etwas erhält. Anfangs konnte nicht jeder politisch durchschauen, wohin das führt. Hitler konnte auch die Frauen begeistern. Aber doch mehr noch die Männer. Die marschierten mit Begeisterung. In der Schweiz wäre er wohl nicht durchgekommen, wir hatten nicht ganz die gleiche Situation, und viele von uns schauten ihn als «Schnörri» an. Jedenfalls, als ich die Hitler-Reden hörte, dachte ich schon 1933, dass es nochmals Krieg gebe, denn er sprach ja andauernd davon.

Genfer Abrüstungs-konferenz

Eine grosse internationale Unterschriftensammlung führte 1930/31 die Internationale Liga für Frieden und Freiheit durch. Auch viele Schweizerinnen und Schweizer unterzeichneten die Petition. Insgesamt wurden 8'300'000 Unterschriften gesammelt. Am 6. Februar 1932 überbrachten 200 Frauen aus aller Welt die Petitionen in den Sitzungssaal des Völkerbunds. Im Namen von 40 Millionen Frauen forderten sie Frieden und Abrüstung.

«Dass der Krieg ein Verbrechen *ist, das wagen heute auch die nicht mehr zu bestreiten, die noch an seine ‹Unvermeidlichkeit› glauben. Sie sind nur der Meinung, dass immer der* Gegner *es sei, der dies Verbrechen verursache. Erst wenn wir erkennen, dass* wir *alle diese Verbrecher sind* durch den Glauben an diese Unvermeidlichkeit, *erst dann werden wir mit Erfolg die Wege beschreiten, die dieses grösste Verbrechen der Menschheit an der Menschheit selbst auszulöschen vermögen.»*
Helene Stöcker, 1928 (promovierte 1902 in Bern, u. a. 1921 Mitbegründerin der Internationalen Kriegsdienstgegner, Freundin Klara Zetkins)

National-Bewusstsein

Wir Schweizer spürten schon, dass wir jetzt zusammenhalten mussten, und an der Landi in Zürich ist es auch eindrücklich gezeigt worden. In Erinnerung geblieben ist mir der Schifflibach. Und besonders interessiert hatten mich natürlich die technischen Neuheiten. Da wurde zum Beispiel an einem Ort ein Sandstrahlgebläse vorgeführt, das blies einerseits gegen ein Stück Gummi, anderseits gegen ein Stück Glas. In kurzer Zeit hatte das Glas ein Loch, dem Gummi hatte es nichts angehabt. Da dachte ich für mich: «Also, der, der nachgibt, der überlebt, der, der Widerstand leistet und hart bleibt, der geht zugrunde.»
Am 1. August nahmen wir jeweils um 4 Uhr frei und gingen auf den Bundesplatz. Und am 1. Mai, da ging ich immer mit. Damals ging einem das vom Lohn ab, weil wir ja im Stundenlohn bezahlt waren. Es war also mit einem materiellen Opfer verbunden. Heute gibt es Tarifverträge und kantonale Regelungen, wo der 1. Mai bezahlt ist. Zuerst war nur der Nachmittag frei, dann zum Teil der ganze Tag.
Die Bauern hatten ihre eigenen Veranstaltungen, aber nicht am 1. Mai. Sie haben sich als Nährstand verstanden.
Als ich den Minger einmal auf dem Bundesplatz reden hörte, da dachte ich, die wollen jetzt auch einen bessern Lohn, die Bauern.
Sie kamen mit einem Ästchen auf dem Hut. Das war ein Anblick! Ich weiss nicht, wo ich gestanden bin. Die Trachtenvereinigungen waren damals stark. Wir schwärmten für

die schönen Trachten, aber ich sagte zu meiner Frau, in die Stadt passe das nicht.

Bäuerinnen

1928 schliessen sich die Bäuerinnen von Schaffhausen zum ersten kantonalen landwirtschaftlichen Frauenverein zusammen. Als Ziele werden formuliert: Die einheimische Produktion schützen, direkten Verkauf an die Konsumenten, Förderung der allgemeinen und beruflichen Bildung durch Kurse. Eier- und Butterverkauf wird von den

Bäuerinnen genossenschaftlich organisiert. Besserer Zollschutz sowie die Deklaration von Eiern und Geflügel aus dem Ausland werden gefordert. Immer mehr Landfrauenvereine entstehen.

An der Internationalen Sozialistischen Frauenkonferenz in Wien 1931 wird auch die Lebensform der Bäuerin behandelt.

Im Kampf um das Frauenstimmrecht machen die Bäuerinnenvereinigungen nicht aktiv mit. Aber ihre damaligen Anliegen, weniger Zwischenhandel, Schutz der einheimischen Produktion und Warendeklaration sind bis heute aktuell geblieben.

Hanni G.

Nazitöne

1931 fuhren wir von der Lukretia im Juni zur Kirschenzeit nach Ragaz an ein Kirschenfest der Guttempler. Wir haben die Gitarre bei uns gehabt und gesungen, und auf der Rückfahrt im Eisenbahnwagen kommt plötzlich einer auf uns zu, ein Deutscher, und fragt, ob wir auch unsere Landeshymne singen könnten. Da haben wir gesagt «Ja, aber die singen wir eigentlich ganz selten, höchstens am 1. August.» Darauf haben er und andere Deutsche uns gebeten, wir sollten doch weitersingen, und wir haben bis nach Chur gesungen. Als wir ausstiegen, zeigte uns einer die Rückseite seines Revers, und sofort wussten wir, mit wem wir es zu tun hatten, wir sahen das Nazi-Abzeichen.

Wir haben nachher erfahren, dass sie alle Mitglieder von der Berliner-Staatsoper waren, die gaben in St. Moritz ein Konzert und haben bestimmt schon etwas sondiert, wie man in der Schweiz Fuss fassen könnte, ich bin überzeugt. In Davos war ja nachher ein ganzes Nazi-Nest, darunter auch Gustloff, der oberste Nazi im «Gau» Schweiz, der dann 1936 von dem jungen Juden David Frankfurter ermordet worden ist.

Hitler-Wahl

Entgegen aller Behauptungen sprachen sich bei den Wahlen von 1930 weniger Frauen als Männer für Hitler aus. (Die NSDAP gewinnt bei 6'406'397 Stimmen, d. h. 18,3 Prozent, 107 Sitze.) Diese Tatsache wurde bereits 1930/31 im Jahrbuch der Schweizerfrau unter-strichen. Dennoch verbreiteten Frauenstimmrechtsgegner jahrzehntelang das Gerücht, Hitler sei nur durch die Frauen an die Macht gekommen. Erst 1957 schuf die Botschaft des Bundesrates über die Einführung des Frauenstimmrechts Klarheit: «Die Männerstimmen zugunsten von Hitler haben die Frauenstimmen um 12% übertroffen.»

* * *

«Eigentlich müsste ja die einfache Tatsache den Frauen genügen, ihre Stimme Adolf Hitler nicht zu geben, dass unter den 107 Abgeordneten der Faschisten nicht eine einzige Frau ist. Übrigens zur tiefen Befriedigung unserer Braunhemden, die, als der Abgeordnete Leicht bei der Anrede ‹Meine Damen und Herren›, zu den Nationalsozialisten gewandt, feststellte: ‹Ach so, sie haben ja keine Frauen!› im Chor antworteten: ‹Nein, Gott sei Dank nicht!›»
Auguste Kirchhoff, Friedenswarte, 1931

Der falsche Pfarrer

An Weihnachten 1931 haben wir uns verlobt, in Arosa, ich war hier für die Wintersaison als Telefonistin. Wir waren nur zu zweit, in diesem Alter macht man keine grossen Feiern mehr. Ich bin 29 gewesen, er 31. Als ich dem Betriebsleiter — das war ein verrückter Kerl — gesagt habe, ich hätte gekündigt, ich hätte am 11. April Hochzeit, da hat der getan wie ein Teufel, hat gesagt, das interessiere ihn überhaupt nicht, sie brauchten jetzt die Leute hier oben. Der hat eine Wut gehabt!

Am Tag vor der Hochzeit, das war

ein Sonntag, machten wir mit der Lukretia in Trimmis eine Volksliederveranstaltung, und am Abend haben mein Mann und ich im Arvensaal im Volkshaus Chur zu einem Polterabend eingeladen. Lustig haben wir es da gehabt, bei Tee, belegten Brötchen und Patisserie haben wir gesungen, getanzt und gespielt. Wir waren über dreissig Personen, die ganze Lukretia und zugewandte Orte, auch Attenhofer und Frau.

Im Rathaus Chur sind wir am andern Tag zivil getraut worden, haben aber keine kirchliche Trauung gehabt. Pfarrer Martig war damals schwer krank, und die andern beiden Stadtpfarrer haben mir nicht gepasst.

Zum Hochzeitsessen im St.Gallerhof in Ragaz waren wir nur acht Personen, nur eine kleine Hochzeitsgesellschaft. Von der Seite meines Mannes war niemand da, denn da hätten wir alle einladen müssen, und das wäre ein Kostenpunkt gewesen, damals hatte man nicht so viel Geld. Deshalb finde ich es schön, wenn wir nun alle, die noch leben, zur Goldenen Hochzeit einladen können.

Mitgift

Ich konnte vor der Hochzeit nichts sparen. Mein Mann hatte etwas gespart und die Möbel gekauft. Ich habe dann die Prämie zurückbekommen von der Pensionskasse, etwa zweitausend Franken, und damit meine Aussteuer, die Wäsche und alles, zahlen können. Was ich in die Ehe gebracht habe ist Silberbesteck, die Wäsche, gewisse Sachen für den Haushalt, wie zum Beispiel eine Küchenwaage, einige Bilder (zum Beispiel ein Bild von mir, gemalt von Hanny Bay) und ziemlich viele Bücher.

Ich habe dann noch eine Nachzahlung gekriegt von fünfhundert Franken Zinsen, und dieses Geld habe ich auf ein Büchlein getan. Wir hatten damals nichts als das, und darum sagt mein Mann heute manchmal: «Wenn nur meine Mutter wüsste, wie gut wir jetzt dran sind mit AHV und Pensionskasse.»

Namen-Los

Es war schon ein bisschen komisch
für mich, meinen Namen aufzuge-
ben und plötzlich anders zu heissen.
Aber ich habe ja den Kanton wechseln müssen, den Wohnort, den
Beruf, es ist einfach alles ein grosser
Wechsel gewesen, da hat eigentlich
der Namenwechsel gar keine so
grosse Rolle gespielt.
Von Anfang an habe ich jedoch
meinen früheren Namen an den
neuen angehängt, das war damals
nicht so Brauch, aber ich habe es
immer gemacht. Ich habe gefunden,
ich hätte früher schliesslich auch
einen Namen gehabt.

Personalien

*1982 aufgenommen in einer Berner
Amtsstube*

— *Frau Steiner, wie ist Ihr Mädchen-
  name?*
— *Steiner.*
— *Also Steiner-Steiner?*
— *Nein, Steiner!*
— *Aha, Sie sind gar nicht* Frau Stei-
  ner!

Am Beruf der Telefonistin bin ich
nicht so furchtbar gehangen. Interessant ist der Dienst in Arosa gewesen
und auch in Thusis, wenn ich Ablö-
sung gemacht habe, aber sonst hat er
mich nicht besonders interessiert.
Ich hätte lieber etwas anderes gemacht. Darum bin ich in die Frauenschule, darum wäre ich auch gerne in
die Vorsteherinnenschule. Ich wäre
nach der Handels auch gerne ins Seminar. Der Seminardirektor hatte
aber sehr abgeraten und gesagt, er
könne gar nicht garantieren, dass ich

als Frau je eine Stelle kriege im
Kanton Graubünden, im deutschen
Kantonsteil. Das war ja ein vernünf-
tiger Rat, was hätte ich denn machen
sollen? Damals hatte man in Graubünden schon fünf Seminarjahre,
und ich hatte ja immer meine Familie
an der Kette. So habe ich mich einfach in mein Schicksal ergeben.
Ich habe also den Beruf der Telefonistin nicht ungern aufgegeben, ich
habe immer gerne die Haushaltung
gemacht.
Im Anfang ist es mir im Kanton Bern
schon ein bisschen schwergefallen,
sicher, ganz sicher, und dass ich jetzt
immer noch Heimweh habe nach
dem Kanton Graubünden, das hängt
ein bisschen damit zusammen, dass
ich spät ins Unterland bin, weg von
meinen Freunden und Bekannten.
Wenn ich als Zwanzigjährige wegge-
gangen wäre, wäre das wohl ganz
anders gewesen.

Wohnungsnot

Vor der Hochzeit bin ich ein einziges
Mal nach B. gekommen. Wir haben
unsere Möbel ausgesucht beim Verband Schweizerischer Konsumvereine (VSK) Biel, die haben wir
heute noch, nach fünfzig Jahren.
Und dann haben wir auch herum-
schauen müssen wegen einer Wohnung, damals hat es genauso Schwierigkeiten gegeben, eine Wohnung
zu finden, wie jetzt, noch fast mehr
wahrscheinlich.
Vorher haben wir die Mama gefragt,
ob sie mit dem Anitli herunterkom-
men wolle und bei uns wohnen,
doch sie hat gefunden, sie bleibe
lieber in Graubünden, einen alten
Baum solle man nicht versetzen. Es
ist wahr, es ist so besser gewesen,
auch für uns.
B. ist ein Dorf im Berner Mittelland.

Es zählte damals um die 2000 Einwohner, viele Bauern, einige Gewerbetreibende und Beamte, Handwerker und die Arbeiter von zwei Baugeschäften. Heute ist B. fast fünfmal so gross!

Von 1900 bis 1980 hat sich die Einwohnerzahl der Schweiz fast verdoppelt. Die Zahl der Gemeinden ging um 144 auf 3029 zurück. Während die Bevölkerung in verschiedenen Bergtälern deutlich abnimmt, wohnen immer mehr Menschen in den Vororten grosser Städte.

Im Dorf waren nur zwei Wohnungen frei. Die eine ist so teuer gewesen, dass sie für uns nicht in Frage gekommen ist. Wir haben dann das Wöhnigli an der Kreuzgasse gemietet, im ersten Stock, mit einem Schlafzimmer, einer Wohnstube. einem kleinen Küchenstübli und einer kleinen Küche. Es hat keinen elektrischen Herd gehabt, wir haben mit Gas kochen müssen. Klosett mit Wasserspülung gab es nicht, nur mit einem Holzdeckel.
Dort sind wir geblieben vom April 1932 bis zum November 1933, dann sind wir umgezogen. Wir waren zu Dritt und brauchten mehr Platz.

Erstes Einstimmen

Nach der Hochzeit in Chur gingen wir ins Tessin in die Ferien, nach Locarno. Auf der Heimfahrt habe ich zum ersten Mal im Speisewagen gegessen. Als wir heimkamen, sind die Schwägerinnen gekommen und haben wissen wollen, was die neue Frau da für einen Tross hat. Ich habe angefangen, Wäsche auszupacken und Betten anzuziehen, und sie haben zugeschaut.

Die Schwägerinnen waren hilfsbereit, und die Schwiegermutter war lieb zu mir von Anfang an. Ich habe bei ihr gesehen, was so eine Frau auf sich nehmen muss, die sechs Kinder auf die Welt bringt und mit bescheidenen Mitteln aufzuziehen hat. Der Schwiegervater ist der gewesen, der dominiert hat, der in der Partei und überall in den Behörden gewesen ist, und der als guter Unterhalter bei Feiern und im Wirtshaus gern gesehen war.
Aber die Schwiegermutter war wirklich die Bescheidenheit selber. Für sich beanspruchte sie nichts.
Mein Mann erzählt jeweils folgende Geschichte. Sie kaufte einen Wurstring für die ganze Familie, die eine Wurst war für den Vater, in die andere Wurst teilten sich die Kinder, und für sich selber wollte sie nichts. Das war ganz typisch für sie. Sie war ganz eine liebe Frau, und eigentlich war sie auch froh, dass der Älteste endlich unter die Haube gekommen war.
Ich ging dann bald in den Frauenchor, und zwar habe ich zwei Mädchen im Dorf Gitarrestunden gegeben, die hatten irgendwie erfahren, dass ich Gitarre spiele. Der Dirigent vom Frauenchor hat das sofort gehört und meinen Mann gefragt, ob ich nicht auch singen komme. Im Mai bin ich schon in den Frauenchor, darum sind es jetzt fünfzig Jahre, dass ich dabei bin.

Chöre und Orchester

Nur für Männerchöre ist 1843 in Zürich das «Erste Eidgenössische Sängerfest». Das bleibt so bis zum «Ersten Schweizerischen Gesangfest» 1982.

Zum erstenmal sind auch Frauenchöre zugelassen. Die Stimmung hat sich geändert. 1977 schlossen sich der Eidgenössische Sängerverein, der Verband der Gemischten Chöre und der Verband der Frauen- und Töchterchöre (Töchterchöre!) zur Schweizerischen Chorvereinigung zusammen. Männerdomänen im Musikleben bestehen aber weiterhin. 1978 dirigierte die Schweizerin Silvia Caduff als erste Frau ein Konzert der Berliner Philharmoniker. Die erste Orchesterspielerin musste sich bis 1982 gedulden.

Sängerinnen nur auf dem Plakat...

Die meisten Frauen im Chor waren sehr nett zu mir. Es störte sie nicht, dass ich einen anderen Dialekt spreche. Sie akzeptierten es, dass ich nicht Berndeutsch habe reden wollen, sie haben den Churer-Dialekt im grossen und ganzen heimelig gefunden. Die eine oder andere hat jedoch am Anfang auch spitze Bemerkungen gemacht.

Zuerst habe ich vor allem die Leute aus dem Frauenchor kennengelernt und die Geschäftsleute. Im Konsum war die Lina Flückiger erste Verkäuferin. Einmal, als ich das erste Kind erwartete, hat mich ein Churer Freund besuchen wollen, und dann ist der Lienhard die Lina fragen gegangen, wo wir wohnen. Da hat sie gesagt, es sei ganz nahe, aber der Mann, der sei dann etwa nicht zuhause. Und dann hat der Lieni unschuldig gesagt, das mache nichts. Die Lina soll ganz grosse Augen gemacht haben.

Windelwäsche

Als ich meinen Sohn erwartete, bin ich zur Kontrolle zu Dr. L. ins Engeried. Mein Mann hatte gewünscht, dass ich ins Engeried gehe, das war eine gute Klinik. Item, im Engeried ist man wirklich sehr gut aufgehoben gewesen, man hat eben nicht in den Gebärsaal gehen müssen, man hat im Zimmer gebären können. Ich habe die gleiche Hebamme gehabt wie fünf Jahre später bei der Tochter. Es ist dann wahnsinnig lange gegangen bei dem Sohn, und man hat auch keine Einspritzungen gemacht, nichts, man hat die Frauen einfach machen lassen, bis das Kind dagewesen ist. Der Bub ist dann gekommen und ganz blau gewesen, dass er fast erstickt ist. Da haben sie ihn zuerst schlagen müssen, damit er überhaupt Laut gegeben hat.

Nach der Geburt musste ich genäht werden. Der Dr. L. hat mich erst am Morgen genäht, das ist viel unangenehmer als gerade nach der Geburt, wenn man noch ein bisschen im Schock ist. Und dann weiss ich gut, wie er noch mit der Hebamme diskutiert hat: «Jetzt wollen sie mir ein Stück Garten wegnehmen wegen der

Strasse», und ich habe gedacht «das interessiert mich doch überhaupt nicht», ich hatte so wahnsinnige Schmerzen.

Nach der Geburt war ich so richtig schwach, weil ich viel Blut verloren hatte, und ich hatte Angst, das Büblein zu baden, da hat es mein Mann jeweils gebadet. Er ist beide Male bei der Geburt nicht dabeigewesen, er hatte Schule und konnte nicht gut weg. Beim ersten Kind ist es mir gleich gewesen, ob Bub oder Mädchen. Aber mein Mann, der hätte damals so gerne ein Mädchen gehabt. Als eine Nachbarin ins Schulhaus sagen kam: «Herr Lehrer, Ihr habt dann einen Buben!», soll er gesagt haben, «O wetsch», und dann hat sie ihn ausgeschimpft und gesagt: «Seid froh, dass Ihr überhaupt etwas habt!»

Nur ein Mädchen

Zeitungsnotiz: Wörrstadt (Rheinhessen). Der Geflügel- und Vogelschutzverein will auch seinerseits zur Behebung des Geburtenrückgangs im deutschen Volke beitragen. Er beschloss in seiner letzten Mitgliederversammlung, den Mitgliedern bei Geburt eines Kindes ein Geschenk zu machen, und zwar in Form von Eiern, bei einem Sohn drei Dutzend, bei einer Tochter zwei Dutzend!
Jahrbuch der Schweizerfrauen, 1935

Als ich aus der Klinik kam, sagte Dr. L., ich müsse unbedingt eine Hilfe haben, weil ich so eine schlechte Geburt gehabt hätte. Und dann haben wir die Frau A. gefragt, eine Nachbarin, ob sie zum Windelwaschen käme. Aber die war fast immer in einem Alkoholrausch.

Im gleichen Nachbarhaus hat aber auch Schwester Hanni gewohnt, die hat gerade in einer Familie eine Geburt abgewartet und ist dann manchmal gekommen, um mir ein bisschen zurechtzuhelfen.

In der ersten Wohnung habe ich noch draussen waschen müssen wie in alten Zeiten. Ich habe keine Waschküche gehabt, ich habe einfach am Brunnen waschen müssen, mit einem Waschbrett. Das ist ziemlich schwierig gewesen, man hat auch keine Gelegenheit gehabt, die Windeln zu trocknen. Nebenan hat in einem alten Haus ein Ehepaar gewohnt, Guggers, die haben gewaschen für Leute in der Stadt. Die haben mir dann immer die Windeln herübergenommen zum Trocknen. Das sind so herzige Leute gewesen, schon ältere, sicher über sechzig. Ich habe immer so eine Freude gehabt, und dann hat sie mir die Windeln sogar geglättet. Ich habe ihr gesagt, das wolle ich doch nicht, und dann hat sie gemeint: «Jedes Lümpli sieht schön aus, wenn man es glättet!»

Vergiftete Muttermilch

Das Insektengift DDT wurde 1939 durch den Schweizer Chemiker Müller (Nobelpreis 1948) entwickelt und gelangte ab 1954 durch die Ciba auf den Markt. Hohe Giftwerte in der Muttermilch erbrachte eine Untersuchung, die das baden-württembergische Gesundheitsministerium von Februar bis Dezember 1981 durchführte. Die nahezu 600 Milchproben zeigten starke Rückstände von Gift aus Pflanzenschutzmitteln, Isolierstoffen und Lösungsmitteln, die durch Lebensmittel und Kosmetika in den menschlichen Organismus gelangten. Das Insektengift DDT wurde in 44 Prozent der Proben nachgewiesen.

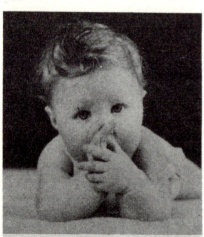

Mutti hat immer Zeit

Sie meinen, das gäbe es nicht? O ja, es sind Frauen, die sich vorher gut über moderne Säuglingspflege unterrichtet haben. Sie be-

Alles nach Vorschrift

Das Büblein ist gediehen, und jedesmal, wenn der nahe Bauer am Morgen um fünf grasen ging, hat es gemeint, es müsse jetzt den Schoppen haben. Wir haben es aber bis um sechs Uhr weinen lassen, dann ist es Zeit gewesen. Und wenn Leute kamen und sagten, wir hätten doch sicher noch keine Erfahrungen mit Säuglingen, dann haben wir ein Büchlein gezeigt und gesagt, wir gingen nach Dr. Stirnemann. Wir sind auch nach dem gegangen, es war ein gutes Büchlein, von einem ganz guten Kinderarzt. Und nachher habe ich eben den Säuglingspflegekurs genommen bei einer Schwester und dem Dorfarzt. Dieser Kurs vom Samariterbund ist etwa zehn Wochen gegangen. Mein Mann ist nicht mitgekommen, es war auch nicht üblich.

Diese Schwester hat uns gesagt, dass man fünfmal im Tag füttern müsse, das sei keine gute Mutter, die dem Kind nicht um zehn Uhr abends noch den Schoppen gebe. Das hat mir grossen Eindruck gemacht, und darum haben wir den Buben immer aufgenommen um zehn, der hat jeweils geschlafen wie ein Stock und sicher kein Bedürfnis gehabt nach Füttern. Aber es hat einfach nach Vorschrift sein müssen.

Als dann der Bub getauft wurde, am 11. März 1934, war gerade eine Volksabstimmung. Damals ist die Lex Häberlin abgefahren. Wir sind sehr froh gewesen, dass sie nicht angenommen worden ist, denn es war eine Art Sozialistengesetz, es wollte die verfassungsmässige Ordnung auf Kosten politischer Meinungsfreiheit «schützen».

Lex Häberlin

Die sozialen Spannungen um den Generalstreik hatten dem Schweizer Bürgertum Angst gemacht. Über Bundesrat Häberlin erreichte es eine Revision des Strafrechts. Die verschärften Bestimmungen richteten sich auch gegen die politische Propagandatätigkeit. Die «Lex Häberlin» wurde am 31. Januar 1922 vom Parlament gutgeheissen. Als die Sozialdemokratische und die Kommunistische Partei dagegen das Referendum ergriffen, wurde die Lex am 24. Sept. 1922 mit knappem Mehr abgelehnt. In den dreissiger Jahren kam es zu einer Neuauflage der Lex Häberlin. Das Erstarken der extremen Rechtsfronten und die Angst vor sozialen Unruhen infolge der Wirtschaftskrise gaben den Anlass. Auch die «Lex Häberlin II» wurde vom Parlament angenommen. Doch wiederum gelang es durch ein Referendum der Linken, die Lex bachab zu schicken.

In der Zange

Fünf Jahre später hat es auch bei der zweiten Geburt nicht vorwärts gehen wollen. Und die Nachbarin, Frau Häberli, hat jeden Morgen zum Küchenfenster herausgeschaut und gesagt: «Ja, seid Ihr noch da, seid Ihr denn immer noch da?» Ich bin extra auf die Knie, habe gejätet und Spritzkannen getragen, geschafft und gemacht, und es ist nichts passiert. Nach einer Kontrolle hat dann der Doktor gesagt, jetzt müsse ich einfach ins Spital kommen, jetzt müsse man es halt einleiten, das werde sonst einfach zu lange, man dürfe nicht einen ganzen Monat übertragen. Und am nächsten Morgen bin ich hinein in die Stadt, und sie haben mir Spritzen gemacht zum Einleiten, drei hintereinander, um neun, zehn, elf, aber es ist nichts passiert, es ist überhaupt den ganzen Tag nichts passiert, und am Abend hat der Doktor zur Schwester gesagt:

«Schwester, die Zange auskochen!» Dann habe ich gedacht, «u potz, jetzt gibt das noch eine Zangengeburt», das hat mir so einen Schock gegeben, dass die ersten Druckwehen losgegangen sind. Nachher ist es dann ziemlich rasch vorwärtsgegangen.

Und dann hat der Doktor das Mädchen hochgehalten und gesagt: «Es wäre doch schade gewesen um das Kind!» Für diesen Ausspruch hat er zweihundert Franken verlangt, er hat sonst nichts gemacht, nur kontrolliert, damals ist er aber schon Professor gewesen. In dieser Nacht sind fünf Geburten gewesen, und den vier andern Frauen haben sie Lachgas gegeben, nur mir nicht, ich habe keines gewollt, ich habe gesagt «nein, das wird auch so gehen.»

Geburtsmedizin

Nicht rauchen, nicht trinken, keine Medikamente, gesunde Nahrung — so lautet heute der Grundsatz für jede Mutter während der Schwangerschaft. Während der Geburt in den Kliniken lautet dann der Grundsatz der Ärzte: Hilfeleistung durch alle zur Verfügung stehenden Mittel. Beruhigungsmittel, Schmerzspritzen, Wehenmittel, Betäubungsmittel (Lachgas), Antibiotika werden — zumeist ohne die Frau zu fragen — appliziert. Unzählige Apparate stehen im keimfreien Kreissaal zur Verfügung, um das Kind schon im Mutterleib zu beobachten. Die Geburt wird zum technischen Ereignis.

Beim zweiten Kind hat mir der Doktor gesagt: «Diesmal müssen Sie unbedingt jemanden haben!» Eine Schulkameradin meines Mannes half drei Wochen, und das war wirklich wunderbar. Die hat gewaschen,

geputzt und gekocht, und ich habe mich richtig erholt. Ich denke manchmal, das sollte einfach jede Frau können, nach einer Geburt nicht sofort voll einsteigen müssen, besonders dann, wenn noch andere Kinder da sind.

Die Erziehung eines Kindes — 15—20000 Franken!
Der Kriegstod eines Menschen — 120000 Franken!
Der Gewinn? — der Rüstungsindustrie!
Das Leid? — der Mutter!

Jahrbuch der Schweizerfrauen, 1935

Im Sand verlaufen

1940 haben die Satus-Turnvereine irgendso einen Anlass auf dem Militärschiessplatz im Sand bei Schönbühl gehabt, und da sind wir dorthin spaziert. An diesem Tag haben sie die ganze Frönteler-Zusammenkunft, die eigentlich in Bern hätte abgehalten werden sollen, ins Sand abgeschoben, weil sie gedacht haben, es störe dort weniger als in der Stadt. Als dann mein Mann und ich mit dem Mädchen im Wägeli und dem Buben an der Hand ins Sand kamen, waren da die Frönteler mit ihren Fähnli und haben «harruus!» gerufen. Und da hat der Bub gefragt: «Du Vati, warum machen die so?» Und mein Mann hat zu ihm gemeint: «Eh weisst du, die haben es halt wie die Kinder, die haben einfach Freude daran.» Und sofort ist einer zu uns getreten, ich sehe ihn noch jetzt, mit einer Hakennase und blauen Augen, so ein scharfes Profil, und schnauzt meinen Mann an: «Was habt Ihr jetzt gerade gesagt?» Und da antwortet er ganz ruhig: «Ich habe mit dem Kind geredet.» Da ist schon ein Polizist neben uns gestanden, ein grosser, und hat zu uns gesagt: «Eh, regt Euch nicht auf, wir haben uns heute auch nicht aufgeregt in der Stadt.» Wahrscheinlich hätte der Frontist meinen Mann angegriffen, wenn der Polizist nicht gekommen wäre.

Nationale Front

Männlichen Geschlechts und arischer Abstammung musste man sein, um Mitglied der «Nationalen Front» zu werden. Erst später wurden auch Frauen zugelassen — «arische». Den Frontisten ging es nach nationalsozialistischem Vorbild darum, das Schweizervolk wieder zu einer «Volksgemeinschaft» zusammenzuschweissen, und «das kann ja nur der gemeinsamen Anstrengung von Mann und Frau gelingen». Denn «wo der Mann in hartem politischem Kampf herabreissen und angreifen muss, da sucht die Frau sich einzusetzen und aufzubauen». So jedenfalls sah es 1937 die Frontistin Hedwig Schudel. Eingehend warnte sie ihre arglosen Schwestern vor dem Pazifismus. Es sind Worte, die auch heutigen Ohren vertraut klingen: «Der Pazifismus ... bedeutet eine grosse Gefahr für viele Frauen, die in guten Treuen und ohne sich dessen bewusst zu sein, als Anhängerinnen des Friedensgedankens durch ihre Gefolgschaft in jenen Kreisen zu Schrittmacherinnen des Kommunismus werden.» ...

Ein böses Omen

Kurz bevor meine Tochter geboren wurde, 1938, haben wir einmal eine ganz eigenartige Erscheinung gesehen. Ich war gerade zum Haus hinausgetreten, um zu schauen, warum es so hell war, da kam Frau Münger und sagte zu mir: «Erschreckt nicht, es brennt nicht, das ist das Nordlicht!» Und dann haben die Leute gesagt, das sei kein gutes Zeichen, das bedeute Krieg.

Armée suisse   Schweizerische Armee   Esercito svizzero

KRIEGSMOBILMACHUNG
(ALLGEMEINE MOBILMACHUNG)

MOBILISATION DE GUERRE
(MOBILISATION GÉNÉRALE)

MOBILITAZIONE DI GUERRA
(MOBILITAZIONE GENERALE)

Ich kann mich gut an den Tag der Mobilmachung erinnern, an den 2. September 1939. Ich habe gerade Spinat gesät, und die Schwiegermutter ist gekommen, um meinem Mann adieu zu sagen. Sie hat schrecklich geweint und gesagt: «Hoffentlich sehen wir uns wieder!» Man hat einfach das Gefühl gehabt, jetzt gibt es Krieg und die Schweiz gerät auch hinein. Und nachher bin ich eben allein zurückgeblieben mit den zwei Kindern. Mein Mann ist zuerst in Basel gewesen, gerade an der Grenze, in Ditterten, dort sind sie eingeschult worden mit Infanteriekanönli. Er hat später dann viel nach Hause kommen können, um Schule zu halten. Mit den Lebensmitteln hat es bald zu bösen begonnen. Ich weiss noch den Tag, als eine Freundin anrief und sagte: «Du, der Käse wird dann auch rationiert.»

1942 Beginn der «zweiten industriellen Revolution» durch Atomenergie und Elektronik · 1945 Ende des Zweiten Weltkriegs · Erster Atombombenversuch in den USA · Organisation der Vereinten Nationen (UNO) · FAO · Weltbank · Internationaler Währungsfonds · 1946 Unesco · Dritter Schweizerischer Frauenkongress · 1948 Erklärung der Menschenrechte · Sechs Kantone lehnen Frauenstimmrecht ab (1946— 1948)

Walter H.

Kriegsgefahr

Es gab wohl die pazifistische Bewegung. Ich war nach dem Ersten Weltkrieg eine Zeitlang bei der Bewegung um Leonhard Ragaz, bei den «Sozialistischen Kirchgenossen Bern». Aber wenn man halt das Gefühl hat, dass man angegriffen werden könnte, da ist man eben doch für Verteidigung und Rüstung. Ich war jedenfalls bereit, meinen Teil zur Landesverteidigung wiederum zu leisten.

Die Berner Ragaz-Gruppe zerfiel langsam, eben deswegen. Einmal musste ich in Basel einen Vortrag halten vor den Sozialistischen Kirchgenossen, sie luden mich ein, weil ich ja in Bern Präsident war. Ich weiss noch das Reisli nach Basel. Wir sprachen zur Friedenspolitik und über soziale Probleme.

Nicht den Frieden zu erhalten, sondern ihn erst zu schaffen, gilt's, denn wir haben keinen. Wir leben im Rüstungskrieg, in einem auf die Dauer unhaltbaren Waffenstillstand.
Bertha von Suttner, 1896 (Friedensnobelpreis 1905)

Man sagte sich, jedes Tier wehre sich, warum nicht auch der Mensch? Das akzeptierte ich, so kamen wir vom totalen Pazifismus ab. Auch heute denke ich noch so.

Ich sehe die heutige Situation auch angespannt, aber ich glaube nicht, dass die Länder in Europa nochmals untereinander Krieg führen werden. Doch die Rüstungen in Amerika und Russland sind gewaltig. Wenn es zu

einem Krieg kommt, dann zwischen diesen beiden, und Europa wird Kriegsschauplatz; hier tragen sie den Konflikt aus. Da würde von Europa wohl nichts mehr übrigbleiben. Die Grossmächte geben ja Milliarden aus für Rüstung. Und doch meine ich, man sollte sich verteidigen, auch wenn keine Aussicht besteht, dass man gewinnt. Die grossen Mächte sind gefährlich.

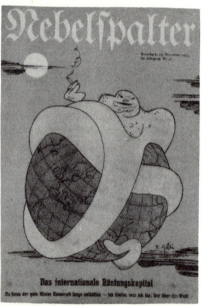

Nebelspalter, 1934

Die Frauen soll man nicht rekrutieren. Die müssen doch auch da sein und die Wirtschaft weiterbringen, sonst gäbe es ja ein Vakuum und schliesslich hätten wir nichts mehr zu verteidigen. Während des Zweiten Weltkriegs traf ich einmal FHD, in Zürich am Bahnhof; wir plauderten mit ihnen. Sie machten die Post, da dachte ich, das sei nützlich. Aber sonst sollte man es so lassen, wie es jetzt ist: freiwillig können sie mitmachen.

Frauen und Militär

«Jeder Schweizer ist wehrpflichtig», lautet Art. 18 der Bundesverfassung. Schweizerinnen sind damit nicht gemeint. Sie können jedoch freiwillig waffenlosen militärischen Dienst leisten als uniformierte Verwundetenpflegerin im Rotkreuzdienst RKD oder als Fürsorgerin und Bürohilfe im Frauenhilfsdienst FHD. Im Zug der «Gleichberechtigung» werden immer mehr Stimmen laut, die verlangen, auch Frauen sollten so ausgebildet werden, dass sie «bei Katastrophen und Notfällen ihren Mann stellen können». Das EMD betraut deshalb 1979 die ehemalige Chef-FHD Andrée Weitzel mit einer «Studie über die Stellung der Frau in der Gesamtverteidigung». Der Bericht erscheint 1981 und schlägt insgesamt 18 Varianten für den Einbezug der Frau in die Landesverteidigung vor. Diese Art der «Gleichberechtigung» lehnen jedoch viele Frauen ab, da sie die Armee grundsätzlich in Frage stellen. Nach ihrer Meinung würde damit weder für die Gleichstellung der Frau noch für den Frieden in der Welt ein Beitrag geleistet.

Die Frauen sind halt gefühlsmässig stärker. Vielleicht ist das der Grund, weshalb sie in den Parteien so schwach vertreten sind. Sie machen nicht auf die gleiche Art Politik wie Männer. Aber wahrscheinlich ist das noch anders zu begründen. Früher liess man sie halt gar nicht zu den Parteien, die SP war ja eine der ersten, die sich geöffnet hat. Dann haben die Frauen bis zu den Siebzi-gerjahren kein Stimmrecht gehabt. Und doch meine ich, sind sie im Denken auch anders. Was der Mann nicht denkt, das denkt dann eben die Frau, beide sollten sich ergänzen. Deshalb sollten die Frauen in die Parteien.

Frauen in Parteien

Die SPS nahm bereits 1912 weibliche Mitglieder auf. Die andern Parteien liessen sich Zeit. 1925 wies zum Beispiel die Freisinnig-demokratische Partei ein Aufnahmegesuch der St. Galler Frauen ab. Ein Überblick, wann die verschiedenen politischen Parteien erstmals Frauen zuliessen, fehlt. 1967 schätzte man den durchschnittlichen Anteil der Frauen an der Mitgliedschaft aller Parteien auf fünf bis zehn Prozent. Dieser Prozentsatz hat sich bis heute etwas erhöht. Frauen sind vor allem an der Parteibasis zu finden. Dass politische Ämter Männern vorbehalten sind, daran hat sich seit 1971 nur wenig geändert.

Rüstung

Wir realisierten schon, wie schnell dann auch bei uns aufgerüstet wurde seit Mitte der Dreissigerjahre. Unser Betrieb lieferte später auch für die Deutschen. Deutsche Auftraggeber kamen auch zu uns in die Fabrik und gingen von Arbeitsplatz zu Arbeitsplatz. Dann beschwerten wir uns bei der Direktion. Der Präsident der Arbeiterkommission, das war schon mein Nachfolger, ging hin. Der Direktor sagte: «Seht, wir sind ringsum eingeschlossen, Mussolini, Hitler. Wir brauchen die Aufträge, weil wir nur noch Messing, Zinn, Kupfer etc. bekommen, wenn wir es via diese Mächte beziehen.» Wir waren also in einer Zwangslage. Die schweizerische Metallindustrie war während des ganzen Krieges abhängig von den Rohstofflieferungen aus dem Ausland.

Alle Stunden fuhren in der Nacht plombierte Güterzüge durch die Schweiz von Nord – Süd oder Süd – Nord. Das waren Lieferungen, wahrscheinlich Waffen von Deutschland nach Italien und umgekehrt wahrscheinlich Getreide und Früchte.

«Insbesondere ökonomisch war die Schweiz Teil der Hitlerschen Rüstungsindustrie.»
«Im Zweiten Weltkrieg waren die Schweizer ehrliche Macchiavellisten, die am grünen Tisch der Wirtschaftsverhandlungen mit Deutschland jene Schlachten schlugen, die der Armee erspart blieben.»
Edgar Bonjour, Geschichte der schweizerischen Neutralität, 1967-74

❮❮❮❮❮❮❮❮❮❮❮❮❮❮❮❮❯❯❯❯❯❯❯❯❯❯❯❯

Status Quo zur Zeit des Wettrüstens

*Wer will
dass die Welt
so bleibt
wie sie ist
der will nicht
dass sie bleibt*

Erich Fried

❮❮❮❮❮❮❮❮❮❮❮❮❮❮❮❮❯❯❯❯❯❯❯❯❯❯❯❯

Seit 1900 sind die weltweiten Militärausgaben um 3000 Prozent gestiegen. Heute werden durchschnittlich pro Minute eine Million Dollar für Rüstungszwecke ausgegeben.

Landsturm

Im Zweiten Weltkrieg war ich schon im Landsturm und bin auch eingerückt. Damals musste man ja noch bis zum 60. Altersjahr Dienst leisten. Leider ist mein Dienstbüchlein irgendeinmal beim Zügeln verlorengegangen. Schade, da könnte man es nachlesen, wieviel Diensttage ich machte, so genau weiss ich es jetzt nicht mehr.

Schallplatten-Etikette

Sehr gern machte ich nicht Dienst, es ist halt doch ein Einbruch ins gewöhnliche Leben, man war nicht frei, Ausgang hatte man nur im vorgeschriebenen Rayon, um 22 Uhr musste man im Kantonnement sein – einfach immer unter einem Kommando stehen. Aber ich machte alles mit. Zuletzt war ich froh, dass ich dann nicht mehr gehen musste.

Da auf der Foto, da leben nur noch zwei. Die sehe ich manchmal noch, zufällig in der Stadt.

Verteidigung

Die Réduit-Gedanken nahmen wir zum Teil nicht ernst. Manche sagten: «Wir verteidigen doch keine

Eisfelder und Steinblöcke, wenn unsere Frauen und Kinder und die Arbeitsplätze dem Feind übergeben werden.» Jedenfalls hatte man sich auf den Kampf in den Alpen eingestellt. Wir hatten das Gefühl, dass wir uns gegen Hitler halten könnten, aber wir meinten doch, das sei nur im Gebirge möglich. Das Mittelland hätte wohl aufgegeben werden müssen. Im Krieg haben wir auch verdunkeln müssen. Zuerst hat die Polizei kontrolliert. Schnell ist das dann dem Luftschutz übertragen worden. Die Kontrollen wurden streng gehandhabt. Die Velos fuhren zum Beispiel mit blauen Lichtern, die Fahrer selbst haben nichts gesehen. Die Luftschützler mussten nachsehen, ob bei den Fenstern irgend etwas an einem Spalt noch durchschimmerte. Wenn dem so war, gingen sie's den Bewohnern sagen. Das war schon nötig, denn fremde Flugzeuge kreuzten unsern Luftraum. Auf dem Hügel oben stand eine Abwehrbatterie. Die konnte man manchmal schiessen hören. In Schaffhausen

war's natürlich schlimm, das wurde von den Alliierten bombardiert. Aber auch im Bündnerland und an andern Orten fielen Bomben auf unser Land. Für die Amerikaner war Europa eben Europa, da wurde kaum differenziert. Einmal habe ich zugesehen, wie unsere Flugwaffe ein fremdes Flugzeug zur Landung zwang. Zuerst kreiste der Bomber und ich dachte «ach, wenn der nur weggeht, sonst lässt er noch eine Bombe fallen.» Dann plötzlich flogen zwei kleinere Flugzeuge links und rechts neben dem Bomber und wiesen ihn zur Landung nach Dübendorf.

Illustrierter Familienfreund, 23.9.1939

Leserbriefkasten:

E. S. Sie sind wirklich eine überängstliche Seele. Sie haben ein Klavier gemietet und denken bereits daran, daß es durch eine Bombe zerstört werden könnte und daß Sie dafür aufzukommen hätten. In erster Linie droht der Schweiz keine unmittelbare Gefahr. Wenn wir auch damit rechnen müssen, daß sich ab und zu eine Bombe ungewollt in die Schweiz verirren kann, so ist die Wahrscheinlichkeit, daß sie gerade das von Ihnen gemietete Klavier trifft, nicht viel grösser als die, daß Ihr Klavier von einer Sternschnuppe zerschlagen werde.

Informationspolitik

Von Konzentrationslagern wusste ich anfangs nichts, erst als man sie fand und alle Welt darüber sprach.
Im Militär gab es wenig Information.
Alle Zeitungen waren zensiert.
Auch das Radio!
Dass die Juden auch bei uns ein J im Pass hatten. das sickerte nur langsam durch — sickerte!
Wir erhielten keine direkten Informationen. Es gab eine Zeitung «Nation», da wurde hie und da eine Nummer beschlagnahmt, weil der Zensur etwas nicht passte.

Frühturn-Rezept für Redaktoren: Man nimmt einen Stuhl
eingeführt mit dem Verbot der «B. Z. am Sonntag» Und hockt uf 's Mul!

Nebelspalter, 23.5.1939

Die militärgerichtliche Verfolgung der sozialdemokratischen Presse geht weiter!

Gegen den Genossen S c h e r z , als dem verantwortlichen Redaktor der St. Galler „Volksstimme" ist eine militärgerichtliche U n t e r s u c h u n g eingeleitet worden. Es handelt sich um einen Artikel, der betitelt war: Wie man S o l d a t e n „erzieht"!, am 21. Oktober ds. Js. erschienen ist und in dem gegen den Hauptmann E n g l e r vom Bat. 75 Vorwürfe erhoben werden. —

Bündner Volkswacht, 4.12.1915

Viele ausländische Zeitungen waren verboten. Die Zensur brauchte es vielleicht aus Sicherheitsgründen. Der deutsche Botschafter sprang auch immer gleich ins Bundeshaus und reklamierte, wenn etwas gegen das Deutsche Reich geschrieben stand.
Wir waren gar nicht so einig, wie man uns weismachen wollte. Schon damals probierte man ständig, etwas zu verschweigen. Wir sind über unzählige Vorkommnisse zuerst aus dem Ausland informiert worden. Ich hatte die «Tagwacht» als Tageszeitung. Dann eine Wochenzeitung «Der Aufbau», von den Religiös-Sozialen. Und im Radio hörte ich regelmässig die Kommentare des von Salis.

«Letzten Endes kommt es darauf an, wie wir selbst unsere Neutralität auslegen. Haben wir sie wirklich und für die Welt überzeugend mit der Solidarität verbinden können? Hat sie uns nicht vielmehr in eine selbstgewählte Isolierung geführt? Können wir überall auf Verständnis für den ‹Sonderfall Schweiz› zählen?»
J. R. von Salis in: CH, ein Lesebuch, 1974

Die Demokratie braucht Augenzeugen

Unter diesem Aufruf lancieren 1982 die vier Schweizer Journalistenorganisationen eine Unterschriftenaktion. In der Resolution heisst es:
«Neueste Justizentscheide verbannen Bürger, darunter insbesondere Medienschaffende, vom Geschehen in der Öffentlichkeit, wenn es dabei zu gewalttätigen Auseinandersetzungen kommt. So werden Presse, Radio und Fernsehen daran gehindert, zu berichten, was

auf öffentlichem Grund geschieht. Dadurch ist die Demokratie in ihrem Kerngehalt betroffen. Denn nur wahrheitsgetreu, umfassend und wirklichkeitsnah informierte Bürger können in einer Demokratie richtig entscheiden!»

Hauptthema

Vor allem die jüngeren Männer redeten im Militärdienst viel über die Frauen. Teilweise war es sogar extrem. Da war einer, der sagte, jede ledige Frau würde einem Mann etwas wegnehmen. «Weil es zu viele anständige Frauen gibt, müssen so viele anständige Männer zu unanständigen Frauen gehen», hat es ein russischer Dichter ausgedrückt. Denn damals galt als selbstverständlich, dass eine ledige Frau keusch sei.

Prostitution

1890 waren in Zürich 80 Prozent der Prostituierten noch minderjährig. In Genf, Biel und Zürich gab es grosse internationale Umschlagplätze. Der Kampf gegen Mädchenhändler und Zuhälter wurde ein wichtiges Anliegen der Frauenbewegung.
1925 ratifizierten die eidgenössischen Räte die Internationalen Konventionen von 1910 und 1921 gegen den Mädchenhandel. Das rasche Eingreifen der Frauenverbände verhinderte die beabsichtigte Einschränkung, dass nur Minderjährige, nicht aber volljährige Frauen gegen den Handel geschützt werden sollten!
1937 behandelte eine Völkerbundkonferenz in Java den «Handel mit weissen Sklavinnen». In Untersuchungen wurden stark frequentierte Handelswege von Europa nach Mittel- und Südamerika, Nordafrika und dem Fernen und Nahen Osten nachgewiesen.

Neben dem Vermarkten weisser Frauen blüht heute auch der Handel mit «farbigen Sklavinnen». Minderjährige Mädchen und Knaben und volljährige Frauen aus elenden Lebensverhältnissen der Dritten Welt gelangen als begehrte «Ware» ins reiche Europa.

Philippininnen

sind treue, verständnisvolle und vor allem hübsche Partnerinnen fürs Leben! Viele möchten **den Mann** finden «for a life-time». Für freie Information und Fotos schreibt an: **Phil.-Friends.-E. P.** Makati-Rizal 3116, Box 5197 Philippines. MU698

Tages-Anzeiger, 16.5.1981

Und was den Beruf anbelangt, so herrschte die Meinung, dass eine Frau nie das gleiche leisten könne wie ein Mann, das sei gar nicht möglich. Damals konnte man sich nicht vorstellen, dass eine Frau Techniker oder Schreiner werden könne. Ich konnte diese Meinung nicht unbedingt teilen. Ich konnte mir zwar nicht so gute Vorstellungen machen, aber ich dachte immer, «die leisten ja auch in den Frauenberufen, was möglich ist.» Heute nehmen die Frauen ja alle Berufe in Anspruch. Sie leisten sicher auch dasselbe wie ein Mann.
Einmal hat mir einer eine Episode erzählt, daran erinnere ich mich jetzt. Der hat als Elektriker im EWB gearbeitet, da sei einmal der Chef gekommen und habe gesagt, der Elektro-Ingenieur komme dann am Nachmittag und werde noch allfällige Fragen betreff einer neuen Schaltanlage beantworten. Nachmittags suchte er den Ingenieur und fand ihn nicht. Bis ihm einer sagte, das sei die Frau dort hinten. Da hatte er fast

Hemmungen, diese etwas zu fragen. Aber sie war sehr gut und zuletzt meinte er, das wäre schön, wenn es noch mehr solche Ingenieure gäbe. Sie war sehr tüchtig und hatte Charme. Keiner hätte ihr angesehen, dass sie einen solchen Beruf hatte. Er schien geradezu begeistert.

Frauen in Männerberufen

Die «erste Lastwagenführerin der Schweiz» war 1978 viele Schlagzeilen wert. Allmählich gelangen Frauen beruflich in geheiligte Männerdomänen. Seit 1978 haben z. B. die Zürcher Verkehrsbetriebe auch weibliches Fahrpersonal. Der Berner Stadtrat lehnte 1979 einen entsprechenden Vorschlag mit 28 zu 26 Stimmen ab.

Das Bundesarbeitsministerium in Bonn bestätigte 1981, dass die Leistungen junger Frauen in gewerblichtechnischen Ausbildungsgängen den Männern durchaus ebenbürtig sind. Seit 1981 werden in der Bundesrepublik u. a. auch Pilotinnen ausgebildet. Für die Swissair kommt so etwas zurzeit nicht in Frage. Sie will zuerst die Erfahrungen aus dem Ausland abwarten...

Mädchenberuf

Wie die jungen Männer heute denken, weiss ich nicht. Gleichberechtigung im Privatleben war für mich immer selbstverständlich. Beim Beruf ist das noch nicht so. Bis heute ist ja der Lohn des Mannes ein Familienlohn. Das lässt sich wohl nicht so schnell ändern. Obwohl man objektiv und gerechtigkeitshalber sagen müsste, dass jedem Menschen ohne Ansehen des Geschlechts jeder Beruf offen stehen sollte.

Aber da müsste man halt schon gewisse Gepflogenheiten ändern.

Berufschancen

1889 wurden in der Schweiz in sämtlichen Gewerberberufen nur zehn Mädchen geprüft, 1929 waren es immerhin schon 3753. 1897 forderte Helene von Mülinen das Anrecht der Mädchen auf eine seriöse Berufslehre. Am 1. Mai 1923 eröffnete der Bund Schweizerischer Frauenvereine in Zürich die Zentralstelle für Frauenberufe mit dem Ziel, die berufliche Frauenarbeit zu fördern. Im gleichen Jahr erwarben in Bern 91 Lehrtöchter das erste staatliche Verkäuferinnendiplom.

Heute stehen die rund 270 reglementierten BIGA-Berufe grundsätzlich beiden Geschlechtern offen. Die Lehrtöchter konzentrieren sich jedoch immer noch auf die — lohnmässig niedrig eingestuften — Berufe: Kaufmännische Angestellte, Verkäuferin, Coiffeuse. Die Rezession erschwert den Zugang der Mädchen zu Lehrstellen. Der Aargauische Verband der Goldschmiede lehnte es z. B. 1978 ab, Mädchen auszubilden.

1982 nahm der Bundesrat ein Postulat entgegen, in dem 38 Nationalräte/-rätinnen geeignete Massnahmen verlangten, um die Chancengleichheit für Mädchen und Knaben in der Berufsbildung herbeizuführen.

Im Prinzip stehen heute die Berufe jedem offen. Aber nur im Prinzip. In Praxis wird nicht jeder Lehrmeister ein Meitschi einstellen, weil er denkt, dass es weniger leistet als ein Bub. Aber ich glaube, wenn eines weiss, was es will, überzeugt ist von der Arbeit, und wenn man es entsprechend ausbildet, dann leistet es

ebensoviel. Immer heisst es, dass Frauen mehr Absenzen haben. Aber sie müssen ja auch noch den ganzen Haushalt machen. Das ermüdet dann halt.
Ich habe meiner Frau schon mal in der Küche geholfen, Gemüse rüsten oder abwaschen. Aber kochen tat ich nie. Meine Frau arbeitete auch nicht ausser Haus. Sie war einige Zeit im Frauenkomitee der Primarschule. Aber sonst machte sie in Vereinen oder so nicht mit. Sie war auch in der Partei, doch nicht besonders aktiv. Manchmal kam sie mit an eine Parteiversammlung.
Meine Tochter hatte auch Handarbeitsunterricht. Die Buben hatten in der Zeit Turnen oder Zeichnen, oder Kartonnage und Schreinern. Ich betrachtete das als normal.

Ungleiche Lehrpläne

«Die Freude an hauswirtschaftlicher Betätigung ist dem weiblichen Geschlecht angeboren», schrieb 1919 Sekundarschulinspektor Arnold Schwarz im Büchlein «Unsere Töchter im Welschland». Solche Ansichten über «tiefverwurzelte weibliche Neigungen» prägen bis heute die meisten Lehrpläne in der Schweiz. Zum Beispiel im Kanton Jura. 1981 protestierte dort das Büro für Frauenfragen gegen die Diskriminierung der Mädchen. Sie verlieren z. B. gegenüber den Knaben vom 4. bis 9. Primarschuljahr insgesamt ein Jahr Französisch, Geschichte, Geographie, Naturwissenschaften, zwei Jahre technisches Zeichnen und zwei Drittel Jahre Mathematik − zugunsten von Handarbeits- und Hauswirtschaftsunterricht. 1976/77 kannten nur drei Kantone die Gleichstellung von Mädchen und Knaben im Schulunterricht, Genf, Schwyz und Wallis (franz.). In

der jüngsten Zeit mehren sich Anzeichen für eine Angleichung der Lehrpläne. So hat z. B. im Februar 1982 der Solothurner Kantonsrat das Volksbegehren «Gleiche Ausbildung für Mädchen und Knaben» gutgeheissen.

Meine Tochter trat 1940 in die Schule ein. Am ersten Schultag ging die Mutter mit. Ich machte mal einen Schulbesuch.
Ich fand immer, die Tochter müsse einen Beruf lernen; ich fand, sie sei intelligent. Mir war vor allem wichtig, dass die Tochter etwas lernte. Zuerst meinte ich, sie sollte einen intellektuellen Beruf haben. Aber sie bestand das Examen in die Sekundarschule nicht. Da sprachen wir zusammen. Und eine Nachbarin riet ihr, Pelznäherin zu lernen. Nun ist sie froh, hat sie doch mit ihrem Mann ein eigenes Geschäft.

Zahltag

Man gab jeweils den Zettel ab mit den Stundenzahlen. Wir hatten Stempeluhren. Früher brauchte es keine Uhr, da schaute der Vorarbeiter einfach am Morgen, wer da war. Wer nicht da war, erhielt einen

Strich. Bei der Stempeluhr ging es in den meisten Firmen so: Wenn man eine Minute über 7 Uhr kam, stempelte es schon rot, dann hatte man eine Viertelstunde verloren, soviel wurde abgezogen. Das machte etwas aus, weil ja Stundenlohn bezahlt wurde.

Ich schaute es nie als Schikane an, aber ich hätte mir gewünscht, dass vom Handlanger bis zum Direktor jeder stempeln müsste. Ich fand es ungerecht, dass die Angestellten im Monatslohn die Zeit eher einmal «verdrehen» konnten und nicht stempeln mussten. Überhaupt, das Büropersonal fühlte sich als etwas Besseres. Die waren ja auch nicht in der Gewerkschaft. Das Büropersonal, das betrachtete man als gut bürgerlich. Wir hatten kaum Kontakte mit ihnen.

Lohn erhielten wir alle vierzehn Tage. Dann gab ich der Frau immer gleich das Haushaltungsgeld. Sie konnte damit schalten und walten, wie sie wollte. Wir hatten das so abgemacht. In den Kleidern trieb sie keinen extra Aufwand. Sie hatte selber auch ein wenig Geld auf der Bank. Von der ledigen Zeit her. Aber das sollte ein Sparbatzen sein für sie. Ich bezahlte alles, was die Familie anging.

Das gelbe Zahltagssäcklein öffnete man sofort im Betrieb und zählte nach. Dann gab man es gleich wieder zurück. Es wurde x-mal gebraucht. Man musste auch an Ort und Stelle unterschreiben, als Quittung. Der, der den Lohn auszahlte, kam zu uns in die Werkstatt. Das war im Arbeitsvertrag drin: Lohn musste an den Arbeitsplatz gebracht werden. Es kam ja auch billiger für den Betrieb, da weniger Arbeitsausfall.

Wir wussten nicht genau, was jeder verdiente. Ich erinnere mich noch, da war einer, der ging zum Direktor und beschwerte sich: «Der neben mir hat einen Zehner (10 Rappen) mehr als ich.» Da sagte der Direktor, wenn er einverstanden sei, so würde dem andern der Zehner einfach wieder weggenommen, dann seien beide gleich. Und der war doch tatsächlich einverstanden! Der Direktor sagte es dem damaligen Präsidenten der Arbeiterkommission und erklärte ihm, dass er dem andern Arbeiter selbstverständlich das «Zähni» nicht abbauen könne, doch der Betrag werde zukünftig auf dem Zahltagssäcklein nicht mehr erscheinen.

Ich machte später die Endkontrolle der Apparate. Ich hatte mehr Lohn als die andern, die fräsen, bohren und feilen mussten. Zuletzt hatte ich etwa 2.40 Stundenlohn.

Lohnpolitik

1873 postuliert das erste Programm des Schweizerischen Arbeiterbundes gleichen Lohn für gleiche Leistung bei Mann und Frau. Erst — oder schon — 1951 beschliesst die Konferenz der Internationalen Arbeitsorganisation das Übereinkommen Nr. 100 über Lohngleichheit bei gleicher Arbeit für Männer und Frauen.

Immer noch Lohnunterschiede bis zu 50 Prozent je nach Branche und Geschlecht ergibt 1981 eine Erhebung des Bundesamtes für Industrie, Gewerbe und Arbeit (BIGA).

Löhne sind besonders in jenen Branchen tief, wo der Frauenanteil hoch ist. Im Verkauf z. B. liegen die Löhne grösstenteils nicht über dem Existenzminimum (1400 bis 1900 Franken).

Sobald «Frauenberufe» jedoch den Zugang von Männern verzeichnen, z. B. Sozialarbeit, steigen die Löhne massiv an. Auch international gesehen liegen die durchschnittlichen Frauenlöhne überall unter den Männerlöhnen. Die Frauenlöhne betrugen in Schweden 82, in der Bundesrepublik 73 und in der Schweiz 68 Prozent der durchschnittlichen Männerlöhne (OECD). Seit dem 14. Juni 1981 ist in der Schweiz jeder Lohn, der dem Lohngleichheitsprinzip widerspricht, anfechtbar. Auf ins «Gefecht»!

Jubiläen

Zum 50. Firmenjubiläum waren wir von der Firma zu einem feinen Essen nach Zollikofen eingeladen. Da waren hohe Herren von Landis & Gyr, von BBC und anderen Firmen extra hergekommen. Auch jemand von Philips AG in Eindhoven war dabei. Einer meiner Kollegen, der damalige Präsident der Arbeiterkommission, hielt eine Ansprache; am Montag musste er deswegen zum Direktor.

Das kam so: Nachdem der Vertreter der Angestellten gesprochen hatte, kam dieser zu unserm Präsidenten und meinte, er solle nun auf seine Ansprache verzichten, da die Zeit schon vorgerückt sei. Aber der kam an die falsche Adresse. Unser Präsident wehrte sich nämlich gleich und sagte, das sei eine Zumutung: Der Arbeiter habe auch etwas zu sagen, und wolle noch etwas anderes hören als nur Lobhudelei auf die Firma.

Item, er begann also zu reden und sagte alles anders, als er es aufgeschrieben hatte. Es trug ihn einfach weg. Dabei hatte er am Tag vorher extra ein Büchlein gekauft, wie er mir auf dem Heimweg dann erzählte, das hiess «Wie man eine Rede hält». Also, er griff jedenfalls dann auch die Lohnpolitik und die Lohnstruktur auf.

Nachher liess ihn der von Eindhoven an den Tisch der Direktion bitten. Man sass ja getrennt, auch die Arbeiter und Angestellten sassen an verschiedenen Tischen. Und der gratulierte unserm Präsidenten für seine Rede. Dann nahm er ein Büchlein mit einem goldenen Deckel hervor. Dahinein sollte er seinen Namen schreiben, da wären noch viele berühmte Namen drin, auch das Königshaus von Holland sei vertreten.

Am Montag rief der Direktor ihn dann zu sich. Anscheinend war die Geschäftsleitung sehr ungehalten wegen der Rede und auch wegen der Unterschrift. Er wollte unsern Kollegen also ein wenig «strählen» und warf ihm vor, er hätte zu viel ausgeplaudert. Aber der blieb fest.

Wenig später hatte ich mein 25jähriges Betriebsjubiläum. Da erhielt ich einen Blumenstrauss und ein Buch. Das spendete die Arbeiterschaft, um meine juristischen Kenntnisse zu erweitern. Ein Buch über das Recht.

Hanni G.

Dunkle Zeiten

Bald einmal wurde die Verdunkelung eingeführt. Da musste man alle Fenster verdunkeln mit schwarzen Tüchern. Als ich 1941 im Salemspital war zur Operation der Mandeln, ist auch alles verdunkelt gewesen, es hat nicht einmal blaues Licht gehabt, und in der Nacht habe ich die Klingel nicht finden können, um der Nachtschwester zu rufen, als ich im Hals die Nachblutungen hatte.

Überall war Krieg, nur bei uns nicht. Hitler hatte in kurzer Zeit Polen, Dänemark, Norwegen, Belgien, Holland und Frankreich eingesackt. Und dann die Vernichtung der Juden! Ich kann nicht mehr sagen, wann ich zum ersten Mal von den Konzentrationslagern gelesen habe, ich glaube schon vor dem Krieg. 1942 hat man gehört, dass viele Juden an der Schweizer Grenze zurückgewiesen worden sind, zurück in die KZ, zurück in den Tod, Männer, Frauen und Kinder. Einige Schweizer haben sich dann ungeheuer für die Juden eingesetzt und vielen das Leben gerettet, zum Beispiel die Flüchtlingsmutter Gertrud Kurz und Regina Kägi-Fuchsmann. Der St.Galler Polizeikommandant Paul Grüninger hat aus Menschlichkeit seine Amtspflichten verletzt und Flüchtlinge aufgenommen. Er verlor deshalb Stellung und Verdienst und wurde erst 30 Jahre später, 1972, rehabilitiert! «Das Boot ist voll», hat es damals geheissen. Wir müssen uns jetzt noch deswegen schämen.

Asyl

«Konzentrationslager — ein Appell an das Gewissen der Welt» und «Oranienburg» waren 1934 die Titel aufrüttelnder Berichte des deutschen Schriftstellers Seeger über die Opfer der Nazidiktatur. 1935 erschien in der Schweiz das Buch «Die Moorsoldaten», eine eindringliche Schilderung deutscher Konzentrationslager.

1939 begannen die ersten Massentransporte von Juden aus Wien nach den Lagern im Osten. An der «Wannsee-Konferenz» vom 2. Januar 1942 umriss der Chef der Sicherheitspolizei und des Sicherheitsdienstes Heydrich den Plan für die «Endlösung der Judenfrage». Damit begann die systematische Vergasung jüdischer Häftlinge. Wenig später, am 4. August 1942, beschloss der Bundesrat die vermehrte Rückweisung ausländischer Zivilflüchtlinge, «auch wenn den davon betroffenen Ausländern daraus ernsthafte Nachteile (Gefahren für Leib und Leben) erwachsen können». Am 13. August 1942 liess der Chef der Polizeiabteilung, Rothmund, die Grenze vollständig schliessen. «Flüchtlinge nur aus Rassegründen, zum Beispiel Juden», galten nicht mehr als politische Flüchtlinge.

* * *

1981 gab es in der Schweiz laut Bundesamt für Polizeiwesen 4226 Asylbewerber. Die Gesamtzahl der Flüchtlinge wird auf 30'000 geschätzt. Das ist knapp ein halbes Prozent der Gesamtbevölkerung!

Ab in die Berge

Nach der zweiten Mobilmachung 1940 habe ich in Malans bei Bekannten einen Besuch gemacht. Die sagten zu mir: «Jetzt sind die Kerle schon ennet dem Berg, im Österreichischen!» In dieser Zeit hat die Angst so zugenommen, dass sie das «Réduit» geschaffen haben. Im Notfall, bei einem Einmarsch Hitlers, hätten sich die meisten Truppen in die Berge zurückziehen müssen und das ganze übrige Land wäre offen dagelegen. Ich bin etwas fatalistisch gewesen und habe gedacht, «also, jetzt sehen wir dann, was kommt.» Aber wir wären auf alle Fälle nie, auch wenn wir die Möglichkeit gehabt hätten, in die Berge gezogen. Ein Teil der Leute, die Reichen, ist ja wie verrückt mit Autos voller Zeug losgefahren, da sind ganze Kolonnen gekommen von Basel ins Berner Oberland, ganze Kolonnen, alles ist da hinauf in die Berge, auch viele aus dem Dorf. Meine Nachbarin und ich redeten auch über diesen Auszug, und sie sagte: «Wir gehen auf jeden Fall nicht, sterben kann man überall.» Das hat mir gefallen, denn sie hätten ja die Möglichkeit gehabt, irgendwohin zu gehen. Aber das ist schlimm gewesen, wie viel Schweizer sich damals eingestellt haben, einfach «nach uns die Sintflut». Diejenigen, die Geld hatten, Beziehungen, Ferienhäuschen und Verwandte, die sind einfach losgezogen, das hat mich so deprimiert an den lieben Eidgenossen, das ist schlimm gewesen. Den Plan des Réduits habe ich damals nicht recht beurteilen können. Es hat geheissen, wenn sie kommen, dann wird alles, einfach alles zerstört, der Gotthardtunnel, alle Fabriken, alles, damit sie nichts antreffen, das sie brauchen können. Alle Frauen und Kinder, die dann im Mittelland zurückgeblieben wären, die wären einfach dem Feind ausgeliefert gewesen, das haben wir gewusst.

Sicherheit

«Immer mehr Schweizer schaffen sich ihr eigenes Réduit», jubelt 1982 eine Zürcher Firma, die sicherheitsbewussten Einfamilienhausbesitzern «zweckmässige Einrichtungen für private Schutzräume» verkauft. Nebst der Grundausrüstung von Klappbetten, Trockentoilette, Befreiungswerkzeugen usw. offerieren andere Firmen auch Strahlenmessgeräte sowie komplette Schutzbekleidung gegen atomare und chemische Kampfstoffe. Dazu kommen Pakete von bis zu 15 Jahren haltbarem Notvorrat, die – je nach Grösse – vier Personen drei Monate lang das Überleben sichern sollen. Bei Häusern ohne Unterkellerung lassen sich Atomschutzkugelbunker im Garten aufbauen. Kann kommen, was da will, die Einrichtungsfirmen versprechen: «Sie können mit der Zeitung unter dem Arm Ihren Schutzraum aufsuchen und die Entwicklung der Dinge abwarten.»

Auf Brotsuche

Es ist immer prekärer geworden mit der Ernährung in unserem Land. 1941 haben wir begonnen, nach der Ernte auf die Felder zu gehen und Ähren aufzulesen. Lange Zeit ist ja die Ernte nicht maschinell gemacht worden, die Lieusen gab es noch nicht, und die Garben sind noch von Hand zusammengebunden worden.

Damals bin ich immer mit den Kindern und dem Leiterwägeli gegangen. Für den Mann habe ich zum Zmittag daheim Kuchen gemacht, irgend etwas Einfaches, und dann sind wir den ganzen Tag auf den Feldern gewesen. Zur Verpflegung nahmen wir jeweils Süssmost mit, Brot und eine gekochte Emmentalerwurst. Ich habe gerne Ähren aufgelesen, es hat immer so fein gerochen auf den Feldern, wenn schönes Wetter war.

Damals haben viele, viele Leute Ähren gelesen, sogar die Familie von Dr. G. Man hat Sorge tragen müssen zu jeder Ähre, die herumlag.

Vergeudung

Eine Million Tonnen Obst wurde im Wirtschaftsjahr 1979/80 in der Europäischen Gemeinschaft (EG) aus dem Markt gezogen, um die Preise zu stützen. Die Arbeitsgemeinschaft der Verbraucher teilte aufgrund einer unveröf-fentlichten EG-Statistik mit, dass nur ein geringer Teil dieser Früchte kostenlos für soziale Zwecke verteilt würde, wie es in der EG-Marktordnung vorgesehen sei. Hauptbestimmungsort seien Müllhalde und Viehtrog.
DDP, 8.8.1981

Franzosenzeit

Wir haben hier im Dorf sehr viele Internierte gehabt. Zuerst sind die Franzosen gekommen, nachher die Polen und einige Engländer, irgendwann auch Italiener.

Die Franzosen sind im Wäldchen in einer Baracke untergebracht worden. Es waren auch einige Dunkelhäutige darunter, grosse, flotte Gestalten, die waren sogar beritten. Ihre Pferde haben sie im Ställchen beim Bahnwärterhäuschen gehabt. Die Offiziere waren natürlich privat irgendwo einquartiert.

Das Hedy H. im ersten Stock hat auch einen Franzosen betreut, die hatten es nachher im Winter ja wahnsinnig kalt in ihrer Baracke. Ich weiss, da hat unser Bub jeweils in den ersten Stock hinaufmüssen, der Franzose hatte eben auch Kinder, und das Hedy H. wollte, dass er ein bisschen mit ihm spiele. Dann kannte ich noch den Duverger, der war Maler in einer Schokoladefabrik in Lyon und hat dort Blümchen gemalt auf Pralinéschachteln. Im Dorf malte er Landschaftsbilder und verkaufte sie. Er ist nachher mit ein paar andern ab über die Grenze.

Die Franzosen haben auf den 1. August im Wäldli eine schöne Dekoration gemacht. Für unser Nationalfest haben sie mit Girlanden den Festplatz geschmückt, wie wir es selber gar nie gemacht hätten.

Als die Franzosen im Dorf waren, ist ihnen unser Bub mit einem alten Grammophon, das er auf dem Leiterwägeli hinter sich her gezogen hat, vorspielen gegangen: «Püppchen, du bist mein Augenstern» und «Wir brauchen keine Schwaben in der Schweiz!» Dafür haben sie ihm ihren letzten Sou gegeben.

Soldatenwäsche

Diesen Franzosen haben wir die Kleider gewaschen und geflickt. Wir vom Gemeinnützigen Frauenverein kamen jede Woche zusammen, die alte Frau Obrecht hat gewaschen, Frau Brönnimann hat das Ganze dirigiert, und wir Frauen sind da gesessen, im unteren Schulhaus in einem Zimmer, haben Hemmlikragen gekehrt und Socken geflickt.
An Weihnachten haben wir ihnen zu dem geflickten Zeug ein kleines Geschenk dazugetan. Ich habe in der Bäckerei unter anderem ein Säcklein voll Schokoladegoldstückli gekauft und sie an ein Päcklein drangemacht, und nachher hat mir die Bäckersfrau gesagt, ein Franzose sei gekommen und hätte das Ganze auf den Boden hinausgeschmissen, so hätte der eine Wut gehabt. Er hatte wahrscheinlich gemeint, es sei richtiges Geld.

Wenn wir im Garten gearbeitet haben, Frau Häberli und ich, sind oft Offiziere vorbeigekommen, die in der Nähe einquartiert waren, haben freundlich gegrüsst und etwas mit uns geplaudert. Sie haben sich sehr verwundert, dass wir so im Garten arbeiten und uns erzählt, ihre Frauen seien den ganzen Morgen in der Küche.
Die Franzosen waren erstaunt, dass wir ihnen die Wäsche gemacht haben. Man hat ihnen erklärt, wir Frauen seien das gewohnt, wir würden auch unseren Männern die Wäsche machen und in den Militärdienst schicken. So etwas gab es bei ihnen nicht, das haben sie fast nicht begreifen können. Und sie hätten ja tatsächlich auch Zeit gehabt, ihre Wäsche selber zu machen.

«Mein Sohn ist in die Rekrutenschule eingerückt. Ich bin in den Ferien . . . Das Militärdepartement verlangt aber von mir, dass ich meinem Sohn regelmässig die Wäsche wasche . . . Muss das wirklich so sein? Wäre dieses Problem nicht zu lösen, indem in jeder Kaserne Waschmaschinen zur freien Verfügung aufgestellt würden . . .?»
Nebelspalter Nr. 34, 1981

Ein Schuss

Später sind die Italiener gekommen. Die Franzosen haben noch einigermassen gute Sachen gehabt, die sind ja nicht so lange im Krieg gewesen, aber die Italiener, du liebe Zeit! Einige haben schon den Abessinienfeldzug mitgemacht, die waren schon etwa sechs Jahre im Krieg, die haben keinen ganzen Fetzen mehr gehabt, und denen hat man einfach alles ersetzt. Ich weiss noch, die hatten Socken mit riesigen Löchern. Die Italiener waren wirklich die ärmsten Teufel.

Sie gingen wieder weg, und dann kamen die Engländer und die Polen aus andern Gegenden der Schweiz. Einmal sassen wir bei Häberlis im Garten, und der polnische Offizier, der bei ihnen wohnte, war dabei. Da hat man es plötzlich schiessen hören beim Bahnhof. «Es hat geknallt», sagte der Pole, das vergesse ich nicht mehr. Und dann erfuhr man, dass ein englischer Soldat hat flüchten wollen. Unsere Bewachungstruppen am Bahnhof haben ihn warnen wollen, er hat jedoch nicht auf sie gehört, ist über das Gleis gerannt und hat versucht, auf einen Zug aufzuspringen. Dann haben sie auf seine Beine geschossen. Gerade in dem Augenblick aber hat er sich gebückt, und sie haben ihn getötet. Er ist jetzt unten auf dem Friedhof beerdigt.

Alle Tage

...

Die Uniform des Tages ist die Geduld,
die Auszeichnung der armselige Stern
der Hoffnung über dem Herzen.

...

Er wird verliehen
für die Flucht vor den Fahnen,
für die Tapferkeit vor dem Freund,
für den Verrat unwürdiger Geheimnisse
und die Nichtachtung jeglichen Befehls.

Ingeborg Bachmann (Ausschnitt)

Herzliche Internierung

Die Polen, die sind ganz gut drangewesen, die kamen mit den Franzosen in die Schweiz, als im Westen die Armee zusammengebrochen war. Diese Polen sind, bevor sie nach B. kamen, an anderen Orten in der Schweiz gewesen, mein Mann hat zum Beispiel im Aargauischen Polen bewachen müssen. Längere Zeit hat es im Dorf ziemlich viele Polen gehabt, und das ist eine schlimme Sache gewesen für unsere Frauen.

«Fam H. zum Andenken an herzliche Internierung in ihrem Hause, 25. Juli 1941, Oblt. A. Wasung»

Der polnische Offizier bei den Nachbarn hat wunderbar malen können, er hat Schatullen gemacht, richtige Kunstwerke, aber es hat mich geärgert, dass er gesagt hat: «Die Schweizer Mädchen kann man nach zwei Stunden kissen», ja, kissen hat er gesagt. Und wenn ich etwa bei Häberlis erzählt habe, mein Mann hätte geschrieben und ich hätte ihm diese Woche auch schon zweimal geschrieben, da hat er gesagt, das sei direkt unanständig, dass man sich soviel schreibe. Diesen Polen habe ich nicht gerade gemocht.

Sie sind am längsten von allen Internierten geblieben und haben deshalb auch am meisten Zeit gehabt, sich nach Frauen umzusehen. Da ist zum Beispiel einer gewesen, der hat mit einem jungen Mädchen angebändelt, das dann ein Kind gekriegt hat, einen Buben. Der ist ein ganz flotter, netter Mann geworden, er gleicht seinem Vater.

Einen netten Polen habe ich viel später kennengelernt, der ist im Dorf geblieben, ein Schreiner, hat das Mädchen meiner Waschfrau geheiratet und hat jetzt ein eigenes Häuschen.

Ein polnischer Offizier hat eine Tochter aus der Papeterie geheiratet und ist dann mit ihr nach Brasilien ausgewandert.

Im allgemeinen waren die einfachen Soldaten viel netter als die Offiziere, die haben sich allerlei herausgenommen.

Für die Polen haben wir Frauen am längsten gewaschen und geflickt.

Kriegsschokolade

Beinahe alles war rationiert, und deshalb hat man plötzlich Sachen neu verwerten lernen. Die Schulkinder

sind Buchnüsse sammeln gegangen im Wald, da hat man Öl daraus gemacht, und wir haben 1944/45 im Garten Mohn gepflanzt, sind mit den Mohnsamen nach Hettiswil in die sogenannte Öli und haben ein paar Flaschen Öl heimnehmen können. Ich hatte eine Menge angepflanzt im Garten und auf dem Stück Land im Moos, Rüebli, Kabis, Salat, Bohnen. Es gab Sterilisieraktionen im Dorf. Man hat grosse Blechbüchsen mit Bohnen gefüllt und ist damit in die Landwirtschaftliche Genossenschaft. Dort haben sie eine Maschine gehabt, um die Deckel zu schliessen, dann hat man die Bohnen zuhause sterilisiert.

35.12 Eier	35.12 Eier	3.15 Teigwaren	11.7 Butter	4.5 Hülsenfrüchte
April 1943 · 1 Stück	April 1943 · 1 Stück	April 1943 · 200 gr	April 1943 · 100 gr	April 1943 · 250 gr
35.12 Eier	35.12 Eier	36.8 Voll-eipulver	11.7 Butter Fett	4.5 Hülsenfrüchte
April 1943 · 1 Stück	April 1943 · 1 Stück	April 1943 · 50 gr	April 1943 · 100 gr	April 1943 · 250 gr
E1 ganze LK	E2 ganze LK	A ganze LK	11.7 Butter Fett	B ganze LK
April 1943	April 1943	April 1943	April 1943 · 100 gr	April 1943
8.7 Mehl Mais	20.8 Kaffee		⊞ SCHWEIZERISCHE EIDGENOSSENSCHAFT	
April 1943 · 100 gr	April 1943 · K.-Zusatz K.-Ersatz Kakao, Tee · 50 Punkte			
6.8 Mehl Mais	21.8 Kaffeezusatz Ersatzkaffee Kakao, Tee		**Ganze Lebensmittelkarte** für 1 Person	
April 1943 · 50 gr	April 1943 · 50 Punkte			
6.8 Mehl Mais	21.8 Kaffeezusatz Ersatzkaffee Kakao, Tee		pro **April 1943**	
April 1943 · 50 gr	April 1943 · 25 Punkte		Gültig vom 1. April bis 5. Mai 1943	

Man hat schon ein bisschen Mühe gehabt mit der Lebensmittelversorgung. Auf alle Fälle ist viel getauscht worden, vor allem Lebensmittelmarken. Viele Teigwarenpunkte habe ich der Mama heimgeschickt, weil die so scharf waren auf Teigwaren, und wir haben statt dessen mehr Kartoffeln und Gemüse gegessen. Von der Kioskfrau, für die unser Bub Zeitungen verkaufen ging, habe ich viele Ankenmärkli bekommen. So hat man einfach unter sich getauscht, das war legal. Aber was nicht legal war, das war zum Beispiel das Kaufen von Kalbfleisch auf dem Schwarzen Markt. Das hätten wir nicht gewollt, selbst wenn wir es gekonnt hätten.

Während der Rationierung ist aufgekommen, dass viele Leute angefangen haben, Schokolade zu essen, nur weil es Schokoladepunkte gegeben hat.

Kinder als Werbemittel

Heer und Haus

Ich war auch bei den sozialdemokratischen Frauen, mein Mann hat sie ja 1930 gründen helfen. Er war zuerst sogar Präsident dieser Frauengruppe, bevor sich eine Frau dazu bereit erklärt hat, das Amt zu übernehmen.

1942 wurde ich von der Frauengruppe an eine Bildungsveranstaltung von «Heer und Haus» delegiert und erhielt für den 16./17. Mai einen richtigen Marschbefehl der Schweizerischen Armee. Meine stenografierten Notizen von den verschiedenen Vorträgen habe ich noch aufbewahrt. Hans Neumann sprach zum Beispiel über «Aufgaben der geistigen Landesverteidigung», Major von Salis über «Zivilbevölkerung und Luftangriffe», Dr. Lindt über «Unsere militärische Verteidigung». Ausserdem hörten wir Referate über die allgemeine und wirtschaftliche Lage der Schweiz. Später erhielten wir Kursteilnehmerinnen laufend

weitere Unterlagen «zur persönlichen Instruktion», zum Beispiel zum Thema «Kampf dem Schwarzhandel» und «Ernährungslage und Anbauwerk».

Mein Mann hielt im Auftrag des Verbands der Schweizerischen Konsumvereine, heute heisst es ja COOP, im Oberland Vorträge zur Anbauschlacht «mehr anbauen oder verhungern!». Er war ja schon früh aktiver Genossenschafter und 28 Jahre lang Präsident der Betriebskommission des Konsumvereins von B. Ich erinnere mich noch, wie er in der Stube auf und ab gegangen ist und mir vorgetragen hat, was er sagen wollte. Ich habe mich sehr dafür interessiert. Das war die Zeit, als in den Anlagen vor dem Finanzdepartement in Bern, dort wo heute Rasen ist, Lauch angepflanzt wurde.

Schallplatten-Etikette

Landverlust

Für «Anbauschlachten» ist das Land rarer geworden. Von 1939 bis 1980 ging die landwirtschaftliche Nutzfläche der Schweiz (ohne Sömmerungsweiden und Wald) um sieben Prozent zurück (1939: 1'168'374 ha; 1980: 1'086'060 ha).

Die Gesamtbevölkerung nahm in der gleichen Zeit um rund 50 Prozent zu (1941: 4'265'703; 1980: 6'365'960). Bundesrat Honegger schreibt in einem Brief an alt Nationalrat Otto Locher zur heutigen Agrarpolitik, allein bei einer Reduktion der importierten Kraftfutter hätten wir eine enorme Mangelwirtschaft.

Erziehungsmittel

Ich habe ein Kalenderchen gehabt, und wenn mein Mann im Militärdienst war, habe ich zu meinen Kindern gesagt: «Hier schreibe ich auf, wenn ihr nicht lieb seid, und zeige es dann dem Vater.» Die Kinder haben das aber nicht so tragisch genommen. Wenn dann der Mann auf Urlaub kam, hat er gefragt, wie es gegangen sei. Dann habe ich mein Notizbüchlein gezückt, und wir haben berichtet.

Die Kinder wurden ja nicht nur von uns Eltern erzogen. 1940 kam der Sohn in die Schule, 1943 kam die Tochter mit fünf Jahren in die allererste Kindergartenklasse im Dorf. Die Initiative dazu ist vom Gemeinnützigen Frauenverein ausgegangen, der hat den Kindergartenverein gegründet. Dieser Verein trieb finanzielle Mittel auf, indem er sammelte und Bazare organisierte. Die Gemeinde zahlte lange nichts, und die Kindergärtnerin hat ein ganz kleines Löhnli gehabt, ein winziges Löhnli. Sie hatte auch ihre ganz speziellen Erziehungsmethoden. Wenn ein Kind böse war, musste es einen Schluck Wermuttee trinken oder mit Salzwasser gurgeln.

Dieser Kindergarten war eine Pionierleistung, heute sind solche Einrichtungen viel selbstverständlicher.

Ich war gleichzeitig in verschiedenen Kommissionen und Vereinen, so auch in der Handarbeitskommission und in der Hauswirtschaftskommission. Die Primarlehrerinnen haben uns jeweils durch die Mädchen ihrer Klasse fragen lassen, ob wir an diesem oder jenem Nachmittag im Unterricht aushelfen könnten. Dann bin ich für ein paar Stunden als Hilfslehrerin in die Arbeitsschule.

Strassenlärm

Eine Nachbarin hatten wir alle auf dem Strich. Sie hat jeweils das Radio so laut eingeschaltet, dass man die Hitlerschnörre über die ganze Strasse hörte.

Das war etwas Furchtbares, diesen Menschen zu hören. Und doch haben ihn natürlich alle gehört, weil sie wissen wollten, was geht, was läuft. In dieser Zeit, ich weiss nicht genau, in welchem Jahr, ist dann die Stimme Amerikas gekommen, mit den Nachrichten in deutscher Sprache, die ist ja in Deutschland heimlich abgehört worden, ähnlich wie der englische BBC-Sender, und wenn diese Schwarzhörer erwischt worden sind, sind sie wahnsinnig bestraft worden, oft direkt ins KZ gekommen. Was einem so richtig hineingegangen ist, das waren die objektiven Berichterstattungen von J.R. von Salis, die haben die Deutschen ja auch viel mitgehört. Aber diese Hitlerstimme, die habe ich jahrelang im Ohr gehabt.

Nebelspalter, 1939

Es war eine unheimlich gefährliche Zeit, es war wirklich auf der Kippe, und da hörte man das Gerücht, dass Mussolini vielleicht ein gewisses Verdienst gehabt hätte, dass der Hitler sich zurückgehalten hat bei der Schweiz. Während des Krieges sei Mussolini in Zürich gewesen bei Prof. Vogt wegen einer schweren Augenoperation. Und aus einer gewissen Dankbarkeit heraus gegenüber der Schweiz habe er Hitler irgendwie beeinflussen können. Das hat man so gesagt, aber ob es stimmt? Man hat sich ja so verwundert, dass die Nazis nicht gekommen sind. Vielleicht war es zum Teil ja auch, weil sie gewusst haben, dass man gut gerüstet ist, aber da waren noch andere Gründe. Ich weiss noch gut, die Kohlenlieferungen, die an unserem Bahnhof vorbei nach Italien gegangen sind, jede Nacht hat man Züge durchfahren hören. Und dann all die Lieferungen der Schweizer Industrie nach Deutschland, auch Waffen...

Waffenausfuhr

1968 schossen in Nigeria Schweizer Kanonen auf schweizerische Rotkreuzflugzeuge. 1969 begann die Unterschriftensammlung zu einer Volksinitiative für vermehrte Rüstungskontrolle und ein Waffenausfuhrverbot. Ende September 1972 wurde die Initiative mit einer Mehrheit von nur 6000 Stimmen abgelehnt. Das bundesrätliche Versprechen, das Kriegsmaterialgesetz restriktiv anzuwenden, wurde nach Feststellungen der «Arbeitsgemeinschaft für Rüstungskontrolle und ein Waffenausfuhrverbot» anschliessend kaum eingelöst. Von 1972 bis 1975 verdoppelten sich die schweizerischen Waffenexporte auf 511 Millionen Franken. Ausserdem wurden auch Waffen in Spannungsgebiete geliefert wie Marokko, Pakistan, Chile, Argentinien und die Türkei. In der Rüstungsindustrie nahmen Umgehungsgeschäfte über das Ausland zu. Die Waffen werden in der Schweiz entwickelt, finanziert und verkauft und in ausländischen Tochterfirmen oder durch Lizenzvergabe produziert.

Doch damit nicht genug: 1978 verlangen zwei gleichlautende Motionen von Nationalrat Friedrich und Ständerat Herzog ein einfacheres Bewilligungsverfahren, die Ausklammerung von Panzerwagen bei der Gesetzesbestimmung und die starke Einschränkung des Begriffs «Spannungsgebiet». Die Motionen sind von 95 National- und 30 Ständeräten unterzeichnet. Gegen die Motion nehmen 1979 u. a. auch drei Nationalrätinnen Stellung. Monique Bauer (lib.), Amélia Christinat (soz.) und Elisabeth Blunschy (cvp) lehnten Rüstungsproduktion als Mittel zur Arbeitsbeschaffung deutlich ab. Die Motion wird von beiden Räten als Postulat überwiesen.

Kriegstechnik

Albert Speer, Hitlers Rüstungsminister, sagte 1945 nach seiner «Bekehrung»: «Als ehemaliger Minister einer hochentwickelten Rüstung ist es meine letzte Pflicht, festzustellen: Ein neuer grosser Krieg wird mit der Vernichtung menschlicher Kultur und Zivilisation enden. Nichts hindert die entfesselte Technik und Wissenschaft, ihr Zerstörungswerk an den Menschen zu vollenden. Daher: Je technischer die Welt wird, um so notwendiger ist als Gegengewicht die Forderung der individuellen Freiheit und des Selbstbewusstseins des einzelnen Menschen...»

Im Frühjahr 1945 hat es übrigens einen schlimmen Frost gegeben, so dass alles erfror, die Kirschen, die Johannisbeeren, die Rhabarber, einfach alles. Das war genau in der Nacht auf den 30. April, als der Hitler gestorben ist.

«Ein Mann wie ich kann zugrunde gehen, ein Mann wie ich kann totgeschlagen werden. Aber abtreten kann so ein Mann nicht!»
Adolf Hitler am 17. Oktober 1932

Endlich

Am 8. Mai 1945 haben die Glocken geläutet, der Krieg war zuende. Gegen Abend war ein Gottesdienst in der protestantischen Kirche, damals haben die Katholiken dort die Messe noch nicht gehalten. Es hat geheissen, man solle einfach so kommen, wie man sei, in den Werktagskleidern. Es hat enorm viele Leute gehabt in dem Gottesdienst. Und dann weiss ich noch gut, dass man gerade am Ende des Krieges voll Hoffnung nach Russland geschaut hat und gedacht hat, dieses Russland bringe jetzt für das arme Europa, für die geschlagenen Völker irgendeine Hilfe. Sogar der Pfarrer hat auf Russland gehofft, das war verständlich, denn die Russen hatten ja Schluss gemacht mit dem Nationalsozialismus, aber eben, mit Hintergedanken, die haben ja nachher alles gepäcklet, was sie gekonnt haben. Natürlich, über die Amerikaner ist man auch froh gewesen, aber man hat sich zuerst mehr an die Russen gehalten, man hat sich von ihnen etwas erhofft, sogar viele Bürgerliche.

Von 1945 bis 1982 gab es weitere 35 Millionen Kriegstote

* * *

«Einmal wird ein neues Ideal entstehen, und es wird mit allem Krieg zu Ende sein. In dieser Überzeugung sterbe ich. Man wird hart dafür arbeiten müssen, aber man wird es erreichen.»
Käthe Kollwitz, 1945

Der 8. Mai 1945 war für uns auch sonst ein wichtiger Tag. Da haben mein Mann und die andern Mitglieder der Baugenossenschaft den Landkauf unterschrieben. Der Bauer wollte fünfeinhalb Franken für den Quadratmeter. Doch der Gemeindepräsident war gerade bei ihm, um die Schweine zu impfen, und hat zu ihm gesagt: «Eh Hans, lass das Füfzgi auch noch ab und gib es ihnen für einen Fünfliber.»
Die Gemeinde hatte natürlich auch ein Interesse, dass im Wohnungsbau etwas geht. Erstens hat es zu wenig Wohnungen gehabt, und zweitens, darum hat mein Mann die Baugenossenschaft auch gegründet, war es wichtig, dass die Bauleute, die aus dem Militärdienst heimkamen, wieder eine Arbeit hatten.

Atombomben

Aber am 8. Mai war der Krieg doch noch nicht überall zuende.
Ich kann mich noch gut an die Tage erinnern, als die Amerikaner Atombomben auf Hiroshima und Nagasaki geworfen haben. Ich habe mich entsetzt, dass so etwas noch hat sein müssen, im letzten Moment, wo es doch eigentlich fertig gewesen wäre. Noch heute kommen ja wegen der Strahlenschäden durch diese Bomben missgebildete Kinder zur Welt.

Ich habe kürzlich in einem Vortrag gelesen, dass am 9. August 1945 ein Feldgeistlicher im Flugzeug ein Gebet gesprochen hat, dass Gott diese Tat segnen möge, und dann hat der Kommandant des Flugzeugs auf den Knopf gedrückt und Nagasaki ausgelöscht. So leicht könnte man auch heute auf einen Knopf drücken. Ob es wohl heute noch solche Feldgeistliche gäbe?

Hiroshima

Die Bombenabwürfe über Hiroshima und Nagasaki vom 6. und 9. August 1945 hatten bis 1977 nach Schätzungen japanischer, russischer und amerikanischer Wissenschafter folgende Auswirkungen: 210'000 Menschen starben entweder sofort oder noch im selben Jahr. In den folgenden 32 Jahren starben 100'000 weitere Opfer eines unnatürlichen Todes. 1977 leiden noch 370'000 registrierte Überlebende an den Folgen.
1982 bedrohen eine Million Hiroshima-Bomben die Menschheit.

Die Siedler

Am Anfang schien es uns unmöglich, selber Mitglied der Baugenossenschaft zu werden. Man brauchte ein Eigenkapital von fünftausend Franken, das hatten wir nicht. Doch dann konnte uns unverhofft ein Verwandter das Geld leihen, und wir wurden Genossenschafter.
Nach dem Landkauf begannen sie sofort mit Bauen, und am 31. Oktober 1945 zogen wir in ein Genossenschaftshäuschen. Die geplanten Doppelhäuser der Siedlung haben jedoch erst 1946 gebaut werden können, und zwar deshalb, weil man

keinen Zement gekriegt hat. Mein Mann und der neue Nachbar sind für diese Häuser von einem Dörfli ins andere um jeden Sack Zement betteln gegangen. Der Zement war genauso rationiert wie andere Sachen. Ich habe oft zu meinem Mann gesagt, wenn er nicht hat schlafen können, «du hast wieder einen Sack Zement auf der Brust.»

Zu dieser Zeit ist einmal ein Welscher in die Siedlung hausieren gekommen, wahrscheinlich ein Uhrenmacher, der noch keine Arbeit gehabt hat. Keine Familie hatte viel Geld, alle mussten sparen, und er hat nichts verkauft. Da ist er zu mir gekommen und hat gesagt: «Schöne Hüsli, aber schlecht bewohnt.»

Der Mann unterschreibt

Im Dezember 1945 ist im Dorf eine Sektion meiner Krankenkasse gegründet worden. Ich war schon seit frühester Jugend Mitglied dieser Kasse. 1947 kam der Sektionspräsident Bill zu mir und bat mich inständig, ob ich die Kasse nicht übernehmen könnte, sie hätten so Mühe, jemanden zu finden. Da habe ich mit meinem Mann geredet, und der sagte: «Das ist deine Sache, mache was du willst, ich will nur nichts damit zu tun haben.» Ich habe zugesagt, und Bills haben mir ein Poulet gebracht, damals war ein Poulet noch etwas Besonderes. Ich bin einfach so in diese Arbeit hineingestellt worden, mit 90 Kassenmitgliedern, das war doch ganz etwas Neues für mich. Ein Herr Müller, ein netter Revisor, kam dann, um mich einzuführen, am 2. April 1947. Ich weiss noch gut, in der nächsten Woche nahm ich etwa drei Kilo ab vor lauter Kummer und Belastung, nachher ist es dann allmählich gegangen, und

die Sektion wurde immer grösser. Bis man sie aufteilte, habe ich 350 Mitglieder gehabt.

Ich verdiente sehr sehr wenig, jetzt sind die Kassiere gut bezahlt. Zu meiner Zeit hat es erst angefangen mit Frauen als Kassierinnen. An einer Delegiertenversammlung in Lyss war ich die einzige Frau, die von einem Sektionsvorstand delegiert worden war. Aber schon damals haben zum Teil die Frauen die eigentliche Arbeit gemacht, auch wenn der Ehemann offiziell der Kassier war.

Unterschriftberechtigt war damals, als ich als Kassierin anfing, nur der Ehemann, nicht die Kassierin selber. Als ich jedoch der Zentralverwaltung deutlich sagte, mein Mann wolle nichts mit der ganzen Sache zu tun haben, mussten sie mir die Unterschriftsberechtigung geben. Sie machten wohl oder übel eine Ausnahme mit mir. Ein Revisor hat mir diese Regel damit begründet, dass einmal eine Kassierin mit dem Geld verschwunden sei. Ich habe dann zu ihm gesagt: «Und wegen dieser einen Frau soll nun nie eine Frau unterschreiben dürfen!»

1951–1960

1951 Zündung der ersten amerikanischen Wasserstoffbombe ·
1954 Beginn der Jugendopposition gegen Wohlstandszivilisation
· Entstehung der weltweiten Bewegung der Atomwaffengegner ·
1957 Beginn des Raumfahrtzeitalters mit Sputnik 1 (UdSSR)
· Weltgesundheitsorganisation warnt vor Atombombenversuchen ·
1958 Freigabe der Antibaby-Pille · 1959 Ablehnung des
Frauenstimm- und -wahlrechts auf Bundesebene

Walter H.

Richteramt

Als unser Betrieb 1950 nach Murten zügelte, fuhr ich jeden Tag mit dem Zug nach Murten und zurück. Aber das wurde mir zu mühsam. Ich arbeitete dann noch sporadisch bei einem ehemaligen Kollegen. Der hatte im Brückfeld eine kleine Werkstatt, wo er mit einem oder zwei Arbeitern die gleichen Bestandteile herstellte wie die SAIA, eigentlich eine kleine Konkurrenzfirma. Ich war damals 55 Jahre alt. Ansonst ging ich von da an vollamtlich ins Amtsgericht. Davon konnten wir leben, ich hatte ungefähr gleichviel «Lohn», also Taggelder, wie als Arbeiter, sogar etwas mehr. Das waren so dreissig oder vierzig Franken pro Tag. Es war keine fixe Anstellung.

Strafamtsgericht Bern

Es gab drei bis vier Sitzungstage pro Woche. Als ich noch in der Fabrik arbeitete, nahm ich nur an zwei Tagen in der Woche an Sitzungen teil. Im Betrieb hatten sie wohl schon etwas Respekt, dass ich das Amt versehen konnte, einmal kam ein Verwaltungsrat und fragte mich ein wenig aus.

Ich kam durch die Partei hinein. Es wurde gefragt, wer wolle. Ich dachte «das gefiele mir jetzt noch, das Richtern...» Da habe ich mich gemeldet. An einer Parteiversammlung schlug mich der Präsident vor. Dann musste ich auch noch zum Regierungsstatthalter, um den Amtseid abzulegen.

Etwa zehn Jahre lang, bevor ich Amtsrichter wurde, war ich auch Geschworener. Das Geschworenengericht umfasst ausgebildete Juristen, also Mitglieder der Kriminalkammer, und acht Geschworene, das sind Laienrichter. Aufgestellt wird man auch durch die Partei, das geht nach Proporz.

Ich besuchte einen Kurs an der Volkshochschule über Rechtsfragen und Strafrecht. Der Lehrer war ein einarmiger Notar. Die Materie interessierte mich halt, lange bevor ich am Gericht war.

Der Amtsrichter kann sich auf die Fälle nicht vorbereiten, man hat keine Akteneinsicht, sondern muss urteilen aufgrund der Befragung.

Es passierte immer so viel, dass es jedenfalls vier Tage zu tun gab. Da kamen ja auch Fälle vom Land, also nicht nur aus der Stadt. Die Menschheit wird einfach nicht gescheiter. Es steht lange nicht alles in den Zeitungen. Ich machte die Arbeit gern, nicht weil ich gerne jemanden verurteilte, aber weil mich die Fälle interessierten, und wie das abläuft.

Zuerst wird Appell gemacht. Wenn eröffnet ist, lässt der Präsident die Beteiligten hereinkommen. Dann beginnen die Einvernahmen. Wir hatten das Gesetzbuch vor uns und konnten nachsehen, unter welchen Paragraphen jetzt der Fall fällt. Der Präsident war ein ausgebildeter Jurist. Manchmal ging eine Verhandlung eine Stunde lang, dann wieder drei Tage lang.

Strafvollzug

Der Prozentsatz der Frauen an der Gesamtkriminalität der Länder ist gering und übersteigt nirgends 20 Prozent. «Die moralische Widerstandskraft der Frau gegen strafbare Handlungen ist viel grösser als beim Mann», behauptet Fritz Meyer, Direktor des einzigen schweizerischen Frauengefängnisses Hindelbank. Obwohl die Frauen dort mehrheitlich wegen Diebstahl, kleinerer Delikte und Drogenvergehen verurteilt sind, sind die Sicherheitseinrichtungen und -vorschriften gross. Das Arbeitsangebot für Frauen ist beschränkt. Im Gegensatz zu manchen Männergefängnissen gibt es wenig Möglichkeiten, eine Berufslehre oder Anlehre zu machen oder allgemeinbildende Kurse zu belegen. 1977 richten 66 inhaftierte Frauen eine Petition an den damaligen Bundespräsidenten Kurt Furgler, in der sie um Verbesserungen im Strafvollzug bitten. Die Eidgenössische Kommission für Frauenfragen nimmt dies zum Anlass einer Untersuchung. Ihr Bericht erscheint 1978. Nebst der Schilderung des Ist-Zustands der Strafanstalt enthält er auch Verbesserungsvorschläge, die sich zum Teil mit der Petition decken. So fordert er die Abschaffung der Arrestzellen, besser geschultes Personal, allgemeinbildenden Unterricht und eine liberalere Hausordnung. Er empfiehlt auch, dass Frauenanstalten

von Frauen zu leiten seien. Die bernische Polizeidirektion, der Hindelbank unterstellt ist, verwahrt sich zuerst gegen «masslose Kritik». Bald darauf wird jedoch ein neues Vollzugskonzept erarbeitet und 1982 in die Vernehmlassung gegeben. Danach soll die Anstaltsleitung aus dem Direktor und zwei Adjunkten bestehen, denen eine Psychologin, zwei Abteilungsleiterinnen und die Hausbeamtin zugestellt sind. Auch die Arbeits- und Ausbildungssituation der Inhaftierten soll verbessert werden.

Clément Moreau

Ja, also, ehrlicherweise gebe ich zu, dass es ab und zu einen Fall gab, wo ich dachte, «den Burschen musst du einmal strafen.» Gerade die, die Frauen ausbeuteten, die ärgerten mich besonders. Wenn sie sie als Geliebte hielten und ihnen dann mit List das Geld abnahmen. Da war ich oft härter als die andern Richter. Das ertrug ich nicht, wie solche einfach mit Raffinement dahinter gingen, keine menschliche Regung zeigten, sondern nur Verschlagenheit. Ich erinnere mich jedoch nicht, dass eine Frau geklagt hätte wegen Misshandlung. Es wurde aber erwähnt, dass geschlagen worden war.

Frauenhäuser

Von blauen Flecken bis zu Knochenbrüchen und Invalidität reichen die den Frauen durch Ehemänner, Wohnpartner und Söhne zugefügten körperlichen Schäden. 96 Misshandlungsfälle pro Monat meldet allein die Stadt Basel. Die Dunkelziffer ist hoch. Misshandlungen von Frauen und Kindern kommen in allen sozialen Schichten vor; ihre Ursachen sind vielfältig. Tief gründen sie aber in der gesellschaftlichen und familiären Stellung der Frau. Die neue Frauenbewegung hat zur Selbsthilfe gegriffen. In Genf wurde 1977 die erste Zufluchtsstätte für geschlagene Frauen errichtet. Es folgten Lausanne, Zürich, Bern, Basel, St. Gallen, Luzern. Im Thurgau und im Aargau sind sie im Aufbau. Diese Frauenhäuser bieten auch juristische und psychologische Hilfe an. Die Bewohnerinnen haben ständig mit Drohungen und tätlichen Angriffen zu rechnen. Das schwerwiegendste Problem ist jedoch die Finanzierung, denn Frauenhäuser sind weitgehend auf Spenden angewiesen. Sie werden von Behörden, obwohl die Einsicht in die Notwendigkeit solcher Zufluchtsstätten besteht, nur wenig und zögernd unterstützt. Telefonnummern und Adressen sind über die Polizei, Frauenzeitschriften und feministische Organisationen erhältlich. Im Juni 1982 veröffentlicht die Eidgenössische Kommission für Frauenfragen den Bericht «Gewalt an Frauen in der Schweiz».

Brief an geschlagene Frau

Sehr geehrte Frau...

Wie uns unser ärztlicher Dienst mitteilt, ist die Arbeitsunfähigkeit vom 9. bis 25. Oktober 1977 nicht die Folge einer Krankheit, sondern einer Auseinandersetzung bzw. Rauferei mit Ihrem Ehemann.

...

In Anwendung von Art. 46, Ziff. 1, lit. g) unserer Statuten werden in der Krankenpflege- und Taggeldversicherung sowie Spitalzusatzversicherung keine Leistungen gewährt für Unfälle und deren Folgen, die auf aussergewöhnliche Gefahren und Wagnisse oder Teilnahme an Raufhandel zurückzuführen sind. Aus diesem Grund sind wir leider nicht in der Lage, Versicherungsleistungen zu gewähren.

Sollten Sie jedoch unsere obige Darstellung bestreiten und behaupten, ohne jegliche Schuld von Ihrem Ehemann Schläge erhalten zu haben, so anerkennen Sie zugleich eine Haftpflicht Ihres Ehemannes, so dass wir gezwungen wären, unsere Leistungen gemäss Art. 48, Ziff. 5 der Statuten abzulehnen.

Mit freundlichen Grüssen
SCHWEIZERISCHE KRANKENKASSE HELVETIA
Zentralverwaltung

Vergewaltigungen kamen selten vor Amtsgericht. Einmal hatten wir einen Fall. Da feierte das Personal einer Gesandtschaft einen Abend und hatte Schweizer Mädchen eingeladen. Die dachten, mit denen könne man machen, was man wolle. Sie zogen sie aus und missbrauchten sie. Die Mädchen konnten sich wenig wehren. Offenbar waren sie als Begleiterinnen eingeladen worden — es waren keine Huren. Sie klagten dann, und die Beteiligten wurden zu einer Strafe verurteilt.

Vergewaltigung

Pro Jahr werden in der Bundesrepublik 35'000 Frauen vergewaltigt, in Italien 16'000. Das sind nur die angezeigten Fälle. Die Dunkelziffer ist fünf- bis zehnmal höher. Vergewaltigt wird die Frau alltäglich auch in Boulevardpresse, Film und Werbung: Hier werden Gewalt und Sexualität mit Verführung und Leidenschaft in Verbindung gebracht.
Nach der gängigen Volksmeinung ist ein Vergewaltiger «der Fremde in irgendeinem dunklen Park, und das Opfer hat ihn durch aufreizende Kleidung herausgefordert». In Wirklichkeit ist der Täter oft ein Verwandter oder Bekannter. Genaue Zahlen fehlen auch in der Schweiz. 1980 meldete der Kanton Zürich allein 137 Vergewaltigungsfälle. Bei der Polizei und vor den zumeist männlichen Richtern erfahren die Opfer wenig Verständnis, werden peinlichen Verhören unterworfen und sind Demütigungen in der Familie ausgesetzt. Die seelischen Folgen einer Vergewaltigung sind meist schlimmer als die körperlichen. Dennoch sollte jede Frau, die vergewaltigt worden ist, Anzeige erstatten. Es ist erwiesen, dass Täter meistens mehr als einmal vergewaltigen. Mancherorts greifen engagierte Frauen zur Selbsthilfe. Sie bieten Begleitung beim Gang zur Polizei und seelische Betreuung der Betroffenen an. In Zürich gibt es ein «Nottelefon für vergewaltigte Frauen».

«In Genf wurde am 1. November 1934 durch den Frauenstimmrechtsverein eine stark besuchte Versammlung einberufen, die gegen ein Urteil mit mildernden Umständen protestierte, das bei Anlass der Vergewaltigung eines siebenjährigen Mädchens gefällt worden war. Dabei wurden ähnliche Urteile beanstandet, wie auch der Ausschluss der Frauen aus dem Gerichtssaal bei Behandlung solcher Fälle.»
Jahrbuch der Schweizerfrauen, 1936

Ich mag mich noch erinnern, als der letzte Schweizer zum Tod verurteilt wurde. Aber ich lehne die Todesstrafe ab. Heute haben wir sie ja nicht mehr. Ich finde, es ist eine viel zu leichte Strafe. Der Kriminelle kann ja nicht mehr nachdenken darüber, was er angerichtet hat.
Landesverräter wurden auch erschossen während des Kriegs, einige auf der Festung Thorberg. Das finde ich ein Verbrechen, wie es grösser nicht möglich ist, wenn man sein Land verrät, und Hunderte und Tausende gefährdet, nur wegen Geld. Aber vielleicht hat es doch nicht die Rechten erwischt.

Todesstrafe

Gegen das Todesurteil an der Kindsmörderin Frieda Keller reicht 1904 der Bund Schweizerischer Frauenvereine einen Protest ein.
Die letzten nach kantonalem Strafrecht verhängten Todesurteile werden in Zug (1939) und im Kanton Obwalden (1940) vollstreckt. Das Schweizerische Strafgesetzbuch, das seit Januar 1942 in Kraft ist, sieht die Todesstrafe nicht mehr vor. Für Kriegszeiten gilt sie aber immer noch. Mit dem Tod durch Er-

schiessen können u. a. Ungehorsam, Meuterei, Feigheit und Ausreissen bestraft werden. Während des Zweiten Weltkriegs sprachen Schweizer Militärgerichte wegen Verletzung militärischer Geheimnisse und Landesverrat 33 Todesurteile aus, 17 davon wurden vollzogen. Der Zürcher Strafrechtsprofessor P. Noll kommt 1980 bei der Untersuchung dieser 17 Prozesse u. a. zu folgenden Ergebnissen: Die Todesstrafe schreckte die Täter nicht ab. Die Auswahl der Verurteilten hatte etwas Zufälliges an sich.

1981 erklärt in den USA Professor Bedau vor dem Rechtsausschuss des Senats, dass farbige Gewalttäter eher zum Tod verurteilt werden als weisse. So wurden 1972 in Florida von 286 Farbigen, die Weisse getötet hatten, 48 zum Tode verurteilt, jedoch keiner der 111 Weissen, die Schwarze ermordet hatten. Noch ungerechter sind solche Praktiken in Südafrika.

1981 kennen neun westeuropäische Staaten ein für Friedens- und Kriegszeiten geltendes Verbot der Todesstrafe. Noch fehlt die Schweiz.

Menschenwürde

Letzthin diskutierte man über Offiziere, die auf Fotos von nackten Frauen Schiessübungen veranstalteten. Das habe ich in den Zeitungen gelesen. Privat bekleiden Offiziere ja auch oft höhere Posten oder haben akademische Titel. Aber ich habe mir immer vorgestellt, wenn man denen die Uniform auszieht, dann bleibt nicht mehr viel Unterschiedliches.

«Wir haben eine Erfolgskontrolle durch die berufliche Bewährung unserer Milizoffiziere. Die meisten von ihnen sind 10 bis 15 Jahre später in Kaderfunktionen der Wirtschaft oder in andern führenden Stellungen anzutreffen. Das zeigt mir, dass wir in der Regel die Richtigen auswählen.»
Korpskommandant Roger Mabillard, Ausbildungschef der Schweizer Armee, über die Auswahl von Offiziersanwärtern, in: Die Woche, 12.3.1982

Wenn ich sie als Amtsrichter hätte verurteilen können, hätte ich vielleicht vorgeschlagen, ihnen ein paar Tage Gefängnis zu geben, so symbolisch wenigstens. Mit einem Strafmass kann man das eigentlich fast nicht behandeln. Vielleicht hätten sie auch Arrest erhalten sollen und zur Strafe ein paar Bücher zum Beispiel von Albert Schweitzer oder andern über Menschenrechte und -würde lesen. Den Inhalt hätte man dann abgefragt, um sicher zu gehen, dass sie es verstanden haben. In dem Fall geht es ja wirklich um Menschenachtung und Frauenwürde, da kann man nicht mit Paragraphen messen. Es hätte mich gleichermas-

Amnesty International

sen gestört, wenn das Foto eines Mannes aufgestellt worden wäre. Aber man muss auch sehen, wie das zugeht im Militär. Da ist man unter Männern, und wenn ein paar beisammen sind, werden bald zweideutige Witze gemacht. Dann braucht's noch ein wenig Alkohol. Die Serviertöchter wissen davon zu erzählen.

los». Das militärstrafrechtliche Verfahren wird bald eingestellt, «weil der Straftatbestand der Beschimpfung der Frauen» nicht erfüllt sei. Die Zivilklage wird vom Obergericht abgelehnt, «da die Ofra zur Verbandklage nicht legitimiert» sei. Die Ofra muss die eigenen Gerichtskosten wie auch die des Angeklagten bezahlen.

«Meiteli hürat mi, i bin e scharfe Schütz,
und mys Heimatland das isch die liebi Schwyz,
wenn de d'Schwobe chöme,
so beschützen-i di,
Meiteli hürat, hürat mi.»

Altes Soldatenlied

Frauenschiessen

Schiessübungen im Wiederholungskurs: Pistolentragende Offiziere veranstalten 1981 ein Wettschiessen, wobei Bilder nackter Frauen auf die Zieltafeln geklebt werden. Schüsse auf Kopf und Schamgegend bringen die meisten Punkte. Ein alter Soldatenbrauch? Der offene Brief eines Soldaten in einer Tageszeitung macht die Öffentlichkeit darauf aufmerksam. Die Ofra (Organisation für die Sache der Frau) erhebt Klage gegen die verantwortlichen Kommandanten, da hier «die Würde jeder Frau verletzt werde», und verlangt 10'000 Franken Genugtuung, die an «Frauen für den Frieden» zu überweisen seien. Eine militärstrafrechtliche Untersuchung wird eingeleitet. Bundesrat Chevallaz, Vorsteher des EMD, bezeichnet die Übung als «geschmack-

Überfremdung

In den Fünfzigerjahren kam der grosse Ausländerboom. Wir merkten damals in der Stadt direkt und in der Fabrik wenig davon. Die SAIA war eigentlich ein Mittelbetrieb, etwa 120 Angestellte. Apparatebau, das braucht Berufsleute, da konnte man keine Angelernten, wie es die Ausländer meist waren, brauchen. Auf dem Bau oder in der Landwirtschaft ist das anders.

Mancher Arbeiter war für die Schwarzenbach-Fremdenabwehr, weil er Angst hatte, dass die Ausländer die Tarife drücken könnten. Die Schweizer Arbeiter könnten dann ihre Forderungen nicht mehr durchsetzen. Ich finde, es sollte zuerst nachgewiesen werden, dass ein Arbeitsplatz nicht mehr mit einem

Schweizer besetzt werden kann. Aber ich kam wenig mit Ausländern in Berührung. Im Altersheim haben wir einen, von dem heisst es, er sei ein Tscheche. Er hat einen tschechischen Namen. Er kommt nur zmittagessen, sonst wohnt er anderswo. Bei den Hausangestellten hat es auch eine Spanierin, die hilft in der Küche und im Haushalt. Ihr Mann schafft auf dem Bau. Sie war schon da, als ich ins Heim kam. Mit ihr rede ich manchmal, sie kann ganz gut Deutsch. Dann hat's auch eine Süddeutsche als Köchin.

Ausländerpolitik

Die «Schwarzenbach-Initiative» wurde am 7. Juni 1970 nach einer heftigen Abstimmungskampagne vom Volk knapp verworfen. Sie verlangte innert vier Jahren pro Kanton die Begrenzung der Ausländerquote auf zehn Prozent. Unerwartet stark verworfen wurde am 20. Oktober 1974 die unmenschliche «Überfremdungsinitiative III» der Nationalen Aktion, die bis zum 1. Jan.

1978 den Abbau der ausländischen Wohnbevölkerung von einer Million auf 500'000 forderte. Diesmal stimmten auch die Frauen mit. Abstimmungsanalysen ergaben, dass ihre Beteiligung den günstigen Ausgang der Volksabstimmung wesentlich beeinflusste.

Die Flüchtlinge sollten wir aufnehmen, bin ich der Meinung, wenn es geht. Aber nicht unbedingt das Bürgerrecht geben; sondern sie dann einmal wieder in ihr Land zurückschicken. Oder vielleicht in ein Land, das nicht so übervölkert ist wie die Schweiz. Man sagt auch, dass die Flüchtlinge, die kommen dürfen, ausgelesen werden.

Überhaupt verwundert es mich, dass so Hunderte und Tausende ihr Land verlassen, dass sie sich nicht verteidigen und zusammentun können. Das ist mir nicht verständlich. Ich vermute, sie sind nicht organisiert, so kann man nicht Widerstand leisten.

Auswahl

Nicht jeder wird in die Schweiz als Flüchtling eingelassen. In den Auffanglagern wird ausgewählt. So zum Beispiel 1982 in Österreich ein Kontingent von einwanderungswilligen Polen. «In Bern hat man genaue Vorstellungen darüber, wen man akzeptieren will: so sollen vier Fünftel der Flüchtlinge Familien mit einem oder zwei Kindern und ein Fünftel Unverheiratete sein. Auch 50 Behinderte will man aufnehmen. Damit der Neuankömmling nicht arbeitslos bleibt, hat der Bund berufliche Richtlinien erlassen: Nur qualifizierte Arbeiter, Techniker, Handwerker und paramedizinisches Personal werden in die Schweiz gelassen»
Die Woche, 12.3.1982

Ich wäre dafür, dass die Schweiz der UNO beitritt, es sollten alle Länder dabei sein. Wir sollten auch dort Verpflichtungen übernehmen. Einen grossen Vorteil werden wir nicht haben, aber es sollte ein wirklicher Völkerbund sein.

«Schweizerland ist Völkerbundsland seit dem 1. August 1291, dem Tag der Gründung der Eidgenossenschaft, und nicht erst seit dem 16. Mai 1920; hier hat der Pazifismus uralte Heimatrechte.»
Samuel Zurlinden, Die Friedensbewegung, 1922

Abschied

Wir hatten ein altes Klavier, das war von 1850, ein Hammerklavier. Das kauften wir einem ab für etwa 50 Franken. Die Frau klimperte darauf. Ich spielte Mandoline dazu. Schon kurz nach der Lehre hatte mich ein Kollege angemacht, der in einem Mandolinenklub war. Da ging ich auch hin, es gefiel mir. Bald kaufte ich eine Mandoline, sie kostete damals hundert Franken. Dann ging ich in den Kurs. Ich übte und lernte von den andern. Meine Frau und ich spielten Liedli, so Volksliedli. Und auch aus dem Gesangbuch, «Auf dem Rütli», und «Rufst du mein Vaterland».

Als meine Frau krank wurde, da ging ich ins Historische Museum und fragte, ob sie das Klavier wollten. Der Direktor kam dann einmal vorbei und sah es sich an. Ich verlangte 300 Franken, er gab mir 250. Jetzt steht es im Schloss Oberhofen.
Meine Frau war jahrelang zuckerkrank. Zu Hause habe immer ich ihr das Insulin gespritzt, zuletzt reichte es halt nicht mehr.
Der Zucker schwankt ja, mit dem Essen und wie sie sich fühlt, da musste man aufpassen, vielleicht spritzt man dann auch einmal zuviel. Ich habe auch ihr Wasser selber zu Hause auf Zuckergehalt untersucht. Mit einem Reagenz-Papier oder mit einem Mikroskop. Aber es war nicht so exakt. Meine Frau musste regelmässig zum Arzt, dennoch schwankte der Zucker ständig. Dann musste sie ins Spital. Einmal ins Störler-Spital, unten an der Aare, und später ins Salem.
Ich mag mich noch heute erinnern, als mir telefoniert wurde, ich solle ins Spital. Als ich ankam, da war sie schon gestorben.
Sie starb 1958, sie war erst 62. Jetzt lebe ich schon 24 Jahre weiter, ohne sie.

❬❬❬❬❬❬❬❬❬❬❬❬❬❬❭❭❭❭❭❭❭❭❭❭❭❭❭

Dein Schweigen

. . .

Dein Schweigen
Meine Stimme
Dein Ruhen
Mein Gehen
Dein Allesvorüber
Mein Immernochda.

Marie Luise Kaschnitz

Hanni G.

Frauen haben Zeit

1953 wurde ich in den Vorstand vom Seeländer-Sängerverband gewählt. Frau Möschler und ich waren die ersten Frauen in diesem Vorstand, obwohl es den Verband schon seit 1876 gibt. Er war übrigens der erste Sängerverband im Kanton Bern, der Frauen in den Vorstand wählte. Warum es überhaupt dazu kam: Es müssen immer im Turnus zwei Vereine die Verbandskasse revidieren. Einmal war auch der Frauenchor von B. an der Reihe, und ich wurde vom Chor dazu bestimmt. Vorher aber hatte die Sekretärin unseres Chores an den Verband geschrieben, es käme jemand von uns, aber sie finde es nicht recht, dass die Frauenchöre immer nur die Revisorinnen, aber keine Vertretung im Vorstand stellen dürften. Der Verband hat diese Bemerkung ernstgenommen, der Frauenchor hat meine Kandidatur vorgeschlagen, und die Delegiertenversammlung von Neuenstadt hat mich gewählt. Nachher haben sie mir sofort das Protokollsekretariat angehängt, und ich versah dieses Amt zwanzig Jahre lang, bis 1973. Die Männer im Seeländervorstand waren uns zwei Frauen gegenüber sehr aufgeschlossen. Aber, und das wird wohl immer so bleiben: was arbeitsaufwendige Aufgaben sind wie Protokollsekretärin oder Korrespondenzsekretärin, das besorgen immer Frauen. Die Männer nehmen sich nicht so viel Zeit oder haben keine Zeit und finden, den Frauen gehe es leichter, ehrenamtlich zu arbeiten.

Der Kassier hingegen, das ist fast immer ein Mann!

«Wo und was die Frauen arbeiten, bestimmen die Männer.»
Iris von Roten
Ihr Buch «Frauen im Laufgitter» erscheint 1958 und nimmt viele Gedanken späterer emanzipatorischer Frauenliteratur vorweg. Presse und Öffentlichkeit reagieren vorwiegend negativ. Die Autorin wird zum Teil lächerlich gemacht und beschimpft.

Die Äpfel fallen

Unser Sohn wollte absolut nicht ins Lehrerseminar, er wollte ins Gymnasium und nachher an die ETH. Das betrübte meinen Mann, denn er hätte gerne einen Lehrer in ihm gesehen. Und ausserdem machte es uns ein bisschen Kummer, denn wir hätten Geld aufnehmen müssen,

weil schon damals Zürich nicht billig war, das Essen, die Wohnung, die Studiengelder ...
Als der Sohn dann von der Maturareise heimkam, teilte er uns mit, er ginge jetzt nicht an die ETH, sondern ans Lehramt. Da hat mein Mann gesagt: «Das hätten wir auch billiger haben können.»
Dann ist die Tochter vor der Berufswahl gestanden, die wäre eigentlich auch gerne ins Gymnasium, aber wir haben gefunden, wir hätten genug an einem in dieser Schule. Sie war auch einverstanden, die Aufnahmeprüfung ans Seminar zu machen, und mein Mann hat damals zu ihr gesagt: «Wenn du die Prüfung nicht bestehst, dann musst du zuerst ins Welschland und dann ins Konsum in eine Verkäuferinnenlehre.»
Sie hat dann die Prüfung bestanden.

Mädchen an Maturitätsschulen

In einem Basler Gymnasium treten die Jungen und Mädchen zur ersten Physikstunde an. «Nun», sagt der Lehrer, «beginnen wir also mit Physik. Für dieses Fach haben die Mädchen sowieso keine Begabung!» Das war 1977.
1882 besuchten noch keine Mädchen den Physikunterricht, denn laut Statistik gab es an den Schweizer Gymnasien überhaupt keine Mädchen. 1883 eröffnete die Töchterschule Zürich eine Abteilung für Maturandinnen, und 1895 nahm das Berner Gymnasium die ersten Schülerinnen auf.
1977/ 78 beträgt der Mädchenanteil an den Maturitätsschulen laut Bericht der Eidgenössischen Kommission für Frauenfragen 40,6 Prozent. Überdurchschnittlich viele Mädchen an

Gymnasien gibt es in den Kantonen Genf, Neuenburg, Waadt, Baselland, Tessin und Basel-Stadt, unterdurchschnittlich ist ihr Anteil in Ob- und Nidwalden, beiden Appenzell, Uri, Graubünden und Zug. Was für die Jungen gilt, gilt auch für die Mädchen: Die «Oberschicht» der Bevölkerung ist deutlich über-, die «Unterschicht» deutlich untervertreten.

Frauen an Hochschulen

Keinen Zutritt für Frauen gab es bis 1867 an den Schweizer Universitäten. Dann setzten deutsche Professoren aus Emigrantenkreisen an der Universität Zürich die Immatrikulation einer Russin durch. 1868 immatrikulierte sich Marie Vögtlin als erste Schweizerin an der medizinischen Fakultät Zürich und erregte damit den Ärger weiter Kreise. 1872 erreichten die Genferinnen mit einer Petition die Öffnung der Universität Genf für Frauen, und 1873 bestätigte eine Volksabstimmung in Zürich die Zulassung von Studentinnen. In anderen Kantonen ging es langsamer. Erst 1905 gewährte die Universität Fribourg den Frauen Zutritt.
Die Zahl der studierenden Frauen nimmt zu. Zwischen 1967/ 68 und 1980/ 81 stieg ihr Anteil von 21 auf 32 Prozent. Weit untervertreten bleiben allerdings noch die weiblichen Dozenten.

Aus dem Häuschen

Nach 23 Jahren Ehe, 1955, machten wir zum ersten Mal Ferien, eine Woche auf der Bettmeralp, und zwei Jahre später, 1957, feierten wir unsere silberne Hochzeit in der Luft. Sohn und Schwiegertochter hatten uns einen Alpenflug geschenkt. Wir stiegen hinauf in einer kleinen Kiste, der eine schaute auf die eine Seite, der andere auf die andere, es war ein wunderschöner Tag, und plötzlich gerieten wir über dem Oeschinensee in ein Gewitter. Das war das erste und das letzte Mal, dass wir geflogen sind. Nicht dass ich Angst gehabt hätte, aber es hat mir nicht so viel bedeutet. Ich habe damals zu meinem Mann gesagt: «Mit diesem Geld hätten wir ein weites Stück mit der Eisenbahn fahren können.»

Wir sind noch oft mit der Eisenbahn gefahren und tun es heute noch gerne. Zwischendurch kamen dann die Carfahrten ins Südtirol, ins Burgund, ins Elsass, nach Deutschland. Später musste ich wegen meiner Arthritis regelmässig ins Leukerbad. Jetzt reisen wir nur noch durch die Schweiz, wir haben noch so vieles nicht gesehen, und ab und zu fahren wir auch in Gegenden, die mir besonders lieb sind — in den Kanton Graubünden.

Das Dorfgerücht

Eines Tages, zur Zeit des Ungarnaufstandes 1956, kamen sie. Wir waren gerade beim Mittagessen, als das Geschrei vor unserem Haus losging. Ich weiss nicht mehr genau, was sie geschrien haben, wohl so Worte wie «Russenfreund», «Kommunist» und ähnliches. Es war eine Schar junger Leute und Kinder, Sekundar- und Primarschüler, die eine Demonstration vor unserem Haus machten. Ein Junge aus der Klasse meines Mannes war auch dabei. Der war der Urheber der ganzen Sache. Er hatte das Gerücht aufgebracht, mein Mann hätte in der Schule gesagt: «Es ist dann gut, wenn die Russen kommen!» Natürlich stimmte das nicht, er hatte ganz etwas anderes gesagt. Als nämlich die Schüler im Schulzimmer Lärm machten, hatte er ihnen zugerufen: «Ihr tut ja noch ärger als die Russen!», das ist ihm einfach so herausgerutscht. Das hat dann im Dorf eine furchtbare Sache gegeben. Ich weiss noch gut, einige Leute, von denen ich es nie erwartet hätte, haben mich distanziert gefragt, ob das wohl mein Mann gesagt habe. Da hat man richtig gesehen, wie das so läuft, wie schnell jemand verleumdet ist, ohne dass man kontrolliert, was wirklich passiert ist. Meinem Mann hat das noch lange zu schaffen gemacht.

Man sollte es nicht für möglich halten, und doch ist es so. Im Kanton Zürich, dem grossen Fortschrittskanton, haben die Wiederwahlen der Lehrer in einigen Gemeinden eine Gesinnung gezeigt, die bedenklich genannt werden muss. Nicht nur, wie es in Gerliswil vorkam, dass man einen politisch vollständig unabhängigen Lehrer als Kommunisten bezeichnet und ihn so von seiner Stelle weggewählt hat, sondern man hat es an vier Orten zustande gebracht, Lehrerinnen wegzuwählen, denen man gar nichts anderes nachsagen konnte, als dass sie verheiratet waren.

Die Frau, 11.3.1922

Unmögliche Unterhaltung

In den Fünfzigerjahren kam das Fernsehen auf. Ich erinnere mich an die ganz erste Zeit. Wenn mein Mann und ich etwa einen Kaffee trinken gingen im Tea-Room von B., lief dort ständig das Fernsehen, und die Leute schauten den ganzen Sonntagnachmittag Autorennen.

Am Anfang gingen sehr viele Leute ins Tea-Room, denn zuhause hatte man noch kein Fernsehen, das war fast die Ausnahme. Jetzt sind diejenigen eine Ausnahme, die keines haben, wir zum Beispiel. Auch nach den Frauenchorproben kehrten wir im Tea-Room ein, und immer lief dieses Fernsehen. Man hätte natürlich schweigen sollen, um nicht zu stören, und wir hätten doch so gerne miteinander geschwatzt. Jetzt haben sie den Fernseher zuhause, jetzt stört es auch schon da, wenn man schwatzt.

Fortschritte

Als 1960 unser erster Enkel kam, der erste von drei Buben, haben wir grosse Freude gehabt. Vor der Geburt waren mein Mann und ich ein paar Tage in den Ferien am Bodensee, und als wir von dort aus an-

riefen und fragten, wie's ginge, da hat mein Sohn gesagt, sie hätten schon einen recht alten Buben.

Am Abend der Taufe im Oktober 1960 fuhren seine Eltern in die Ferien, unsere Tochter ins Ausland und das Büblein kam zu uns. Der Bub ist dann immer wieder bei uns in den Ferien gewesen. Als er jährig wurde, hat er bei uns zu reden angefangen. Gerade zu der Zeit begann die «Landhyäne», der grosse Spekulant, ein grosses Gebiet in unserer Nachbarschaft zu bebauen. Dort hatte es auch viele Krane und Wagen, und der Kleine hat immer wieder gerufen: «Outo, Outo». Das war sein erstes Wort. Meine Leute haben dann gesagt, der Bub hätte so früh zu reden begonnen, weil er viel bei der Grossmutter gewesen sei...

Bodenspekulation

Immer mehr Kulturland wird der Landwirtschaft entzogen. Trotz der Einführung von Landwirtschaftszonen bleibt auch dieser Boden Objekt von Kapitalanlegern und Spekulanten, die auf eine Umzonung hoffen. Dies treibt die Bodenpreise in die Höhe. 1982 muss ein Bauer das Zehn- bis Vierzigfache des landwirtschaftlichen Ertragswertes zahlen. Deshalb gehört ein immer grösser werdender Anteil der landwirtschaftlichen Nutzfläche nicht mehr den Bewirtschaftern selbst. Fast die Hälfte ist heute Pachtland. Landwirtschaftsland, das Bauland werden könnte oder werden soll, wird zum Tummelfeld der Immobilienmakler.

Gegen Bodenspekulation auf dem Land und in der Stadt richtet sich 1982 eine überparteiliche Volksinitiative. In ihrem Ergänzungsvorschlag zum Artikel 22ter der Bundesverfassung steht

*u. a.: «Grundstücke dürfen nur zum Ei-
gengebrauch bei nachgewiesenem Bedarf oder zur Bereitstellung preisgünsti-
ger Wohnungen erworben werden.»*

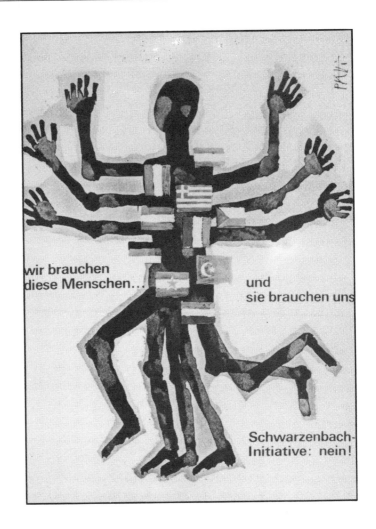

1961 weltweite Protestwelle gegen radioaktive Verseuchung von Wasser und Luft · 1962 aufsehenerregende Berechnungen über Steuerhinterziehungen in der Schweiz · 1964 Beginn des Pillenknicks · Wachsendes Interesse für Umweltschutz · 1967 erste grosse Öltanker-Katastrophe · 1968 Höhepunkt der weltweiten Studenten- und Jugendunruhen · 1969 erste bemannte Mondlandung · Beginn der Abrüstungsverhandlungen SALT

Walter H.

Pensionierung

Über zwanzig Jahre lang war ich also Amtsrichter, zehn Jahre davon sozusagen vollberuflich, bis zum Empfang der Altersrente.

Vor dem «Pensionieren» studierte ich schon ein wenig, was ich dann machen wolle, ich dachte «jetzt hast du dann genug Zeit.» Zum Lesen, zum Spazieren.

Ich ging schon früher oft in die Bibliothek. Meine Mutter wohnte in der Nähe der Bibliothek, sie wies mich daraufhin, sagte, ich solle doch gehen. Sie selber hatte keine Zeit zum Lesen, sie ging noch putzen. Einmal sagte mir der Bibliothekar zu einem Buch, das sei zu hoch für mich. Und ich glaubte es ihm. Damals war ich in der Lehre. Dem Titel nach hätte mich das Buch interessiert. Ich nahm es dann nicht.

Heute habe ich einen Bücherschrank voll Bücher. Am meisten brauche ich das Lexikon. Seinerzeit vor 50 Jahren habe ich mir einen Brockhaus gekauft, da schaue ich heute noch etwa etwas nach, Persönlichkeiten vielleicht. Der ist veraltet, so bin ich halt auch ein wenig im Rückstand geblieben!

Ich lese immer noch die «Tagwacht», die habe ich seit fünfzig Jahren abonniert.Die «Berner Zeitung» und der «Bund» liegen auf im Lesezimmer. Gelesen habe ich immer viel. Leider habe ich keinen Diskussionspartner im Heim. Was soll ich auch mit einem diskutieren, der einfach nicht auf dem laufenden ist?

Aktionen

Die Pro Senectute führt unter dem Namen «Aktion P» eine Vermittlungsstelle für bezahlte Teilzeitarbeit von noch arbeitsfreudigen Pensionierten. In Zürich besteht zudem die «Aktion S», die ebenfalls von der Pro Senectute betreute Vermittlung von unentgeltlicher Hilfe der Älteren untereinander. Daneben haben sich spontan viele Selbsthilfegruppen gebildet sowie Gruppen, die gemeinsam ein Hobby pflegen und Reisen unternehmen. Erwachsenenbildungsorganisationen im ganzen Land bieten speziell für ältere Leute Kurse an.

Sterngucker

Ich habe einen grossen astronomischen Atlas gehabt mit den Sternen und dem Planetensystem. Den habe ich später der Tochter gegeben.

Einmal bin ich in die Elfenau hinunter und dann hinter ein Haus. Es ist schön klar gewesen, die Sterne hat man gut gesehen. Ich habe eine Taschenlampe mitgenommen und den Atlas. Da ist einer dahergekommen und hat gefragt: «Was machen Sie da?» Als ich ihm erklärte, das sei der und der Stern, hat er sich bald wieder verzogen.

Heute schaue ich die Sterne schon noch an und beobachte den Himmel, aber ich denke nicht mehr: «Das ist der Stern und das ist der Stern», mit Namen.

Μὰξ καὶ Μῶριζ ἀμφοτέρω
Ζωγραφέντε ἀνωτέρω,

Himmelsspione

Militärischen Zwecken dienen mehr als die Hälfte der in den letzten Jahren eingesetzten Satelliten. Sie ziehen ihre Bahn in rund 900 km Höhe und mit einer Geschwindigkeit von 103 Minuten pro Erdumkreisung. Da ihre Kameras zudem mit modernsten Objektiven ausgestattet sind, können sie die ganze Erde überwachen.

Viele Satelliten tragen auch Bomben mit sich, von denen behauptet wird, dass sie auf jedes beliebige Ziel auf der Erde gelenkt werden könnten. Die Entwicklung der Satellitenabwehr wurde entsprechend vorangetrieben: Auch «Satellitenkiller» sind im Umlauf. Krieg im Weltraum? Fragt sich nur, zu welchem Preis!

Ab und zu ging ich an Vorträge, zu politischen und naturwissenschaftlichen Themen. Aber nicht so oft. Jetzt gehe ich gar nicht mehr. Ich höre nicht mehr so gut.

In einer Buchhandlung sah ich einmal ein Büchlein in Griechisch. In der Schule hatten wir griechische

Geschichte, das hat mich interessiert. Da begann ich zu lernen, also so, dass ich es lesen konnte. Ich kaufte eine Grammatik und lernte das Alphabet.

Schon in den Zwanzigerjahren habe ich einen Fotoapparat gekauft, einen mit einem Balg, das war damals schon ein besserer. Der Onkel, der hatte einen grossen Apparat. Ich weiss noch, wie er ihn mir einmal geliehen hat. Den habe ich auf einer Wanderung mitgeschleppt über die grosse Scheidegg. Aber ich habe nicht vom Onkel gelernt, mehr von Kollegen, die haben mich angemacht. Mich hat es immer interessiert, wie das Bild entsteht. Manchmal ging es lang, bis es herauskam, ich musste das Zimmer verdunkeln. Vor allem abends und nachts habe ich selber die Fotos entwickelt.

Einen Fernsehapparat hatte ich nie. Sonst wäre ich vielleicht zuviel dabei gehockt. Vielleicht hätte ich mir auch überlegt, es sei zu teuer, denn ich schaue nicht einfach alles. Da philosophiere ich lieber für mich, da habe ich mehr davon.

Fernseh-Entwicklung

Fernsehexperimente gab es schon vor dem Ersten Weltkrieg. 1924 wurden in

Amerika und Deutschland Fernsehbilder gezeigt. Eigentliche Fernsehsendungen werden erstmals 1936 in England, 1937 in Deutschland, 1938 in Frankreich und 1939 in Amerika ausgestrahlt. Das erste schweizerische Versuchsgerät wird an der Landi 1939 einer breiten Öffentlichkeit vorgestellt. Die SRG nimmt 1953 den Fernsehbetrieb auf mit drei Stunden Sendezeit in der Woche. Widerstand kommt aus den Kreisen der Radiofreunde und Kinobesitzer. Gegner warnen auch vor gesundheitsschädlichen Auswirkungen. 1965 beginnen die Werbesendungen, drei Jahre später kommt das Farbfernsehen.

1956 zählt die Schweiz 20'000 Konzessionäre, 1968 sind es eine Million und heute etwas über zwei Millionen.

Grossvater

Die Tochter und ich, wir wohnten zusammen im alten Logis. Dann sagte sie, sie wolle heiraten. Es freute mich, sie hatte schon zwei Jahre Bekanntschaft gehabt. Ich habe schon gedacht, sie täten mal heiraten. Mit dem Gedanken hatte ich mich schon abgefunden. Ich dachte: «Jetzt gibt es eine Veränderung».

Sie sagten, sie würden ein Drei-Zimmer-Logis nehmen und dann könne ich zu ihnen ziehen, ein Zimmer sei dann für mich. Man machte das halt so miteinander ab.

Aber schon damals habe ich gedacht: «Wenn dann Kinder da sind, muss ich weg.» Oder wir müssten in ein grösseres Logis.

Die Hochzeit war in der Petruskirche. Danach haben wir in einem Wirtshaus gegessen. Da sind die Eltern vom Mann gewesen und wer war da noch? Es ist mir nicht mehr

gegenwärtig. Jedenfalls waren wir nur eine kleine Gesellschaft.

Sie hatten noch kein eigenes Geschäft, sie schafften zusammen am gleichen Ort, er als Kürschner und sie als Pelznäherin. Da sparten sie halt. So ein Jahr oder zwei später haben sie ein eigenes Geschäft übernommen.

Bald kam die Enkelin. Mit der gab ich mich viel ab.

Es ist ein eigenartiges Gefühl gewesen, als ich Grossvater geworden bin. Ich bin auch ins Spital gegangen und sie haben mir die Kleine gezeigt. Sie hatte natürlich die Augen zu.

Zuerst habe ich sie immer herumgetragen, dann bin ich mit ihr spaziert, habe ihr Würmer gezeigt im Garten. Ich habe ihr Sachen gezeigt und immer geschaut, wie sie reagiert. Einmal gingen wir spazieren, die

Sonne schimmerte nur durch einen Wolkenschleier. Da sagte ich: «Lue dert, der Mond.» Aber sie hat begriffen und sofort gesagt, das sei die Sonne.

Im Ziergarten vor dem Haus ist ein kleiner Teich gewesen. Dort habe ich ein Spielzeug hineingesetzt, das geschwommen ist. Sie hat es nehmen wollen und ist kopfvoran hineingefallen. Da habe ich gesagt: «Oh, jetzt bist du nass geworden. Wir gehen ein anderes Röcklein anziehen.» Ich habe so getan, als ob es etwas Normales sei. So hat sie keine Angst gehabt und nicht geweint.

Wiederheirat

Als ich 68 war, da habe ich nochmals geheiratet.

Ein Kollege hatte eine Frau, die in einem Bahnhofrestaurant diente. Mit dem ging ich am Sonntag viel aus. Die Frau hatte eine Kollegin. Die haben sie mir einmal vorgestellt. Und dann dünkte es mich, man könne noch gut reden mit ihr. Ich dachte auch, die sei wahrscheinlich tüchtig im Werchen (Arbeiten). Sie war auch hübsch zum Ansehen. Sie war nicht extra gebildet, aber man konnte sich angenehm unterhalten. Die Ehe dauerte drei Jahre. Dann reichte ich die Scheidung ein. Ich weiss selber nicht, sie hatte nie die rechte Einstellung als Ehefrau. Sie ging arbeiten. Ich meinte, dass sie nicht arbeiten gehen solle. Ich meinte, sie solle die Haushaltung machen, dass jemand zu Hause sei, wenn ich heimkomme, dass das Mittagessen und das Nachtessen zur Zeit parat ist. Doch sie wollte einfach zum Kiosk, wo sie früher war. Als sie mir vom Kiosk erzählte, da habe ich gedacht, es sei so eine Aushilfe, für eine Stunde oder zwei, aber

nicht den ganzen Tag. Sonst hätte ich sie nicht geheiratet; aber da habe ich mich eben geirrt. Ich habe nicht geheiratet, um dann doch den ganzen Tag allein zu sein.

Frauen können schon arbeiten gehen, wenn sie nicht so viel Haushalt haben oder es rationell bewältigen. Meine Tochter bringt das auch fertig, aber die kann selber bestimmen, wann sie in das Geschäft geht, weil sie ein eigenes hat. Das ist etwas anderes. Dann geht das schon.

Item, ich konnte es nicht verhindern. So spielte das dann nicht mehr. Sie war zwölf Jahre jünger. Wir stellten uns eben die Sache anders vor. Der Kiosk war offen bis 19 Uhr, dann kam sie manchmal erst um 20 Uhr oder noch später heim. Sie traf vielleicht jemanden, ging noch eins trinken. Das verleidete mir. Da gab ich halt die Scheidung ein. Ihr war es auch recht. Sie fand, sie gehe lieber wieder heim zur Mutter, sie könne dort das Heimet erben. Das spielte halt alles mit, diese Mutter und die Erbschaft, und dass sie oft heim ging. Das Haus war aber ziemlich weit weg, in einem andern Kanton. Sie wünschte zuerst, dass ich mitginge, aber das habe ich mir nicht vorstellen können.

Altersrenten

Als ich mich von der zweiten Frau trennte, musste ich noch ein paar hundert Franken bezahlen, genau weiss ich es nicht mehr. Es war eine einmalige Abfindung. Sie war ja mit der Scheidung auch einverstanden.

Im Betrieb hatten wir keine Pensionskasse, erst als er nach Murten zügelte, 1950, haben sie eine eingerichtet. Weil ich dann ans Amtsgericht ging, was auch keine Anstellung ist, sondern wo es einfach Sitzungsgelder gibt, hatte ich auch keine Pension. Und mit dem Kollegen, bei dem ich gelegentlich noch als Mechaniker arbeitete, konnte ich natürlich auch keinen Arbeitsvertrag abschliessen. So habe ich nur die AHV und etwas Erspartes.

Altersvorsorge

«Der Bund wird auf dem Weg der Gesetzgebung die Alters- und Hinterlassenenversicherung einrichten» lautet Artikel 34quater der Bundesverfassung, der 1925 angenommen wurde. Nach verschiedenen Gesetzesvorschlägen und Referendumsabstimmungen trat das AHV-Gesetz 1948 in Kraft. Der Beitritt ist für die ganze Bevölkerung obligatorisch. Ehefrauen sind allerdings nicht direkt, sondern nur indirekt durch die Beitragszahlungen des Ehemanns versichert. Einer geschiedenen, nicht erwerbstätigen Frau werden die Ehejahre als beitragslose Jahre gerechnet, falls nicht bestimmte Voraussetzungen erfüllt sind. Nach der Scheidung muss sie sich selbst wieder bei einer Ausgleichskasse melden und Beiträge bezahlen. Hingegen ist eine nicht erwerbstätige Witwe nicht zu Beitragszahlungen verpflichtet, bleibt aber selbstverständlich rentenberechtigt. Der Ehemann erwirbt mit dem Beitrag aus seinem Lohn eine Rente für zwei Personen. Die erwerbstätigen Unverheirateten erwerben sich mit ihren Beiträgen nur den Anspruch auf ihre eigene Rente. Auch die erwerbstätige Ehefrau hat nicht direkt etwas von ihren Beitragszahlungen. Die Rente wird in jedem Fall aufgrund der Beitragsjahre des Mannes berechnet; die Beiträge der Frau werden höchstens ergänzend beigezogen.

Bei der AHV ist die Rollenverteilung in der Ehe eindeutig festgelegt: die Frau führt den Haushalt, der Mann verdient. Wählt ein Paar das Umgekehrte, muss es einiges vorkehren und auch Nachteile in Kauf nehmen.

Am einschneidendsten ist wohl die Tatsache, dass die Frau weder eine Ehepaar- noch eine Witwerrente auslösen kann. Stirbt sie vor der Pensionierung, bekommen die minderjährigen Kinder eine Halbwaisenrente, gleichgültig, ob sie erwerbstätig gewesen war oder nicht. Weil die Frau aber keine Witwerrente auslösen kann, wird die Situation für die Hinterbliebenen prekär, wenn sie voll für den Unterhalt von Mann und Kindern aufgekommen ist. Die AHV ersetzt das wegfallende Familieneinkommen nämlich nicht und zwingt den Hausmann, beim Tod seiner Frau wieder voll ausser Haus zu arbeiten.

Tages-Anzeiger, 27.5.1982

für die Alten und Invaliden
Initiative JA Rothenberger

Die ganzen Abstimmungen und Diskussionen um die Einrichtung der AHV habe ich miterlebt. Es war schon kompliziert.
Ich hatte einen Kollegen, der war sehr skeptisch. Das kann heute kaum einer mehr begreifen. Er meinte einfach, dass jeder für sich

selbst sorgen solle, dass man dem Arbeiter nicht zuerst das Geld in Form von Prämien abnehmen solle, um es ihm dann durch einen komplizierten Verwaltungsapparat kleiner werden zu lassen und es ihm später in Form von Renten wieder zurückzugeben.

Für mich ist die ΛHV doch die grösste Errungenschaft. Sie genügt aber nicht. Einer der spart, dem geht es besser.

Hanni G.

Ein Lob den Männern

Meine Waschmaschine habe ich jetzt gerade 22 Jahre. 1960 habe ich sie gekriegt, das war wunderbar. Wenn ich daran denke, dass ich meine erste Wäsche nach der Heirat draussen habe machen müssen, am laufenden Brunnen, bei allem Wetter. Als die Kinder klein waren, habe ich eine Waschfrau gehabt, aber als wir dann ins Häuschen zogen, hat es geheissen: Sparen, sparen, und ich habe lange Jahre fast immer selber gewaschen. Am Abend hat man die Wäsche einweichen müssen, und am folgenden Morgen bin ich jeweils um fünf Uhr aufgestanden und habe angefangen zu waschen. Zwischendurch habe ich noch gekocht. Dann hat es jeweils in der Familie geheissen: «Uh, heute gibt es ein langweiliges Mittagessen, die Mutter hat Wäsche!» Als ich dann die Krankenkasse übernahm und etwas dazuverdiente, hatte ich wieder ab und zu eine Frau zum Waschen.

Die Waschmaschine, das ist die wunderbarste Erfindung, die die Männer gemacht haben für die Frauen!

„Schau, diese schöne Waschmaschine hat Vati meiner Mutti gekauft . . .“

Pünktliche Zahlungen

In der Krankenkasse hatte ich es manchmal auch mit schwierigen sozialen Fällen zu tun. Anfang der Sechzigerjahre kam eine Familie nach B., der Mann war Jurassier, die hatte vier Kinder. Die waren viel krank, einmal mussten sie alle ins Spital zum Mandeln schneiden. Natürlich übernahm vieles die Kasse, aber etwas haben sie doch zahlen müssen. Die Frau hat immer geschaut, dass sie die Beiträge pünktlich hat zahlen können. Aber diesmal hat alles Sparen nicht gereicht. Da habe ich den Gemeindeschreiber angefragt, der hatte irgend so eine Holzkasse, aus der sie armen Leuten jeweils Holz bezahlt haben, und daraus hat er etwas gegeben. Dann habe ich meine Nachbarin gebeten, ob sie ihrem Pfarrer Stark, das war ganz ein flotter katholischer Pfarrer, etwas sagen könnte, und der hat auch noch geholfen.

Der Vater dieser Familie hat unheimlich getrunken. Einmal ist er am Abend um neun zu mir gekommen, völlig besoffen, und hat die ganze Zeit herumgeredet, ob wir eine Kasko-Versicherung hätten in der Krankenkasse. Als ich ihm sagte, das sei eine Autoversicherung und hätte nichts mit der Krankenkasse zu tun, hat er den Fuss zwischen die Türe gehalten und war nicht fortzubewegen. Endlich ist er dann gegangen. Diese Frau hat mir so leid getan. Als sie das vierte Kind bekommen hat, habe ich gedacht: «Hat das jetzt wirklich noch sein müssen!»

Verschmähter Dank

Wer die Krankenkassenbeiträge immer sehr pünktlich bezahlte, das waren die Ausländer, denn die haben genau gewusst, wenn sie nicht zahlen, dann sind sie nicht mehr versichert, und das machte ihnen ein bisschen Angst. Manchmal haben sie zu ihren Ungunsten falsch bezahlt. Wenn nämlich die Kinder schulpflichtig geworden sind, haben sie sie einfach heimgetan zur Nonna nach Italien, mir nichts gemeldet und weiterbezahlt für die Kinder. Sie haben keine Ahnung gehabt, dass sie das nicht mehr hätten tun müssen, und manchmal habe ich dann zufällig von dieser Umsiedlung erfahren. Ich habe mit den Ausländern nie irgendwelche Anstände gehabt.

In der Nähe von uns wohnte eine Spanierin, die arbeitete im Blindenheim und ihr Mann auf dem Bau, ein grosser, hübscher Mann. Sie war mehr der Typ, den man ab und zu in Norditalien sieht, aschblond, ganz eine nette Frau, und die haben drei Kinder gehabt, zu denen hat die Grossmutter geschaut. Einmal musste ich hingehen, um der Frau das Wöchnerinnengeld auszuzahlen, für siebzig Tage siebenhundert Franken. Die hat das fast nicht fassen können, hat gesagt, ich solle ein Momentchen warten und ist mit einer Fünfzigernote zurückgekommen. Sie war dann sehr enttäuscht, als ich sagte, wir dürften kein Geld nehmen, sie solle es den Kindern aufs Sparbuch tun oder ins Fastenopfer geben. Sie hat gefunden, ich hätte es verdient.

Viele nette Ausländer habe ich gekannt. Da gab es die Familie C., die haben auch vier Kinder gehabt. Sie war eine gebürtige Deutsche und er ein Italiener aus Sizilien, der hat deutsch geredet, wunderbar. Später sind sie wieder nach Sizilien. Und ich habe ihn gefragt, ob das seiner Frau nicht schwerfalle, so weit hinunter nach Sizilien, und da hat er gesagt:

«Sie hat einen Italiener geheiratet, basta!»

Mitenand

Nicht nur Frauen, auch Ausländer sind die Manövriermasse unserer Wirtschaft. Durch das «Saisonnier-Statut» (kein Jahresaufenthalt, kein Stellenwechsel, kein Familiennachzug) können je nach Bedarf die Grenzen für «gesunde und tüchtige» ausländische Arbeitskräfte geöffnet werden. (Im August 1976 waren im Baugewerbe 60'698, im August 1980 plötzlich 109'873 Saisonniers beschäftigt.) Am 4./5. April 1981 lehnte die Bevölkerung die «Mitenand-Initiative» ab, die eine menschlichere Ausländerpolitik anstrebte. Auch der «versteckte Gegenvorschlag» des Bundesrates wurde am 6. Juni 1982 abgelehnt. Die menschlich unbefriedigende Lage der Saisonniers bleibt unverändert.

Ausländerstimmrecht

Seit über 100 Jahren gewährt der Kanton Neuenburg den Ausländern unter gewissen Bedingungen das Stimm- und beschränkte Wahlrecht in Gemeindeangelegenheiten. Seit Ende 1981 haben Ausländer mit Niederlassungsbewilligung dieses Recht zu den gleichen Bedingungen wie die Schweizer Bürger. Allerdings sind bis heute nur wenige Ausländer als Mitglieder kommunaler Organisationen gewählt worden. Im Kanton Jura besteht das Ausländerstimmrecht seit 1980: Ausländer sind in kommunalen und kantonalen Angelegenheiten stimmberechtigt, wenn sie seit zehn Jahren im Kanton wohnen. Alle kantonalen Parlamente, die in der letzten Zeit die Frage des kommunalen und kantonalen Ausländerstimmrechts behandelten, entschieden sich jedoch dagegen (Waadt, Aargau, Zürich, Bern, St. Gallen, Genf und Neuenburg für kantonale Angelegenheiten). Zeigen sich hier etwa ähnliche Widerstände wie bei der Einführung des Frauenstimmrechts?

Fünf Sprachen

Die Familie Subiraz ist 1965 nach B. gekommen. Als Ramon, ihr einziges Kind, in die Schule sollte, hatte die Lehrerin eine grosse erste Klasse und wollte sich nicht noch ein Kind aufhalsen, das kaum Deutsch konnte. Deshalb hat sie den Buben einfach noch einmal in den Kindergarten geschickt, er war schon damals gross für sein Alter. Im vierten Schuljahr haben ihn die hiesigen Buben immer so geplagt, und darum ist mein Mann zum Lehrer gegangen und hat mit ihm geredet. Der hat da-

raufhin mit den Kindern gesprochen, und danach hat es gebessert. Ramon hat dann recht gut gearbeitet, auch in der Sprache, und er ist immer wieder in die nächste Klasse befördert worden. Er hat nach Schulabschluss im Dorf eine Elektrikerlehre angefangen. In praktischen Sachen war er gut, aber die Gewerbeschule machte ihm Mühe. Er sprach Schriftdeutsch in der Schule, mit seinen Kameraden Berndeutsch, zuhause Katalanisch, lernte in Bern Spanisch und zu allem hinzu kam noch das Französische. Der Bub hat sich also mit fünf Sprachen herumschlagen müssen, mein Mann hat ihm manches Jahr bei den Schulaufgaben geholfen.

Chance der Bärenraupe, über die Strasse zu kommen

Keine Chance. Sechs Meter Asphalt.
Zwanzig Autos in einer Minute.
Fünf Laster. Ein Schlepper. Ein Pferdefuhrwerk.

. . .

Keine Chance. Sechs Meter Asphalt.
Sie geht los. Geht los auf Stummelfüssen.
Zwanzig Autos in einer Minute.

Geht los ohne Hast. Ohne Furcht. Ohne Taktik.
Fünf Laster. Ein Schlepper. Ein Pferdefuhrwerk.
Geht los und geht und geht und geht und kommt an.

Rudolf Otto Wiemer (Ausschnitt)

Nur Fussgänger

An einem schönen Sonntag im Herbst 1963 wollten mein Mann und ich nach Lützelflüh, wo gerade das Gotthelf-Museum eröffnet wurde. Auf dem Weg zum Bahnhof mussten wir die Hauptstrasse überqueren. Beim Fussgängerstreifen lag die Tafel mit dem Hinweis auf die nahe Schule am Boden, sie hatten sie wegen Bauarbeiten aufzustellen vergessen. Wir wollten hinüber, schön mitten auf dem Fussgängerstreifen, mein Mann ging etwas vor mir. In dem Moment ist das Auto gekommen, mit achtzig Kilometern — und dann ist mein Mann da gelegen. «Nehmt ihn doch von der Strasse, sonst wird er noch überfahren!» habe ich zu den Leuten gesagt, die herbeigelaufen sind, und sie haben ihn aufgehoben und aufs Trottoir gelegt. Er war nicht ohnmächtig, er hatte nur Schmerzen. Sofort telefonierte man Dr. E. herbei, und der hat meinen Mann ins Inselspital überführen lassen. Wir riefen auch die Polizei an, und dabei haben wir einen Fehler gemacht. Ich habe erst nachher erfahren, dass man immer die fliegende Polizei verlangen soll, nie die Dorfpolizei, die ist etwas . . . Dieser Dorfpolizist machte ungenaue Angaben. Der Automobilist hätte den Fussgängerstreifen sehen müssen, denn es war nicht Nacht, sondern hellichter Tag. Doch er behauptete: «Er ist mir gerade ins Auto gelaufen», dabei war mein Mann auf dem Fussgängerstreifen. Zum Glück konnte der Autofahrer, der hinter diesem Automobilisten kam, beweisen, dass der andere zu schnell gefahren ist, denn er fuhr selber mit achtzig Kilometern hinter ihm. Mein Mann lag dann mit seinen Knochen-

brüchen und Verletzungen drei Monate im Spital. Der feine Herr aus G. hat sich ein einziges Mal nach ihm erkundigt, weil er wissen wollte, ob wir auch eine Haftpflichtversicherung hätten, bei der er seinen Schaden am Auto melden könnte.

Endlich eine Frau

Noch in den Sechzigerjahren habe ich vorgeschlagen, es wäre an der Zeit, dass einmal eine Frau in den Schweizerischen Zentralvorstand meiner Krankenkasse käme, so viele Kassierinnen hätten wir überall in den Sektionen, die die Arbeit machten, und doch habe keine Frau das Recht, auch im Zentralvorstand etwas zu sagen. Sie haben mir dann zur Antwort gegeben, sie seien an sich gar nicht abgeneigt, aber zuerst sollten die Kantonalverbände vorausgehen und Frauen in ihre Vorstände aufnehmen. Erst in den Siebzigerjahren kam es so weit, und nun ist auch im Zentralvorstand eine Frau.

Volksvertreterinnen

Die Zahl der gewählten Frauen in kommunalen, kantonalen und eidgenössischen Parlamenten ist seit 1971 leicht gestiegen. Am höchsten ist mit 14,3 Prozent der gesamtschweizerische Durchschnitt der Frau in Gemeinderäten. In kantonalen Parlamenten beträgt er 8,9 und auf Bundesebene 10 Prozent.

Es braucht wohl noch ein paar weitere Wahlrunden, bis die Zahl der Volksvertreterinnen auf 50 Prozent aufgerundet ist.

Pensionärsfrau

Als mein Mann 1966 pensioniert wurde, hat es mir nicht viel ausgemacht. Er begann mehr zu lesen und zu spazieren, und wir haben beide gerne im Garten gearbeitet. Wir sind oft an Anlässe gegangen ins Kirchgemeindehaus, ins Ateliertheater, ins Stadttheater, ins Kino, in Ausstellungen und Museen, und wir haben Reisen gemacht und Ferien. Dadurch ,dass wir ein eigenes Haus haben, sind wir einander nicht so auf den Zehen herumgetreten wie zum Beispiel die Ehepaare in Zweizimmerwohnungen. Es gibt viele Frauen, die sagen: «Uh, jetzt kommt dann die Zeit, wo mein Mann ständig zuhause ist, uh, das wird mir dann einen Lebtag geben!» Es gibt Frauen, die sich direkt vor dieser Zeit fürchten. Dieses Problem hatte ich nicht.

Nebelspalter, 16.7.1969

Vorbereitung

«Kurse zur Vorbereitung auf Ruhestand und Alter in der Schweiz für Menschen vor Erreichung des AHV-Alters». Unter diesem Titel gibt die Pro Senectute alljährlich eine Liste mit Angaben über Kurse und Veranstalter heraus. Seit 1968 hat die Zahl derartiger Kurse von 19 auf 200 pro Jahr zugenommen; die Teilnehmerzahl hat sich verachtfacht. Veranstalter der Vorbereitungskurse, die schon Leute ab 50 Jahre ansprechen, sind Erwachsenenbildungsorganisationen, Kirchgemeinden, politische Parteien, Frauenverbände usw. Es gibt aber auch Firmen, die ihren Mitarbeitern solche Kurse sogar während der Arbeitszeit anbieten.

Mondtag

Das war wirklich ein Weltereignis, als der Amerikaner Armstrong 1969 auf dem Mond landete. Ich kann mich noch gut erinnern, dass damals die Leute fast so hysterisch gewesen sind wie heute bei den Skiweltmeisterschaften. So gewaltig, wie das Ereignis damals hochgespielt worden ist, so rasch ist die Begeisterung wieder abgeklungen, bei nichts so sehr wie bei dieser Mondlandung. Alle andern Weltraumflüge, die nachher gekommen sind, hat man nach und nach so selbstverständlich genommen wie irgendeine technische Errungenschaft. Ich habe mit meinem Mann im Museum das ausgestellte Stück Mond angeschaut, Stein, Mondstein. Es war ein Weltereignis, aber kurz nachher sprach man kaum mehr viel darüber.

1971 – 1980

1973 *Erdölkrise* · 1974 *weltweite Arbeitslosigkeit und Inflation* · 1975 *Internationaler Frauenkongress in Mexico-City beschliesst Aktionsplan zur Verbesserung der Stellung der Frau* · *Vierter Schweizerischer Frauenkongress* · 1976 *Giftkatastrophe in Seveso* · *Eidgenössische Kommission für Frauenfragen* · 1978 *Umweltschutzorganisation unterbreitet Alternativ-Energiekonzept für die Schweiz* · *Spraydosen-Verbot in den USA*

Walter H.

Veränderung

Nach der Scheidung bin ich dann noch in der Wohnung geblieben. Wir wohnten in dem Haus eines Kollegen, mit dem ich die Lehre gemacht hatte.

Da ging ich zur Tochter zmittagessen, oder ab und zu ins Volkshaus und in die Herberge zur Heimat. Das Volkshaus soll jetzt Hotel «Bern» heissen, das finde ich einen Rückschritt. Da kann ich mich nicht damit befreunden. Es hat sogar geheissen, das «Volk» im Namen sei etwas Minderwertiges. Aber früher hat man gewusst, dass im Volkshaus sich die Arbeiter treffen, das gilt auch für Zürich oder Biel. Da hat man die andern Arbeiter und Gewerkschafter getroffen.

Ich habe zwei Zimmer gehabt. Und die habe ich selber geputzt, ich habe nicht so viel Dreck gemacht. Die Wäsche habe ich ausgegeben. Aber dann wurde mir gekündigt, weil eine Tochter des Hausmeisters die Wohnung wollte. Die Verwandtschaft geht eben vor. Da habe ich mir überlegt, wo ich hin solle. Die Tochter sagte: «Jetzt bleibt dir nichts anders übrig, du musst in ein Altersheim». Selber hätte ich nicht daran gedacht. Doch wenn man dann die Notwendigkeit einsieht, beschreitet man halt den Weg. Es hat mich nicht extra geplagt, dass ich etwa nicht mehr hätte schlafen können.

Ich rege mich überhaupt nicht leicht auf. Einmal hat mir eine Frau sogar gesagt, ich sei ein Lama.

Krank bin ich fast nie gewesen. Einmal war ich etwa zehn Tage im Spital, da hatte ich eine kleine Hirnblutung. Meine Frau rief, es sei schon acht Uhr. Ich schnellte auf, denn ich sollte im Amtsgericht sein. Da spürte ich es im Gehirn. Davon erhielt ich eine Hirnblutung. Von dem Überdruck. Ich war nicht mehr ganz bei Bewusstsein. Aber auf die Bewegungen machte es mir nichts. Dass die Kräfte abnahmen, kam bei mir fast etappenweise. Als ich den Bruch operieren lassen musste, habe ich gemerkt, ich werde einfach schnell müde. Aber eigentlich muss ich zufrieden sein. Ich sage immer: «Ich kann nur noch langsam gehen, aber ich kann wenigstens noch gehen». Andere können das nicht mehr. Da bin ich dankbar. Und schlafen kann ich auch gut.

Altersheim

Meine Tochter und ich sind in die Zentrale gegangen an der Thunstrasse, Verein für das Alter. Da haben sie grad gesagt, es sei in der Stadt etwas frei. Zwei Zimmer waren frei, eines gegen die Strasse hinaus und eines gegen hinten. Da habe ich gefunden, ich wolle lieber das ruhige. Die nach vorn, die haben ja schon am Morgen früh Lärm von den Autos. Die Lage hat mir auch noch so gepasst, weil es in der Stadt ist. Ich hätte nicht in ein Altersheim gehen mögen, das weit ausserhalb liegt. Einen Platz in einem Altersheim zu finden, ist gar nicht leicht. Eine Frau kannte ich, die ging von uns weg und ging in ein privates Heim. Wir haben auch keine Vorschriften, dabei sind wir 36 Leute, aber es geht alles wie am Schnürchen. Als ich mich angemeldet hatte, kam die Vorsteherin zu mir nach Hause in die Wohnung und hat mit mir geredet und meinen Haushalt angeschaut. Ich weiss auch, dass sie nicht jedermann nehmen, die lesen aus.

Es gibt ja noch Vereine für das Alter und die Pro Senectute, die helfen auch, wenn's nötig ist. Das ist halt die Marktsituation, Nachfrage und Angebot sind ungleich gross. Viele müssen froh sein, wenn sie noch ein Plätzchen in einem Heim erhalten. Kontakt zu finden, ist auch nicht leicht. In einem Dorf, da kennen die Leute einander schon, wenn sie ins Heim kommen, bei uns nicht. Jetzt bin ich schon sieben Jahre hier.

Graue Panther

In der Bundesrepublik schlossen sich vielerorts Rentner/innen zusammen, um gemeinsam gegen Benachteiligungen zu kämpfen. Nach amerikanischem Vorbild nennen sie sich «Graue Panther». Sie wollen ihr Leben selber gestalten, haben Telefonketten, Besucherringe, Fahrdienste und Versorgungsgemeinschaften organisiert. Sie haben sich auch zum Dienst am Mit-

menschen verpflichtet und machen bei Bürgerinitiativen für eine wohnlichere Umwelt mit. Es bestehen Pläne, eigene, nach erkannten Bedürfnissen eingerichtete Altersheime zu bauen. Sie versuchen aber nicht nur, diskriminierende Gesetze zu ändern, sondern setzen sich auch mit Weiterbildung und Kultur auseinander.

Ein diesbezüglicher Versuch in der Schweiz hat sich noch nicht durchsetzen können.

Kunstbetrachtung

Ich hatte mir überlegt, vorher, ob ich mich auch wirklich einordnen könne, aber das ist dann leicht gegangen. Ganz leicht. Ich habe niemanden gekannt. Da habe ich mit den Leuten Bekanntschaft machen müssen. So mit der Zeit gibt es sich dann, dass man miteinander ins Gespräch kommt.

Mit der Tochter und ihrer Familie diskutiere ich nicht oft. Die Enkelin studiert jetzt auf der Kunstgewerbeschule; mit der komme ich wenig in Berührung. Sie hat mir eine Zeichnung geschenkt, aber ohne Erklärung, ich verstehe nicht, was drauf sein soll – moderne Kunst eben. Für Kunst habe ich mich sonst immer interessiert, früher ging ich etwa in die Kunsthalle. Am besten gefällt mir der Genre von Anker, etwas, wo man sieht, was es ist, gegenständlich.

Paolo, der Maler, der kürzlich gestorben ist, war gleich alt wie ich. Er war auch in der Phila, von daher habe ich ihn gekannt. Da hatte er noch mit der Mutter zusammen ein Uhrengeschäft. Ich habe auch eine Wanduhr gekauft bei ihm. Einmal hatte er eine Ausstellung in Brem-

Paolo: Die neue Regierung (Neuer Pfeil-Verlag, Genf)

garten, da ging ich hin. Und da hat er mir ein Päckchen schöne Postkarten geschenkt. Die habe ich noch. Es muss vor etwa 15 Jahren gewesen sein. Das war sozial engagierte Malerei. Er war ein überzeugter SP und hat wirklich auch gut malen können.

„Wenn nur einer, der meine sozialen Bilder betrachtet - zu Menschen – würdigen Gedanken Kommt - ist meine Arbeit gerechtfertigt!"

Paolo

Bibliothek

Vor drei Jahren habe ich im Altersheim die Bibliothek durchgesehen. Ich bin zur Vorsteherin gegangen und habe ihr gesagt, dass viel alter Plunder in der Bibliothek sei, da sollte man mal Ordnung machen. Da sagte sie gleich: «Macht das nur!» Und da habe ich mich dahintergemacht.
Ich habe ab und zu ein paar Sätze in den Büchern gelesen und nachgesehen. Aber die, die so zerlesen waren und dreckig, die habe ich weggeworfen. Wir wollen keine schmutzigen Bücher. Auf den Inhalt habe ich natürlich auch ein bisschen geschaut. Wenn ich dachte, das interessiere nicht mehr, habe ich das auch ausgemerzt.
Hie und da erhalten die Insassen etwas geschenkt an Büchern. Da geben sie's nachher in die Bibliothek des Altersheims. Die Leute lesen zwar nicht mehr viel. Ich selber habe schon ein paar dieser Bücher gelesen, doch vieles ist veraltet.

Ausflüge

Ich möchte am liebsten gar keine Autobahnen, was das für fruchtbares Land kostet! Aber so wie die Verhältnisse sind, sind Autobahnen doch ein Vorteil, da dann die Dorfstrassen ruhiger sind. Der Schwiegersohn nimmt mich manchmal für Ausflüge mit. Die Autobahnen sind schon eine Verbindung, um schnell an einen Ort zu kommen. Aber nicht geeignet, die Landschaft zu beobachten. Ich geniesse halt gerne die Landschaft und die Natur. Ich sage jeweils, sie sollen langsam fahren. Auf Carfahrten ging ich auch ab und zu. Aber heute interessiert mich das

nicht mehr. In der Schweiz bin ich
viel herumgekommen. Auf Wanderungen und in Ferien.

In Paris war ich nie, jetzt habe ich
keine Lust mehr zu gehen, es ist mir
zu anstrengend. Aber die Museen
hätte ich halt gerne gesehen, wo sie
all die Gegenstände in der ganzen
Welt   doch   zusammengestohlen
haben. Einmal sagte einer «Paris
sehen und sterben». Als er dann in
Paris gewesen war, meinte er, er
wolle nun doch nicht sterben. Dafür
war ich in Venedig, Mailand, München, Wien, Rom und London.

Hanni G.

Frauenstimmen

Ich kann mich noch gut an den Tag erinnern, an dem ich zum ersten Mal als «mündige Bürgerin» stimmen gegangen bin. Zur Erinnerung habe ich den Umschlag vom 6. Juni 1971 aufbewahrt. Es ging damals um Umweltschutz und um die Bundesfinanzordnung. Seitdem habe ich noch keine Abstimmung versäumt.

Vor ein paar Jahren waren in unserem Dorf noch recht viele Frauen dagegen: «Die Frauen sollten nicht in die Politik, das sei nicht gut, das sei schon genug, dass die Männer die ganze Zeit weg seien.» Ich weiss noch, wie ich als junges Mädchen bei meinem Zahnarzt in Chur, dem Dr. Montigel, für das Frauenstimmrecht geweibelt habe, und immer dann, wenn ich gerade so richtig im Eifer war, ist er mit dem Bohrer gekommen. Er hat vor allem die «Suffragetten» gehasst.

Nebelspalter, 3.2.1971

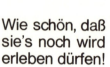

Wie schön, daß sie's noch wird erleben dürfen!

Verkehr behindern. Der Gemeindepräsident hat das lustig gefunden, dass wir beide nicht gleich gestimmt haben, und ich sagte: «Das ist nicht nötig, dass der Mann und die Frau dasselbe stimmen. Wenn die Frau das Gefühl hat, anderes sei besser, dann kann sie ruhig auch anders stimmen.» Aber da sind natürlich auch immer diese Parteiparolen . . . Nur eben, in diesem Fall war ja auch die Partei nicht einig, die Jungen waren alle fürs Erhalten.

Mein Mann und ich stimmen nicht immer dasselbe. Als wir kürzlich an einem Parteianlass mit dem Gemeindepräsidenten am Tisch sassen, wurde das strittige Thema einer Gemeindeabstimmung angeschnitten, ob man ein bestimmtes Bauernhaus erhalten oder abreissen solle. Ich war bei denen, die es erhalten wollten, aber mein Mann war fürs Abreissen. Er war der Meinung, es würde den

Frauenstimmrecht (II)

Am 7. Februar 1971 ist es so weit. Die Mehrheit der Schweizermänner übergibt den Schweizerfrauen das Stimmrecht. Acht Kantone sind zwar noch dagegen (OW, SG, TG, SZ, GL, AR, UR, AI), aber das liegt jetzt mehr als zehn Jahre zurück . . .

Seit 1938 (vgl. S. 31) hat sich allerlei getan: 1944 wird mit 51 Unterschriften das Postulat Oprecht eingereicht. Darin wird «der Bundesrat eingeladen, zu prüfen, ob nicht verfassungsrechtlich das Frauenstimm- und -wahlrecht zu gewährleisten sei». 38 Frauenverbände unterstützen mit einer Eingabe das Postulat.

1951, nach weiteren Vorstössen, erstattet der Bundesrat Bericht über das einzuschlagende Verfahren für die Einführung des Frauenstimmrechts. Es folgen weitere Eingaben, Postulate und Motionen.

1957 erscheint die Botschaft des Bundesrates über die Einführung des Frauenstimm- und -wahlrechts.

1959 kommt es zur Volksabstimmung. Doch 59 Prozent der Stimmenden lehnen das Frauenstimmrecht ab. Diese Mehrheit entspricht dem Durchschnitt der sechs kantonalen Abstimmungen vor rund 40 Jahren.

Erst der zweite Anlauf gelingt, zwölf Jahre später.

1982 gibt es immer noch einige trutzige Männerbollwerke – kleine Gemeinden und einen Kanton.

Kein Wahlrecht für Frauen in Kuwait.
(DDP) Das kuwaitische Parlament hat am Dienstag die Einführung des Wahlrechts für Frauen abgelehnt.

Tages-Anzeiger, 20.1.1982

Appenzell-Innerrhoden bleibt die letzte Männerbastion

AP **Appenzell.** Der an Bevölkerungszahl kleinste schweizerische Kanton Appenzell-Innerrhoden bleibt auch weiter die letzte reine Männerbastion der Eidgenossenschaft. Die Landsgemeinde, die über alle wichtigen Belange entscheidende jährliche Männer-Volksversammlung, lehnte gestern per Handzeichen im Stimmverhältnis von 4:1 einen Antrag ab, Frauen das Wahlrecht bei kommunalen und kantonalen Abstimmungen zu gewähren. Schon vor neun Jahren war ein ähnlicher Antrag verworfen worden.

Siegener Zeitung, 26.4.1982

Minderheiten

Ich habe mir ein Mäppchen angelegt von der ganzen Jurageschichte. 1978 machte ich mit meinem Mann eine SP-Jurareise. Der Reiseleiter war selber im Jura in einer Täuferfamilie aufgewachsen. Der hat uns über die Bewegung informiert und es auch richtig gefunden, dass der Jura ein eigener Kanton wird. Ich habe mich nicht besonders gefreut, dass er sich abtrennt, vor allem die Art und Weise von Béguelin hat mich gestört. Jetzt normalisiert sich ja alles allmählich. In der neuen Verfassung wurde zum ersten Mal in der Schweiz auch ein Artikel «Gleiche Rechte für Mann und Frau» aufgenommen. In seiner Verfassung war der Kanton Jura jedenfalls fortschrittlich. Ich habe mich für die Jurafrage besonders interessiert, weil im Kanton Graubünden die Romanen auch eine Minderheit sind, sie haben am Anfang sogar ein Weilchen mit den Béguelin-Anhängern sympathisiert. Die Romanen haben sich jetzt auch etwas Durchbruch verschafft dem Bund gegenüber, sie kriegen etwas mehr Unterstützung, es war wirklich allerhöchste Zeit!

Stabsstelle für Frauen

Artikel 44 der Verfassung des Kantons Jura lautet:

«Der Staat schafft ein Büro für Frauenfragen, dessen Aufgaben insbesondere sind:

a) die Stellung der Frau zu verbessern;

b) den Zugang der Frau zu den öffentlichen Aufgaben auf allen Stufen zu fördern;

c) Diskriminierungen der Frau zu beseitigen.»

Nach dem Dorffest

Ohne Nabelschnur

1972 bin ich im Frauenchor Ehren-präsidentin geworden, und 1973, nach zwanzig Jahren Vorstandsar-beit, Ehrenmitglied des Seeländer-Sängerverbands. Zum hundertjähri-gen Bestand dieses Verbands schrieb ich 1976 noch den Jubiläumsbericht. 1972 hängte ich das Amt der Kran-kenkassenkassierin ab. Ein alter Pfarrer und Wandervogelfreund hat einmal zu mir gesagt: «Das einzige, das mich noch mit der Kirche verbin-det, ist, wie eine Nabelschnur, die Pensionskasse.» Nach 1972 blieb mir zur Krankenkasse keine Nabel-schnur zurück, sondern eine Summe von gerade tausend Fran-ken, vierzig Franken pro Jahr, eine sehr bescheidene Abfindung.
Es gab in diesen Jahren Tage, wo ich bis gegen Mitternacht Kranken-scheine ausfüllte. Das müssen sie jetzt nicht mehr, das geht jetzt nach Zürich, wo es über Computer ge-macht wird. Ich habe bei der Kran-kenkasse viel gelernt über Diagno-sen, und was ich nicht sofort ver-stand, das habe ich nachgeschlagen. Ich machte die Arbeit gerne, damals hatte man auch noch mehr persön-liche Kontakte mit Ärzten und Pa-tienten. Die Auszahlungen gehen jetzt alle über Zürich und die Kassie-rinnen haben weniger zu tun, aber es ist auch nicht mehr so interessant und nicht mehr so persönlich.

Computer

Niemand kann heute abschätzen, welche Veränderungen die rasch vor-anschreitende Computerisierung noch auslösen wird. Eine halbe Million elek-tronischer Schaltkreise (Anweisungen) kann heute auf ein millimeterkleines Si-liciumplättchen (Chip) gebracht wer-den! «Auf Gedeih und Verderb» heisst denn auch der neueste Bericht des Club of Rome, der sich 1982 mit den Mikro-prozessoren und seinen Folgen befasst. Bildtelefon, Textautomaten, Teletext, Telefax rationalisieren immer mehr Ar-beitsplätze weg. In der Bundesrepublik sollen bis 1990 über eine Million Ar-beitsplätze überflüssig werden. Es trifft vor allem ungelernte Bürohilfen, Sekre-tärinnen und Sachbearbeiter/innen. Das Soziologische Forschungsinstitut Göttingen stellt aufgrund einer Umfra-ge fest: Betroffene und Gewerkschaften «stehen dieser gesamten Entwicklung ziemlich hilflos gegenüber».

Vom Dünger zum Mist

Ich habe immer gerne Gartenarbei-ten gemacht. Schon in der Handelsschule habe ich freiwillig Gartenbau-unterricht genommen, ein Professor hat uns dazu angeregt. Im Garten schaffe ich jetzt noch gerne, es täte mir leid, wenn wir keinen mehr hätten.

Seit Anfang der Siebzigerjahre brauchen wir nur noch biologischen Dünger aus Knochenmehl, Kompost und Torf. Früher kauften wir Lonza-Dünger, der das Zeug wahnsinnig getrieben hat, aber eben, qualitativ nicht gut. Da sind wir ganz davon abgekommen, weil wir immer wieder gehört und gesehen haben, wie schädlich diese chemischen Düng- und Spritzmittel sind. Es sieht heute schlimm aus mit unserer Umwelt. Dass so viele Bäume kaputtgehen, daran sind sicher vor allem die Abgase schuld. Woher die vielen Krebserkrankungen kommen, das weiss man ja auch nicht so genau. Die meisten brustamputierten Frauen leben in Basel, das ist am Radio einmal gesagt worden, diese Gegend ist ja so chemieverseucht. Und jetzt gibt es dort eine Gruppe von brustamputierten Frauen, die sich zusammengetan haben und helfen wollen, dass nicht mehr sofort operiert wird, sondern dass andere Behandlungsmethoden gefunden werden.

Bittere Pille

Frau B., eine Nachbarin, die nicht ganz gesund war, hat regelmässig vom Frauenspital die Pille gekriegt. Aber manchmal hat sie sie vergessen, ihr Mann ist die ganze Woche weggewesen. Einmal ist sie hergekommen zum Telefonieren und hat gesagt, uh, sie müsse unbedingt mit dem Frauenspital reden, die hätten ihr Pillen schicken sollen und der Mann käme heim. Und dann ist es halt passiert, sie hat das Vierte auch gehabt.

Frau B. wollte vom Arzt, dass er sie nach dem dritten Kind unterbinde, doch der Professor B. hat erklärt, wenn eine Frau noch nicht über dreissig sei, mache er das nicht, auch wenn sie kein Geld hat, krank ist und schon drei Kinder hat.

Ich habe 1977 für die Fristenlösung gestimmt. Wenn es wirklich berechtigt ist, sollte Abtreibung zulässig sein. Auf alle Fälle dürfte niemals eine kriminelle Sache daraus gemacht werden.

Fristenlösung

Die Straflosigkeit der Abtreibung beantragte 1919 der sozialdemokratische Rechtsanwalt Welti bei der Revision des Basler Strafgesetzes. Der Antrag wurde in erster Lesung angenommen, wegen grosser öffentlicher Kontroversen aber wieder zurückgewiesen.

Als 1929 das Parlament das eidgenössische Strafgesetz behandelte, kritisierte das Jahrbuch der Schweizerfrau, «dass ein ausschliessliches Männerkollegium, wie es der Nationalrat darstellt, allein den Entscheid über das Problem der Abtreibung... treffen konnte».

Artikel 118 des Schweizer Strafgesetzbuches erklärt Abtreibung und Beihilfe zur Abtreibung zur kriminellen Handlung. Die Nöte unzähliger Frauen, die unerwünscht schwanger wurden und keine legale Abhilfe fanden, lassen sich nur ahnen.

Eine «Volksinitiative für die Fristenlösung» wollte den Schwangerschaftsabbruch entkriminalisieren. Am 25.9.1977 wurde sie nur knapp verworfen. 1978 lehnte das Volk auch das Bundesgesetz über den Schwanger-

schaftsabbruch ab, das nur sehr begrenzt, bei gewissen Indikationen eine Abtreibung erlaubte.

1981 beschloss der Nationalrat eine föderalistische Lösung des Schwangerschaftsabbruchs, doch der Ständerat war dagegen. Die Frist zur endgültigen Lösung läuft weiter...

Auf grossem Fuss

Schon viele Jahre gehe ich immer zum gleichen Fusspfleger. Wir haben uns auch schon über die Schuhe der Frauen unterhalten. Er behandelt fast nur ältere Frauen, und da sieht er eben, wie gefährlich und schädlich schmale Schuhe mit

Aus: Die dreissiger Jahre, Ringier

1937 zeichnet der Modeschöpfer Fred Spillmann — Geheimtip des Adels — den Bleistiftabsatz

hohen Absätzen sind und was sie im Alter für Beschwerden bringen. Mir hat er zum Beispiel das Kompliment gemacht, ich hätte ganz normale Füsse. Ich habe halt einen breiten Fuss, und die andern haben schmale, eingeengte, wie Chinesinnen. Ich habe gelesen, dass sogar Ärzte die Schuhfabriken auf diese Gefahren und Folgen aufmerksam gemacht haben, aber es nützt alles nichts, wenn diese blöde Schuhmode in Paris oder Mailand von ein paar Herren ausgedacht wird, wird sie einfach produziert, und die Frauen machen nachher auch mit. Mein Fusspfleger sagte einmal zu mir: «Wenn ich eine Frau sehe mit so hohen Absätzen, möchte ich am liebsten hingehen und sie abschlagen.»

«Wir möchten an dieser Stelle darauf aufmerksam machen, dass das Selbständigerwerden der Frau anfängt, sich auch auf dem Gebiete der Mode geltend zu machen. Den Diktatoren der Mode ist es nicht mehr so leicht möglich, wie es früher war, ganz unpraktische Moden zu lancieren. Diese werden einfach von den Frauen nicht mehr getragen. Die Frau von heute, die in Sport und Turnen mitmacht, verlangt eine rationelle, hygienisch einwandfreie und die Bewegung nicht hindernde Bekleidung.»
Jahrbuch der Schweizerfrauen, 1925

1981 · 19..

*1981 Verfassungsartikel «Gleiche Recht für Mann und Frau» ·
Grosse Friedensdemonstrationen in den europäischen Hauptstädten
· 1982 Krieg zwischen England und Argentinien um die Falkland-
Inseln · Krieg im Libanon ....*

Walter H.

Tageslauf

Im Altersheim sind wir jetzt sechsunddreissig Leute. Männer sind wir nur sechs. Die sterben früher als die Frauen. Ich weiss nicht, weshalb das so eingerichtet ist. Die Frauen vermögen halt mehr zu erleiden als der Mann. Und dazu kommt, dass Männer nicht gerne in ein Heim gehen. Ich ging auch nicht gerne, aber ich bin halt doch gegangen.

Einige sind krank, beim Essen sind nicht immer alle da. Ich gehe für zwei Frauen, die nicht gut zu Fuss sind, Einkäufe machen. Meist in die Apotheke. Der Vorsteherin gehe ich auch manchmal einkaufen. Dann schenkt sie mir ab und zu eine Flasche Süssmost.

Der Tag ist individuell verschieden. Da gibt's ein paar, die machen nur noch Spaziergänge im Hof. Die meisten haben irgendwie ein Gebrechen, sonst wären sie ja nicht dort. Zmorge ist um viertel vor acht. Wer nicht aufstehen kann, dem bringen sie's ins Zimmer.

Früher stand ich um viertel vor sechs auf. Ich hatte eine halbe Stunde zu Fuss zur Fabrik. Ich musste um sieben anfangen, die Büroangestellten erst um acht Uhr. Aber man muss natürlich auch sagen, dass in einem Büroangestellten pro Arbeitsplatz weniger investiert ist als bei uns Arbeitern. Die teuren Maschinen sollten eigentlich überall 24 Stunden lang ausgenützt werden, deshalb auch der Schichtbetrieb.

Jetzt im Altersheim stehe ich anderthalb Stunden später auf und lüfte zuerst gut das Zimmer. Nach dem Morgenessen mache ich dann das Bett. Auch als ich verheiratet war, habe ich ab und zu die Betten gemacht. Aber sonst machte die Frau den Haushalt. Sie war ja den ganzen Tag zu Hause. Als Bub hatte ich noch einen Strohsack, mit Roggenstroh. Den musste man schütteln. Das Stroh wurde von Zeit zu Zeit gewechselt und dann gab man es noch den Geissen. Früher hat man halt alles ausgenutzt.

Nachher lese ich zuerst den Stadtanzeiger oder sonst eine Zeitung. So gegen zehn Uhr gehe ich eine Stunde oder mehr spazieren. Meist gegen das Münster hinauf. Am Nachmittag gehe ich fast immer auf die Bundesterrasse. Früher bin ich noch viel weiter herumspaziert. Weil

der Doktor gesagt hat, ich müsse viel trinken, gehe ich jetzt immer «käffelen». Etwa ins «Bärehöfli» oder zu «Gfeller».
Selten treffe ich Leute, mit denen ich sprechen kann. Je älter ich werde, desto weniger treffe ich Menschen an, die ich kenne. Die sterben weg. Da kann ich manchen Tag stadtauf und -ab gehen, ich begegne keinem einzigen Bekannten. Das war dann früher anders, als ich in den Vereinen und in der Partei tätig war, da habe ich einen Haufen Leute gekannt.
Als ich in der Waffenfabrik arbeitete während des Ersten Weltkriegs hatte ich zwei Kollegen, mit denen komme ich heute noch zusammen. Einer war in Amsteg bei der SBB, der zweite war Lokomotivführer. Einer kommt einmal im Jahr nach Bern zu der Kompaniezusammenkunft. Dann treffen wir uns jeweils.
Das Nachtessen ist um viertel vor sechs. Abends beim Fernsehen sind's immer die gleichen die schauen. Wir haben auch nie Streit wegen dem Programm, weil wir sowieso nur den Deutschschweizer Sender eingeschaltet haben. Wenn einem das nicht passt, dann geht man halt auf's Zimmer. Einige haben auch selber einen Apparat. Aber es ist selten, dass man sich gegenseitig im Zimmer besucht, eigentlich muss man sagen, dass wir wenig Kontakt untereinander haben. Gelegentlich wird auch eine offizielle Unterhaltung organisiert, etwa Musikvorträge oder Lichtbilder.
Die Frauen haben einen Handarbeitsnachmittag. Da stellen sie hübsche Sachen her, die dann verkauft werden.

Für die jungen Genossen

Einer und ein Freund und ein Freund und ein Freund
sag nicht das gibt vier
es sind mehr
das Kleine Einmaleins ist die Freundschaft
das Grosse die Revolution

Fang mit dem Kleinen an
denn ein Freund herrscht nicht
ein Freund hat immer Zeit
oder er weiss einen der jetzt Zeit hat
ein Freund weiss immer Rat
oder er kennt einen andern der Rat weiss
ein Freund ist immer zuständig
oder er findet wer zuständig ist

Das Kleine Einmaleins ist das Netzwerk
das Grosse die neue Stadt

Dorothee Sölle

Mitmenschen

Am besten kann ich es mit der Frau, die das Zimmer vis-à-vis hat. Die habe ich schon gekannt von früher. Sie hatten in der Matte unten eine Gärtnerei. Da plaudern wir etwa zusammen über irgend jemanden, oder über Gegenwärtiges und von früheren Zeiten. Sie gibt mir auch regelmässig ihre Zeitung zum Lesen. Einer hat einmal etwas falsch verstanden, was ich gesagt habe, seitdem grüsst er nicht mehr.
Für gewisse Leute ist es typisch, dass sie einfach den Kopf machen. Mit

dem muss ich mich halt abfinden. Wenn Aussicht wäre, dass wir wieder miteinander reden könnten, hätte ich schon mit ihm gesprochen. Aber er nimmt mir den Gruss nicht ab. Jetzt grüsse ich halt auch nicht mehr. Aber wir sitzen immer am gleichen Tisch. Am Tisch reden wir wenig. Man kann sowieso nicht wählen, wo man sitzen will. Das bestimmt die Leitung. Seit Jahren sitze ich mit den gleichen Leuten am gleichen Tisch. Man könnte wahrscheinlich schon wechseln, wenn man wollte. Aber mir ist das nicht so wichtig. Mich geniert das nicht, man gewöhnt sich so. Wir essen halt, da kann man nicht viel plaudern. Ich bin sowieso der Langsamste, bewusst esse ich langsam; das Essen ist sehr gut. Der neben mir braucht nur die halbe Zeit, er isst auch nur wenig. Das Geschirr bringt man zur Küche, damit die nicht alles machen müssen. Es geht fast militärisch zu. Ordnung ist angenehm. Ich kann mich gut dreinschicken und anpassen.

Hanni G.

Die Jubiläumsfeier

Am 14. November 1981 war die Feier zum 75jährigen Jubiläum unserer Handelsschule in Chur. Beim «Spiel zum Jubiläum» im Stadttheater trafen sich 900 Ehemalige, und da ist mir aufgefallen, dass sehr viele, vor allem die jüngeren Jahrgänge, wohlbestallte gutgekleidete Damen waren. Die Jahrgänge, die zwischen 1912 und 1915 das Diplom gemacht hatten, waren wie ausgewischt, viele sind schon gestorben. Vom Jahrgang 1912 jedoch hat es noch ein Häuflein gehabt, sechs alte Fraueli.

Von meinen Lehrern war nur noch der Französischlehrer Dr. Hans Plattner da, über 90jährig. Jedesmal im Frühling, wenn die Corneliuskirschen, der Cürlibaum, blüht, denke ich an ihn. Wir haben einmal eine Blüte abgerissen und sie ihm in der Pause auf den Hut gesteckt. Als wir nicht sagen wollten, wer's gewesen war, wurde er sehr böse. Einmal hatte die Pauline auf einer Kehrichtschaufel Apfelrinde angezündet, und als er fragte, «was riecht denn so?», hat sie gesagt: «Wissen Sie Herr Doktor, es riecht immer so schlecht in der Französischstunde!» Hans Plattner sagte auch immer, wenn er hereinkam und wir Lärm machten: «Comme les juives», das hat man damals so gesagt, der Antisemitismus geht weit zurück.

Ich habe bei dieser Jubiläumsfeier nur noch zwei aus meiner Klasse getroffen. Wir sassen zusammen und haben über unsere frühere Schulzeit geredet, zum Beispiel über Dr. Valär. Er war schon damals sehr alt, hat noch einen Frack getragen und ist immer in der Klasse auf und ab gegangen. Damals sind gerade die Frivolité-Spitzchen aufgekommen, und einige von uns haben während der Stunde solche Spitzchen geklöppelt. Da kam er nach hinten und fragte: «Ihr Babeli, was macht ihr hier?» Und dann haben wir gesagt: «Wissen Sie, Herr Doktor, das ist ganz eine neue Handarbeit.» Er hat uns machen lassen und gesagt: «Ich weiss ja, dass ihr Babeli seid, und dass euer Hirn 300 Gramm weniger schwer ist als bei den Buben.»

Verlagsbuchhandlung Carl Marhold in Halle a. S.

In meinem Verlage ist erschienen:

Ueber den ♉. ♉. ♉. ♉. ♉. physiologischen Schwachsinn ♉. ♉. ♉. ♉. ♉. des Weibes.

Von
Dr. P. J. Möbius
Nervenarzt in Leipzig.

▰ IV. Auflage. ▰

Preis Mk. 1,50.

Unter „physiologischem Schwachsinn" versteht M. die geistige Inferiorität einer Menschengruppe im Vergleiche mit anderen Gruppen. Er sucht nachzuweisen, dass ebenso, wie das weibliche Gehirn kleiner und einfacher als das männliche ist, auch der weibliche Geist unter dem männlichen steht und dass die Natur aus höheren Absichten dem Weib die Geisteskraft des Mannes versagt hat. • • •

1902, im Jahr dieser vierten Auflage, setzt sich Oda Olberg in ihrem Buch «Das Weib und der Intellectualismus» aus feministischer Sicht mit Möbius auseinander:

• • • Deshalb darf man es sich nicht verdriessen lassen, an den Ausführungen der Gegner immer von Neuem Kritik zu üben, obwohl diese Kritik sich teilweise in ausgefahrenen Gleisen bewegen muss. Der ungemein umfangreichen „antifeministischen" Litteratur kann man nicht immer Beachtung schenken, doch scheint es mir ein Gebot der Taktik, den Veröffentlichungen Erwähnung zu thun, die im grossen Publikum gebahnte Strassen finden, weil sie der Feder eines Mannes entstammen, der auf irgend einem Gebiete der Forschung Ansehen geniesst. Ich habe hier in erster Linie die von Herrn Professor Moebius angeführten Beweise im Auge, von denen ich fürchte, sie mit seinem wissenschaftlich geachteten Namen als Fabrikmarke in das grosse Arsenal der Reaction übernommen zu sehen. Haben sie sich da einmal eingebürgert — und sie haben das Zeug dazu — dann machen sie jahrzehntelang die Tagespresse unsicher; in einem biederen Blatte sind sie mir schon jetzt begegnet, mit ehrfürchtiger Befriedigung citiert, wie eine päpstliche Bulle.

Ich bin bei dieser Jubiläumsfeier auch durch die Stadt gegangen. Vieles ist anders geworden. Das Rhätische Volkshaus heisst heute Hotel Obertor und ist nicht mehr alkoholfrei. In der ganzen Schweiz haben sie jetzt angefangen, sich zu schämen, «Volkshaus» zu sagen, und zwar ausgerechnet jetzt, wo die SP einigermassen salonfähig ist. Oder vielleicht gerade deswegen?

Auf den Tod warten?

Gestern habe ich meinem Mann ein neues Nachthemd gekauft und zu ihm gesagt: «Du musst einfach schöne Nachthemden haben, wenn du ins Altersheim gehst.» Ich denke, es könnte gut möglich sein, dass er allein zurückbleibt, und dann muss die Sache parat sein, dass er abhuschen kann ins Altersheim. Er ginge ja gerne ins Heim hier im Dorf, hier hätte er seine Bekannten, seine Umgebung. Er ist halt in B. aufgewachsen, er hängt an B. Für mich ist es gleichgültig, wo ich hingehe. Aber jetzt möchte ich nicht ins Altersheim, was sollte ich auch dort, dasitzen und auf den Tod warten? Das sagte kürzlich am Radio die Schauspielerin, die im Film die Lina Braake gespielt hat. Wenn sie in ein Altersheim gehe, sagte sie, bekomme sie jeweils fast Zustände, dann denke sie: «Jetzt warten die Leute da von einem Essen zum andern, und in der Nacht warten sie auf den Tod.» Dabei habe ich gedacht: «Mir geht das genau gleich.» Aber hier im Altersheim von B. haben sie es eigentlich ganz lustig, da ist ständig etwas los, eine Tanzerei oder ein Geburtstagsfest. Die Frau F., die bald 90 ist, die tanzt wie der Lump am Stecken. Das Essen ist auch sehr gut, denn sie haben immer

Suppe, Fleisch, Gemüse, etwa zehn verschiedene Sorten Salat und am Sonntag ein Dessert. Die Leute, die noch die Kraft haben, bebauen sogar ein Stück Land, ziehen Erdbeeren und Himberen und züchten Kaninchen und Hühner. Das Altersheim unserer Gemeinde ist sehr grosszügig. Aber trotzdem, ich möchte lieber nicht hingehen.

Müllabfuhr

Ich bin natürlich gegen die Atomkraftwerke. Sie wissen ja nicht, wohin mit dem Müll, und den Müll, den wir bis jetzt irgendwo im Ausland lagern konnten, den schicken sie uns bestimmt wieder einmal zurück. Solange dieses Problem nicht gelöst ist, ist es einfach unverantwortlich, weiter Atomkraftwerke zu bauen, ganz wahnsinnig unverantwortlich. Sie kommen immer mit der Energiekrise. Aber während dem Krieg haben wir auch eine Energiekrise gehabt, darum hat man ja damals zum Beispiel den Boiler ich glaube nur am Samstag einschalten dürfen oder wenn man ein Bébé hatte, das noch nicht jährig war – man ist auch irgendwie durchgekommen. Solange sie noch so beleuchten können und ganze Stadtteile in Licht tauchen, habe ich gar keine Angst, da könnte man noch gut sparen. Es wird so viel vergeudet, und gerade die, die die Energiekrise an die Wand malen, werben gleichzeitig dafür, dass man mehr Strom braucht.

Diese Atomkraft, das ist mir eine unheimliche Sache. Sie können natürlich sagen, dass früher ein Teil der Bevölkerung auch gegen die Stauseen war, weil man Angst hatte, dass die Mauern nicht halten . . . aber die Gefahr bei einem Atomkraftwerk ist doch unglaublich viel grösser als bei einem Dammbruch. Das erste Kraftwerk in Sils-Domleschg, das für die Stadt Zürich Strom liefert, haben wir 1918 auf der grossen Wandervogelfahrt besichtigt. Es besteht heute noch, aber die Lebensdauer von einem Atomkraftwerk ist maximal 40 Jahre, das sagen sie selbst. Sie gehen so fahrlässig mit dem Problem der Strahlenschäden um, es ist alles so undurchsichtig, und eben, es ist halt immer wieder ein Geschäft, wie zum Beispiel beim Atomkraftwerk Kaiseraugst, da sind einfach Leute dabei, die ganz grosse Geschäfte wittern.

Bombenbasteln

1977 erbrachte die Explosion eines nuklearen Sprengsatzes in der Wüste Nevada den Beweis, dass es möglich ist, aus dem Plutonium der industriellen Kernkraftwerke Atombomben zu basteln.

Pläne zum Bau einer funktionsfähigen Atombombe entwickelte schon 1976 ein amerikanischer Student in nur vier Monaten. Er verwendete dazu Informationen, die jedermann zugänglich sind.

Frauen gegen den Krieg

Ich habe zwei Kriege erlebt, und ich hoffe, es bleibt dabei. Aber die Gefahr, dass es wieder Krieg gibt, ist gross, weil man immer mit einer überstürzten Handlung rechnen muss von irgendeinem Fanatiker oder mit dem Fehlalarm von einem Computer.

Erst sechs Minuten vor dem Start der Atomraketen zum Gegenschlag stellte sich der Alarm im Kommandozentrum der USA als Computer-Irrtum heraus, nicht als Ernstfall.
Das war am 9.11.79, einem gewöhnlichen Freitag, um 10.50 Uhr. Seither kam dieser falsche Alarm noch zweimal vor.
Aus: Kalender Brot für Brüder, Fastenopfer, nach dem Friedensforschungsinstitut SIPRI Stockholm (1980) und R. L. Sivard (1979)

* * *

«Gebrochene Pfeile» sind in der Sprache der amerikanischen Militärs Atomwaffenunfälle. Das amerikanische Verteidigungsministerium zählt seit 1945 32 schwere Unfälle. 1965 und 1968 sind z. B. Atomwaffen auf den Meeresgrund gesunken. Trotzdem wird die nukleare Sicherheit als «gut» bezeichnet.
«Bund», 19.5.1981

Zivilschutz und Landesverteidigung wären vielleicht sinnvoll, wenn es wieder einen konventionellen Krieg geben sollte, aber niemals bei einem Atomkrieg, das muss doch jedem einleuchten, da bleibt ja überhaupt nichts mehr zurück. Ein Atomkrieg ist einfach das Ende, und das sollte man eben vermeiden.

Die alten und neuen Friedensbewegungen haben sich immer wieder gegen den Krieg stark gemacht, und mit welchem Echo? Man sagte ihnen, wenn nachher ein Krieg kommt, seien sie schuld daran, weil sie vorher so viel Verwirrung angerichtet hätten!

In der Überzeugung, dass der Rüstungswettkampf der Länder zugleich dem Ruin entgegenführt, empfehlen wir als dringende Pflicht:
1. die Massen über den Ernst und die Ausdehnung der drohenden Gefahr aufzuklären,
2. sie vor der Täuschung zu warnen, dass ein sicherer Schutz möglich sei,

3. in ihnen darum das Interesse an den Friedensproblemen zu wecken und sie zu veranlassen, nicht nur die politischen, sondern auch die wirtschaftlichen Ursachen des Krieges, deren Bedeutung immer grösser wird, zu erforschen und zu bekämpfen.
...
Aus der Resolution der Internationalen Frauenliga für Frieden und Freiheit, 1929

man 1984 beginnen. Gerechnet wird mit einer Investitionssumme von 25 bis 30 Millionen Franken, die zur Hälfte die öffentliche Hand begleichen soll. Für den Frieden hat man weiterhin wenig übrig! Im Juni 1980 gründet deshalb eine Gruppe von Personen auf privater Basis in Genf ein Friedensforschunginstitut, das Geneva International Peace Research Institute, GIPRI.

Ich wünsche mir, dass die Frauen einen stärkeren und guten Einfluss aufs Weltgeschehen nehmen können, und dass sie alle einmal den Mut haben und sagen: «Wir sind diejenigen, die die Kinder auf die Welt bringen, und ihr habt kein Recht, sie mit Waffen zu verderben!»

Friedensforschung

Die Schweiz hat als einziges westeuropäisches Land noch heute kein staatliches Friedensforschungsinstitut. 1966 fordert Nationalrat Arnold in einem Postulat ein «schweizerisches Institut für Konfliktforschung, Friedenssicherung und Rüstungsbeschränkung, ein objektives Forschungs- und Informationszentrum im Dienst einer aktiven Friedenspolitik unseres Landes.» Das Postulat wird angenommen. 1975 antwortet der Bundesrat auf eine Anfrage, die Verschlechterung der Bundesfinanzen erlaubten die Realisierung des Projektes nicht. 1978/79 verweist der Bundesrat erneut auf die schlechte Finanzlage, bewilligt jedoch fast gleichzeitig eine Million für das Luzerner Schützenfest. 1978 entsteht ein Verein für die Errichtung eines Armeemuseums. Mit diesem «Zentrum des Wehrgedankens» wird

Gute Besserung

Seit ich in B. bin, ist vieles besser geworden. Dass wir jetzt einen Bus haben in unser Aussenquartier ist für uns ältere Leute und für Behinderte eine grosse Erleichterung. Und ich finde, wenn diese Verbindungen noch besser ausgebaut würden, auch in andere Dörfer und Quartiere, könnte man vielleicht den privaten Autoverkehr ein bisschen drosseln. Auch in den Schulen ist einiges besser geworden, aber ich bin nicht mehr so auf dem laufenden. Ich weiss nur, dass sie zum Beispiel in der Sekundarschule jetzt auch Latein lernen können, und dass es im Dorf eine Musikschule gibt. Das ist etwas Wertvolles, wenn ich denke, dass wir früher in der Schule keinen Musikunterricht kannten. Wichtig ist für mich auch, dass wir jetzt genug Gemeindeschwestern haben, so dass man eine anfordern kann, wenn jemand zuhause schwer krank ist, und es nicht mehr nötig ist, gleich ins Spital zu gehen. Hingegen hat man immer noch zu wenig Hauspflegerinnen. Das ist eben auch ein sehr schwerer Beruf, denn die müssen alles machen, was die Hausfrau auch macht, Kinder betreuen, im Garten arbeiten, kochen, waschen, glätten, putzen . . ., Hauspflegerin — Hausfrau ist ein sehr schwerer Beruf.

Ungleiche und gleichere Rechte

Jetzt hat es in den Zeitungen und im Radio immer wieder geheissen «unsere Skimädchen». Das hat mich so geärgert, und ich habe gedacht, das sei doch eine Anmassung. Natürlich sind die meisten Skifahrerinnen noch jung, den Skifahrern, die auch jung sind, sagt man aber auch nicht Skibuben, das steht doch einfach in keinem Verhältnis.

Sprache

«Männiglich bestaunte die herrliche Mannschaft.»
Unsere Sprache ist nicht neutral. Sie widerspiegelt eine Gesellschaft, in der seit Jahrhunderten der Mann dominiert. Mensch = Mann. In vielen Begriffen wird die Frau höchstens mitgemeint, z.B. «Fachmann» (Fachkraft), «Stadtväter» (Mitglieder des Stadtrats) oder «Brot für Brüder» (für Schwestern und Brüder bzw. für Menschen). Andere Wörter wiederum werten die Frau ab, z. B. «Dienstmädchen» (Hausangestellte), «spätes Mädchen», «Weibergeschwätz». Sprache verrät Denken, Sprache ist ein Stück Wirklichkeit. Aber auch Sprache lässt sich verändern.
Die über hundert Teilnehmerinnen einer Tagung «Sexismus in der Sprache» richten 1980 einen offenen Brief an den Bundesrat, in dem sie, exemplarisch, folgenden Text in der Botschaft zum neuen Eherecht beanstanden: «Jeder Ehegatte — Mann und Frau — ist Herr über seine Güter.»

Nun haben wir diesen neuen Verfassungsartikel «Gleiche Rechte für Mann und Frau». Viele sagen aber noch jetzt, «diese blöde Gleichmacherei, das ist doch einfach nicht das gleiche, Mann und Frau», und andere meinen: «Was hat dieses Gesetz für einen Sinn, letztenendes bleibt doch alles so, wie's ist.»
Wenn man so in die Familien hineinschaut — solange das ganze Denken nicht anders wird, ist es eben doch sehr oft die Frau, die hintenabnimmt. Ich kenne viele solche Beispiele. Wir haben im Kleidernähkurs während des Krieges eine Mutter gehabt, die hat sich mit Hilfe der Schneiderin aus etwas ganz Altem etwas Schönes, Neues gemacht. Und die hat sich so gefreut und gesagt: «Das ist jetzt mein allererster Rock, den ich neu habe.» Es gibt Frauen, die müssen noch heute für jeden Rappen zu ihrem Mann betteln gehen. Es gibt auch Frauen, die

sagen, sie hätten keine Ahnung, was ihr Mann verdient. Ich weiss, was mein Mann verdient, und ich habe es immer gewusst, aber es gibt viele Frauen, zu denen der Mann sagt, «das geht dich nichts an, was ich verdiene, du hast dein Haushaltungsgeld.»

«Die totale Frau» erreicht 1978 in den USA die Traumauflage von drei Millionen. Marabel Morgan, die Verfasserin dieses «Rezeptbuches für den Umgang mit Ehemännern» spricht all jenen «totalen Frauen» aus dem Herzen, denen finanzielle Anhänglichkeit und persönliche Abhängigkeit über alles gehen.

«Passen Sie sich seinen Lebensgewohnheiten an. Machen Sie seine Freunde, seine Lieblingsgerichte und seinen Lebensstil zu den Ihrigen. Lassen Sie sich von ihm die sechs wichtigsten Veränderungen aufschreiben, die er in Ihrem Heim gerne sehen möchte. Lesen Sie dann diese Liste in aller Stille und fangen mit einem Lächeln an, diese Veränderungen in Angriff zu nehmen. Seien Sie jeden Tag eine ‹Ja, das machen wir›-Frau.»

Ich habe auch beobachtet, dass die Männer vieles, was die eigene Frau leistet, gar nicht so wahrnehmen, das ist alles für sie ganz selbstverständlich. Wenn sie aber bei einer anderen Frau etwas sehen, das vielleicht gar nicht so wichtig und hervorragend ist, bewundern sie es. Heute kam eine Frau zum Putzen. Da hat mein Mann nach den Kosten gefragt. Ich sagte dreizehn Franken in der Stunde mal vier, das gäbe 52 Franken. Das fand er unheimlich viel, aber ich fand es gut. So wird die Hausfrauenarbeit aufgewertet, wenn man einmal jemanden zahlen muss, der sie übernimmt.

Im Berufsleben hat es die Frau immer noch nicht leicht. Das bleibt so, solange noch das alte Familienrecht gilt, wo eindeutig der Mann für die Familie aufzukommen hat. Das ist natürlich auch eine gewisse Benachteiligung des Mannes.

Elternurlaub

Ein Sanitätssoldat aus Genf verlangt 1980 Dispens vom Wiederholungskurs. Grund: Während seine Frau ganztags beruflich arbeitet, betreut er das siebenmonatige Kind und besorgt den Haushalt. Trotz der Unterstützung durch den Kompaniekommandanten und einen Kinderarzt wird das Gesuch vom Eidgenössischen Militärdepartement abgelehnt. – Der Vater trifft darauf vorschriftsgemäss vor der Kaserne ein. Mit sich trägt er, warm verpackt in einem Bauchsack, den Säugling.

* * *

Die verdienende Frau — der arbeitslose Mann.

Das Wiener Appellationsgericht hat einen interessanten Entscheid gefällt, der dahin zielt, dass eine Frau, die schön verdient, ihren Mann, wenn er arbeitslos ist, unterstützen muss. Es ist dies das erstemal, dass ein solcher Entscheid in Oesterreich getroffen wurde. Früher war nur so entschieden worden, wenn der Mann invalid oder arbeitsunfähig war. Die Richter erklärten, es sei ebenso legal wie moralisch, dass eine Frau ihren Mann, der sein Leben nicht verdienen könne, sei es aus dem oder jenem Grunde, unterstütze.

Der Moralgrundsatz, dass der Mann für die Frau und die Frau für den Mann zu sorgen hat, ist also auch rechtlich anerkannt worden.

Die Frau, 5.12.1925

* * *

Hausmänner

In den Krisenwintern meldeten sich die arbeitslosen Männer in Scharen zu Kochkursen in den Haushaltungsschulen Winterthur, St. Gallen und in andern Orten der Schweiz. Eine Berufsberaterin berichtet dazu im Jahrbuch der Schweizerfrauen 1935:

«Der Frau gelingt es in Krisenzeiten oft noch eher, durch ausserhäusliche Tätigkeit, wie waschen und spetten, etwas Bargeld in die Familie einzubringen. Warum soll der Mann nicht einmal eine Zeitlang kochen und haushalten, wenn es die Umstände mit sich bringen?»

Am ersten Schweizerischen Hausmännertreffen, das im Mai 1982 in Zürich stattfand, stellten die voll oder teilzeitlich den Haushalt führenden Männer fest, dass sie sich an ihrem Platz isoliert fühlen und besonders anfänglich mit Identitätskrisen zu kämpfen haben. Auch rechtliche Probleme wie AHV-Renten, keine Entschädigung bei Militärdienst, fehlende Pensionskassen u. a. machen ihnen schwer zu schaffen. Sie haben sich deshalb zu einer Initiativgruppe zusammengeschlossen, die gesetzliche Änderungen durchsetzen und nach neuen Wegen der Rollenverteilung suchen will.

Es könnte schon sinnvoll sein, wenn der Mann und die Frau je vier Stunden arbeiten gingen und die Kinder und den Haushalt gemeinsam be-treuen würden. Ich kann begreifen, dass heute ein Mann, der den ganzen Tag im Stress ist, nicht noch den halben Haushalt übernehmen kann — obwohl es zwar viele berufstätige Frauen gibt, die den ganzen Haushalt neben der Arbeit her machen müssen. Es müsste zu einer ganz anderen Struktur kommen im Wirtschaftsleben. Wenn der Ehemann nicht mehr voll arbeiten würde, wäre es natürlich selbstverständlich, dass er auch im Haushalt arbeitete. Aber dann hapert es noch sehr mit seiner Ausbildung. Da müsste auch er den Fünfwochenkurs machen, damit er eine Ahnung von der Hausarbeit bekäme.

Bei den persönlichen Einstellungen zwischen Mann und Frau, da fehlt halt noch viel bei uns in der Schweiz, da können die Gesetze allein auch nicht alles ändern. Nicht nur die Männer, auch die Frauen müssen in manchen Dingen umdenken, damit die gleichen Rechte auch Wirklichkeit werden. Viele Mütter machen zum Beispiel den Fehler, dass sie ihre Buben irgendwie bevorzugen. Und viele Frauen glauben auch noch zu wenig an das, was sie selber können.

Vorwärts, mein Jahrhundert!
Wohne unserer Feier nicht von aussen bei. Nimm voll und
ganz teil an unserer Danksagung.
Entschliesse dich ohne Pharisäertum, ohne zu behaupten,
das grösste und beste zu sein, zu irgendeinem Opfer, aber
überschreite die Schwelle des Jahres 2000, indem du den
Titel eines «Jahrhundert der Befreiung» verdienst!
Weisst du, was ich heute von dir erbitte?
Du mögest Hoffnung erwecken, die Jugend mobilisieren und
um wachsende Einheit ringen.

Helder Camara

Benutzte Quellen

Brinker-Gabler Gisela, «Frauen gegen den Krieg», Frankfurt am Main 1980

Eidgenössische Kommission für Frauenfragen (Hrsg.), «Die Stellung der Frau in der Schweiz», 1979 (Teil I), 1980 (Teil III), 1982 (Teil II)

Gruner Erich, «Die Parteien in der Schweiz», Winterthur 1969

«Jahrbuch der Schweizerfrauen», Jahrgänge 1915−1937, Bern

Jelsma Anke J., «Heilige und Hexen, die Stellung der Frau im Christentum», Konstanz 1977

Keller Willy, Schweizerischer Gewerkschaftsbund (Hrsg.), «Zeittabellen von 1800−1978», Bern 1980

Moltmann-Wendel Elisabeth (Hrsg.) «Menschenrechte für die Frau, Christliche Initiativen zur Frauenbefreiung», München 1974

Ragaz Christine, «Die Frau in der schweizerischen Gewerkschaftsbewegung», Stuttgart 1933

Schmid-Ammann Paul, «Die Wahrheit über den Generalstreik von 1918», Zürich 1968

Schweizerischer Verband für Frauenstimmrecht (Hrsg.), «Das Frauenstimmrecht in der Schweiz», 1953

Woodtli Susanna, «Gleichberechtigung», Frauenfeld 1975

Weitere Quellenangaben im Text

Bücher über Veränderungen

Gret Haller
FRAUEN und Männer

Partnerschaft oder Gleichmacherei?
Versorgungsunabhängigkeit für alle

«Frauen und Männer» ist ein *engagiertes* Buch. Man spürt beim Lesen, dass die Autorin die Zwänge, Unterwerfungen, Beschränkungen des Frauseins selbst intensiv erlebt, man merkt, dass hinter kühlem Interesse am Was, Wie, Warum des Frau-Mann-Zusammenlebens in Familie und Gesellschaft persönliche Erfahrung, Bitterkeit, Freude, Enttäuschung, Wut und Veränderungshoffnung stecken. *Tagesanzeiger*

Daniel Lukas Bäschlin
Der aufhaltsame Zwang

Sinn und Wege des Widerstands gegen Kernenergie

Als Philosoph und Naturwissenschafter verfügt der Autor über einen humanistisch geprägten Weitblick, der es ihm erlaubt, die komplexen Fragen von verschiedenen Seiten zu beleuchten. Dadurch und durch die flüssige Sprache kommt das Werk den Erwartungen des Lesers entgegen. Als Staatsbürger bringt Bäschlin eine ernste und ernstzunehmende Sorge um die demokratische Staatsform der Schweiz zum Ausdruck, die er durch Ballung materieller Macht in Form einer zentralistischen Energieproduktion gefährdet sieht. *Berner Zeitung*

Hans A. Pestalozzi
Nach uns die Zukunft

Von der positiven Subversion

Dies ist zweifelsfrei Polemik. Aber: diese Polemik ist nicht nur brillant formuliert, sie regt auch die Leser zum kritischen Denken an. Pestalozzis Aussagen sind um so wirksamer, als er nicht blutleer-schöngeistig, sondern ganz direkt argumentiert und agitiert. Zu widerlegen ist, was Pestalozzi an unschönen und unbequemen Wahrheiten ausbreitet, nichts — auch nicht von jenen, die unsere momentane gesellschaftliche Lage als gut empfinden. *Der Beobachter*

im Zytglogge Verlag

Authentische Literatur

Rosalia Wenger
Rosalia G. — ein Leben

Rosalia Wenger versucht Klarheit über ihr ganz persönliches Leben, ihre Welt und auch über ihre Zeit und Mitmenschen zu gewinnen. Mich hat das Buch so intensiv berührt, dass ich die Autorin gern persönlich kennenlernen würde. Mit ihr sprechen möchte, um zu erfahren, wie man es schafft, nach einem Leben voller Demütigungen, schwerster körperlicher Arbeit, Armut und widrigen Lebensumständen ohne Selbstmitleid und Verbitterung zu sich selbst zu finden. *Juliane Bothor im RIAS Berlin*

Rosalia Wenger
Warum hast du dich nicht gewehrt
Aufzeichnungen

Diese Geschichten können nicht konstruiert werden; sie wurden aufgeschrieben von einer Frau, die das alles selber erlebt hat und im Alter die Kraft fand, Zeugnis abzulegen. Manchmal tagebuchartig, meist in kurzen, einfachen Geschichten, treten Augenblicke, Gefühle, Ereignisse hervor, die wohl von einer düsteren Vergangenheit berichten, aber die frohen, ja fröhlichen Momente nicht vergessen.

Ursula Eggli
Herz im Korsett
Tagebuch einer Behinderten

Ursula Eggli muss ihr Leben im Rollstuhl verbringen, da sie unter Muskelschwund leidet. Hier legt sie ihr Tagebuch vor. Sie berichtet von den Problemen, die sich aus ihrer Behinderung und aus dem Zusammenleben mit uns «Normalen» ergeben. Sie tut dies auf eine ehrliche, gescheite, völlig unsentimentale Art. *Jürg Jegge*

im Zytglogge Verlag

Neue Schweizer Literatur

Maja Beutler
Fuss fassen
Roman

Hier erhebt eine Frau ihre Stimme mit aller Kraft, derer sie fähig ist, mit allem Pathos sogar. Dass es nie eines der (literarisch) falschen Töne wird, hat damit zu tun, dass das Ich des Romans ausschliesslich in seinem eigenen Namen redet und von seiner eigenen Erfahrung: derjenigen einer tödlichen Krankheit, die das Leben von Grund auf problematisiert. Schreiben aber bekommt darin die ungeheuerliche Aufgabe, die «Endzeitposaunen» zu übertönen, es soll einer Umwelt gegenüber, die ihn schamhaft verdrängen will, gleichermassen den Tod ins Bewusstsein rufen und das Leben aus ihm heraushalten, es gerade jetzt, «dingfest machen, darin *Fuss zu fassen* helfen.»
«Fuss fassen» ist ein fast gespenstisch reiches Buch geworden — reich nicht nur an Erfahrung, sondern auch an Rhythmus, Klang, Komposition —, alles das eingesetzt gegen den Schrecken, der von innen kommt, aber auch gegen die Beschwichtigungs- und Schonungsversuche von aussen. *Weltwoche*

Heidi Rollman
Erowina
Roman

«Erowina» — es ist der Name für eine gefährliche Geliebte, für die Droge Heroin, von der Baslerin Heidi Rollmann in einer Mischung aus Abscheu und Zärtlichkeit kreiert. Zwischen dem März 1977 und dem März 1979 hat sie sich rückhaltlos mit dem Suchtmittel eingelassen, hat gleichzeitig Tagebuch geführt und nun die Aufzeichnungen veröffentlicht. An deren Ende kündet sich die Freiheit von der Droge an: «. . . was für ein gutes Gefühl eine Wiedergeburt ist . . . ich weiss, du liegst noch immer auf der Lauer und ich bin längst nicht frei . . . aber ich weiss, dass ich es schaffe, dass ich es echt schaffe . . .»
Heidi Rollmann hat mit ihren Aufzeichnungen «Erowina» ein Buch von bestürzender Echtheit vorgelegt; eine Welt ausgebreitet, die dem Behüteten nicht gleichgültig sein darf. *Neue Zürcher Zeitung*

im Zytglogge Verlag